Q&Aで学ぶ
GDPRの
リスクと対応策

General Data Protection Regulation

アンダーソン・毛利・友常法律事務所 弁護士
中崎 尚

商事法務

はしがき

　この本をお手に取っていただいた方に、一言で、本書のコンセプトを申し上げますと、「2018年5月のGDPR適用開始を迎えるに際して、多くの担当者の方が直面するであろう、GDPRに関する日本語情報の不足という状況の改善を少しでもお手伝いできれば」という点に尽きます。国内の事業者のGDPR対策は進展の具合が大きくばらついているのが実情ですが、この日本語情報の不足という悩みは、ある程度対策が進んでいる事業者においても、ほとんど対策が進んでいない事業者においても、共通の悩みとして存在しているようです。著者自身、ここ数年間、クライアントからのGDPRに関するお問い合わせに対応し、また、GDPRに関する講演・執筆を行う過程で、日本語文献はおろか、海外文献でも、GDPRに特化したまとまった資料がほとんどなく、情報収集に悪戦苦闘してきた中で、実務家向けのまとまった資料の必要性を痛切に感じていたこともあり、これまでの経験やお話ししてきたことを、何とか形にできないかという想いから本書の企画はスタートしました。

　本書の特色としては、できるだけ日本法との比較の観点を踏まえることで、日本法に慣れ親しんだ読者にとってわかりやすく表現することを目指しました。また、法令・ガイドラインの解説にとどまらず、実務で直面する悩みにも触れるよう、心がけました。

　冒頭で述べましたようなコンセプトですので、本書では、情報へのアクセス性を重視して、Q&A形式を採用しています。先ほども書きましたように、担当者によって、おかれている状況はばらつきが大きく、必要としている情報もまた、大きく異なることが想定されるためです。シーンごとに必要と思われる章を記載しましたので、ご参考になさってください。

- 上司から、GDPR対策を早急に行うよう指示を受けて、すぐに対応策を知りたい方 → Ⅷ
- 最新情報を把握しておきたい方 → Ⅹ
- GDPRの初歩から知りたい、という方 → Ⅰ
- GDPRが貴社の日々の業務にどう影響するか知りたい、という方 → Ⅶ

i

はしがき

・GDPR 自体の内容について踏み込んだ情報を必要とされている方
　→ Ⅱ～Ⅴ（該当するトピックをお探しください）
・モデルケースごとに、GDPR がどのように適用されるか、あてはめの
　やり方を見ておきたい方 → Ⅸ
・GDPR 以外の世界の動向も知っておきたい方 → Ⅵ

　本書では、できる限り最新情報を盛り込むべく、2018年2月末日までの情報を記載していますが、GDPR に関しては、重要なガイドラインの策定及び加盟国各国の国内法のアップデートが、依然として続けられている状況があり、本書でも、すべての重要なガイドライン・各国国内法をカバーし切れておりません。そのため、最新情報につきましては、オンラインのリンク集をご用意しましたので、以下の URL からアクセスいただければと思います。

URL：www.nakazaki.com

　最後に、このようなチャレンジングな企画の趣旨をご理解いただき、短期間での刊行に至るまでご尽力いただいた商事法務の井上友樹氏、英国法弁護士の観点からコメントをお寄せいただいた岩村浩幸先生に、心より御礼を申し上げます。

2018年3月

弁護士　中崎　尚

Contents

I GDPR 入門編

Q01 GDPR とは何ですか？なぜ国外の規制である GDPR への対応が必要なのでしょうか？ *2*

Q02 GDPR の適用開始により、どのような変化が見込まれますか？ *6*

Q03 今回、GDPR が制定・導入されるに至ったのはどのような背景・経緯があるのでしょうか？ *10*

Q04 GDPR 適用開始に向けたスケジュールを教えてください。 *15*

Q05 EU は日本とは法体系も異なると聞きましたが、GDPR をめぐる法的枠組みはどのようになっていますか？ *21*

コラム01 EU 各国の個人データ保護法改正の動向 *27*

Q06 GDPR は日本法と比べて厳格であると聞きますが、どのような違いがありますか？ *28*

II GDPR の適用対象

Q07 GDPR で保護される個人データとはどのようなものですか？ *34*

Q08 GDPR が適用されるのは誰でしょうか？ *39*

Q09 GDPR では域外適用のルールが明確化されたとのことですが、どのような場合に域外適用されますか？ *44*

Q10 域外適用によって、事業者はどのような義務を負うことになりますか？ *49*

コラム02 企業の現地出向者・現地従業員の個人データ *53*

コラム03 企業におけるモニタリング *54*

iii

Contents

Ⅲ　越境移転規制

Q11　越境移転規制ルールの枠組みと十分性認定について教えてください。　*56*

コラム04 サーバの設置場所　*61*

Q12　SCC（SDPC）、BCR、行動規範、認証という制度で越境移転ができるとのことですが、どのようなものですか？　*62*

Q13　拘束的企業準則（BCR）とはどのような制度で、どのように利用するものですか？　*67*

Q14　標準データ保護条項（SDPC）はどのような制度で、どのように利用するものですか？　*71*

Q15　データ主体本人の同意があれば越境移転できると考えてよいでしょうか？他に許容される例外事由はありますか？　*76*

Q16　越境移転規制をクリアするための手法の選択のポイントを教えてください。　*81*

Ⅳ　GDPR 下における事業者の義務

Q17　事業者による個人データの「処理」についてどのようなルールが設けられていますか？　*86*

Q18　個人データの処理は原則禁止とのことですが、処理が許容されるのはどのような場合ですか？　*90*

Q19　GDPR 下で有効な「同意」と認められるにはどのような条件を充足する必要がありますか？　*94*

Q20　センシティブデータの処理についてはどのようなルールが設けられていますか？　*103*

コラム05 データの保存期間　*109*

Q21　GDPR ではデータ主体はどのような権利を有しますか？また、透明性はどのように関係しますか？　*110*

Contents

Q22 GDPR 下で個人データを取得する場合、どのような規律が適用されますか？ *114*

Q23 GDPR で求められる透明性に対応するためのポイントを教えてください。 *120*

Q24 アクセス権とはどのような権利ですか？ *124*

Q25 GDPR 下でデータ主体が有する訂正権・消去権（忘れられる権利）とはどのような権利ですか？ *126*

Q26 GDPR 下でデータ主体が有するデータポータビリティ権とはどのような権利ですか？ *131*

Q27 異議を唱える権利とは何ですか？また GDPR 下でのプロファイリングとその規制を教えてください。 *136*

Q28 管理者（controller）・処理者（processor）とは何ですか？ *144*

Q29 データ・プロテクション・バイ・デザイン、データ・プロテクション・バイ・デフォルトとは何ですか？ *148*

Q30 管理者は処理者を選択し、契約するに際して、どのような制約を受けますか？処理者はどうでしょうか？ *151*

Q31 GDPR では処理活動の記録義務が発生すると聞きましたが、どのような場合に発生しますか？ *155*

Q32 GDPR で求められている技術的措置・組織的措置を教えてください。 *158*

Q33 Data Breach（個人データ侵害）とは何ですか？日本とはどのような違いがありますか？ *162*

Q34 どのような場合に、Data Breach（個人データ侵害）の監督当局への通知が必要ですか？ *166*

Q35 どのような場合に、Data Breach（個人データ侵害）の、データ主体への連絡が必要ですか？ *173*

v

Contents

Q36 個人データ侵害（Data Breach）の監督当局への通知、データ主体への連絡の要否の判断におけるリスク分析のポイントを教えてください。また記録義務のポイントを教えてください。 *177*

Q37 企業はデータ保護影響評価（DPIA）をどのように位置付け、対応するべきでしょうか？ *183*

Q38 どのような場合にデータ保護影響評価（DPIA）が必要になりますか？ *188*

　コラム06 従業員のモニタリングと DPIA *195*

Q39 データ保護影響評価（DPIA）の実施方法のポイントを教えてください。 *196*

Q40 データ保護責任者（Data Protection Officer（DPO））とは何ですか？ *201*

Q41 データ保護責任者（Data Protection Officer（DPO））はどのような場合に必要になりますか？ *205*

Q42 データ保護責任者（Data Protection Officer（DPO））の選任のポイントを教えてください。 *211*

　コラム07 DPO は日本本社の人間でもよいか *216*

V　監督体制と救済、罰則

Q43 GDPR では、監督・執行体制はどのようになるのでしょうか？ *218*

Q44 GDPR で導入された主任監督当局とはどのような制度ですか？ビジネスにどのような影響がありますか？ *224*

Q45 GDPR ではどのような救済手段が設けられていますか？ *227*

Q46 GDPR では非常に厳しい制裁金の制度が導入されたとのことですが、どのような違反が制裁金の対象になりますか？制裁金以外に、どのような是正措置を受ける可能性がありますか？ *230*

Contents

Q47 GDPR において、制裁金の金額はどのように決定されるのでしょうか？ *240*

Q48 近時の EU のデータ保護当局による違反者への執行はどのような状況でしょうか？ GDPR 施行後はどうなるでしょうか？ *248*

VI GDPR と個人データに関する規制の世界的動向

Q49 EU 以外の国・地域では、越境移転規制はあるのでしょうか？ *254*

Q50 データローカライゼーションとは何ですか？越境移転規制とはどのような関係ですか？ *258*

Q51 e-Privacy Regulation とは何ですか？ GDPR とはどのような関係ですか？ *264*

VII ビジネスと GDPR

Q52 企業活動と GDPR の関連はどのように整理するのがよいでしょうか？ *272*

Q53 企業内の人事情報の取扱いを教えてください。（入社前、入社後の業績評価・成果物、退社後） *276*

Q54 日本側のメールシステムで、域内の支店・子会社のメールシステムを運用する場合、どのような規制が適用されるでしょうか？ *280*

Q55 GDPR は内部通報にどのように影響するでしょうか？ *283*

コラム08 先端技術による監視やデータ処理は許容されるか *287*

Q56 GDPR では名刺他取引先担当者の個人データの取扱いはどのようになりますか？ *289*

Q57 GDPR 下で、インターネット経由の取引・メールマガジン配信・アンケートの実施・セミナー参加者募集はどのような規律を受けますか？ *293*

vii

Contents

Ⅷ リスク低減に向けた GDPR 対策

Q58 GDPR 適用開始までに求められるアクションについて、どのような枠組みで考えればよいのでしょうか？　*298*

Q59 データマッピングとは何ですか？ GDPR 対応における必要性と進め方を教えてください。　*302*

Q60 2018年5月までの現実的な対応と優先順位付けの考え方を教えてください。　*305*

Ⅸ モデルケース別 GDPR リスクとその対応

Q61 EU 子会社の不祥事へ対処する場合、どのような GDPR 対応が必要でしょうか？　*312*

Q62 IoT 製品を EU で販売する場合はどのような点に留意すべきでしょうか？　*316*

Q63 日本企業が、域内所在の消費者を対象として、スマートフォン・アプリやオンラインゲームを提供する場合、GDPR 下ではどのような規律を受けますか？　*320*

Q64 クラウドサービスの利用の際、GDPR の関係ではどのような点に留意すべきでしょうか？　*324*

Q65 行動ターゲティング広告は GDPR 下ではどのような規制を受けるでしょうか？　*328*

Q66 ディスカバリ対応は GDPR の適用を受けますか？　*332*

コラム09 AI と GDPR　*335*

Ⅹ 最新動向

Q67 Brexit（英国の EU 離脱）は、GDPR にどのような影響をもたらすと考えられますか？　*338*

Q68 十分性認定をめぐる動向を教えてください。十分性認定がなされた場合、GDPR 対応は無駄になってしまうのでしょうか？　*343*

執筆者紹介

中崎　尚（なかざき・たかし）

≪略歴等≫

東京大学法学部卒　2001年弁護士登録、アンダーソン・毛利・友常法律事務所入所、2008年米国 Columbia University School of Law（LL.M.）修了、2009年夏まで米国ワシントン D.C. の Arnold & Porter 法律事務所に勤務。アンダーソン・毛利・友常法律事務所に復帰後は、インターネット・IT・システム関連を中心に、ビッグデータ、プライバシー、知的財産権法、クロスボーダー取引を幅広く取扱う。

日本国際知的財産保護協会（AIPPI Japan）編集委員、総務省「スマートフォン時代における安心・安全な利用環境の在り方に関する WG」委員、経産省おもてなしプラットフォーム研究会委員、経産省 IoT データ流通促進研究会委員、経産省 AI・データ契約ガイドライン作業部会委員、経産省ブロックチェーン法制度検討会委員、International Association of Privacy Professionals（IAPP）Co-Chair。

≪主な著書等≫

「FinTech 法務ガイド」（商事法務 2017年3月）、「この1冊でまるごとわかる 人工知能＆ IoT ビジネス実践編」（日経 BP 2017年5月）、「エンタテインメントの法務 Q&A」（民事法研究会 2017年5月）、「AI（人工知能）を活用した、ヘルスケア等のビジネスに関する知的財産の問題」（日本ライセンス協会 2017年7月）、「How to comply with New Data Protection Regulations in Japan」（IAPP Asia Privacy Forum 2017年7月）、「ビジネス法体系 企業取引法」（第一法規 2017年12月）など AI・ビッグデータ・パーソナルデータをはじめとする IT・インターネット・テクノロジー関連の著作・講演多数。

I

GDPR 入門編

Q01 GDPRとは何ですか？なぜ国外の規制である GDPRへの対応が必要なのでしょうか？

≪Point≫

GDPRでは、域内所在の個人の人権を保護するため、①欧州市民の個人データの処理に関して厳格なルールを設け、②巨額の制裁金条項を備え、③明確な域外適用ルールが設けられた。このため、日本に限らず世界中の事業者が、様々な場面でGDPR由来のリスクにさらされる可能性が生じ、対応を迫られている。

1 GDPRへの対応がなぜ必要なのか

2018年5月25日からのGeneral Data Protection Regulation（一般データ保護規則）（GDPR）の適用開始を前に、欧州企業ばかりでなく、日本を含む世界中の企業が対応を迫られている。ロボット法の世界でも見られるように、EUが、世界に向けてルールを発信しようとするのはよく見られる現象だが、なぜGDPRに限って、このような対応が必要なのか。

ポイントは、GDPRは、①個人データ保護に重きを置いた、世界的に見て、厳格なルールを定めていること、②違反者に対して巨額の制裁金条項を備えていること（越境移転規制違反もその対象であること）、③広範な域外適用ルールを備えていること、の三つである。

これまでEU特有の個人データ保護規制として知られてきた、越境移転規制は、域内から域外への個人データの移転を原則禁止するルールだが、この規制は、GDPRの前任者であるEUデータ保護指令（95/46/EC）の時代から存在している。以前は、EUに特徴的な規制であったが、日本でも2017年5月の改正個人情報保護法で新規に導入されるなど、近年、世界各国で導入されるようになっており、珍しくはなくなってきた。もっとも、違反すれば巨額の制裁金の可能性があるのは、EUに特徴的な事情である。

2 GDPRは厳格なルール

日本では2017年5月から改正個人情報保護法が全面的に施行され、データ保護の強化を目指す改正と、データ活用の促進を目指す改正、そして国際化に即した改正が進められた。このため、越境移転規制が新たに導入され、これまで各監督省庁の縦割り行政だった個人データ保護の監督を、個人情報保護委員会に一極集中させ、委員長をコミッショナーとするなど、EUの制度に近づいた部分も少なくないものの、全般的に見れば、やはりGDPRは日本の改正個人情報保護法と比較しても、厳格なルールであるというのが一般的な評価である。

たとえば、個人データの範囲に関して、日本では個人情報に該当するか否かについて依然として議論が続けられている、オンライン識別子が、個人データに含まれることが明確に条文上定められている。また、日本では利用目的の変更等一部の取扱いに関してのみ、データ主体の同意が必要となるにとどまっているのに対し、GDPRは、適法化の根拠がなければ、取得・保管・分析・加工・廃棄を含むあらゆる処理が認められない。適法化の根拠にはデータ主体の同意も含まれるが、同意の法的有効性が認められるための要件（任意性、明確性、特定性、情報提供を受けていること）は厳格である。

3 巨額の制裁金

GDPR違反を犯した管理者・処理者に対する制裁として、GDPRにおいて大きく刷新されたのが、巨額の行政制裁金（administrative fine）の制度である。

現在、世界各国で、様々な個人データ保護規制が施行されている中で、多くの事業者が、GDPR対応に優先的に人手と資金を投入しているのも、この巨額の制裁金（違反の種類に応じて①1000万ユーロ以下、又は、事業者である場合は、前会計年度の全世界売上高の2パーセント以下のいずれか高額の方の金額、あるいは、②2000万ユーロ以下、又は、事業者である場合は、前会計年度の全世界売上高の4パーセント以下のいずれか高額の方の金額）が課されるリスクを懸念してのことである。

I GDPR 入門編

これは決して根拠のない懸念ではない。GDPR の制裁金について定めた条項の解説は、競争法の制裁金について定めている、EU 機能条約第101条及び第102条を参照するよう明示的に言及している。GDPR の制裁金制度が、EU 競争法の制裁金制度を参照し、親会社も責任を問われる可能性が示唆されていることは重大なリスクと考えられている。実際に、競争法の世界では、EEA 域内においてビジネスを行う日本企業が頻繁に EU 競争法違反、特にカルテル規制違反に基づき欧州委員会競争総局によって巨額の制裁金を課せられているという実績があるからこそ、個人データ保護の世界でも、巨額の制裁金のリスクが現実化することが懸念されているのである。

4 域外適用ルールの明確化

EU データ保護指令では、何らかの拠点ないしサーバ等の設備が域内に物理的に存在する又はクッキーなどを域内に所在する個人の PC にインストールして情報を転送するなどしない限り、EU の個人データ保護のルールが適用されないと言えるかは、明確ではなかった。しかし、世界中の人間がインターネットに接続するようになり、ブロードバンドやモバイルネットワークが普及した。多くのオンラインサービスが、域内に何の物理的な拠点も設備も持たずに、域内の消費者の個人データを日常的に取得し、処理することが常態化した現在、EU のルールが適用されるか明らかでない、という状況はデータ主体にとっても事業者にとっても望ましいとは言い難い。このような事態に対処するためには、域内のデータ主体の個人データを取り扱う蓋然性の高い事業者には、域外でも EU のルールが適用されることを明確化すべきである、という考え方を背景として、明確な域外適用ルールが定められた。具体的には、以下のような個人データ処理は、域内に「拠点」を有しない管理者・処理者であっても、GDPR の規律を適用するとする規定が置かれた（第3条第2項）。

① 「EU 域内に所在するデータ主体に対する商品又は役務の提供（有償・無償を問わない）」((a))
② 「EU 域内で行われるデータ主体の行動のモニタリング」((b))
のいずれかに関連する個人データの処理

加えて第3条第1項でも、「域内の拠点の活動に関する個人データの処理」に対してはGDPRが適用されるとされていることから、同条項によっても、域外の企業に対してGDPR遵守の義務を求める余地がある旨、指摘されていることには注意すべきである。

5　日本企業はどう対応すべきか

ここまで見てきたように、GDPR下では、域内に拠点を有する事業者はもちろん、域内に拠点を有しない事業者であっても、適用される可能性が現実的にある。そして、普通に適用される場合も、域外適用される場合も、巨額の制裁金リスクにさらされることになる。加えて、域外適用を受けない事業者であっても、越境移転を受ける場合は、越境移転する側の事業者（相手方）に越境移転規制違反があれば、事実上トラブルに巻き込まれかねない。

このため、事業者としては、何よりも、現実的にありうるリスクを見極めることが第一に必要な作業である。理想的なのは、データマッピングを行って、社内のリスク状況を確認することであるが、GDPR施行までの残り時間は限られている。データマッピングには2〜3か月を要する場合も少なくない。場合によっては、データマッピングは最小限に絞り込んで、優先順位をつけて、割り切った対応を進めるという戦略も考えられるところである。

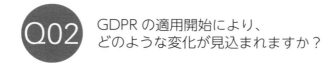

≪Point≫

　日本の事業者にとって、GDPRの適用開始による最大の変化は、広範な域外適用ルールの明確化と、巨額の制裁金リスクの誕生である。域外適用に関しては、域内の消費者への商品販売・サービス提供の有無、域内の消費者のモニタリングの有無等がポイントとなるため、ビジネスモデルやグループ内の個人データの取扱いについて見直しを迫られる可能性もある。この際、巨額の制裁金リスクを踏まえる必要がある。

1　ケースごとの想定される変化

　GDPRの施行による、日本の事業者への影響は、事業者とEU（EEA）とのかかわりによって変わってくるので、いくつかパターンに分けて説明する。EEA（欧州経済領域）は、EU（欧州連合）加盟国である28か国に、アイスランド、リヒテンシュタイン、ノルウェーの3か国を加えた、31か国から構成される。

　ここで、本書における、EU非加盟EEA加盟の三か国の取扱いについて、スタンスを述べる。これら三か国は、EU加盟国ではないため、EUの規則であるGDPRの直接適用はない。したがって、GDPRがEEA諸国で適用されるためには各国において国内法として制定・施行される必要があるが、この手続きは既に済んでいる。したがって、厳密に言えばGDPRがEEA諸国で適用されると言う表現は正確ではないものの、EEA諸国で制定・施行される国内法はGDPRとほぼ同じ文言であるため、解釈その他はGDPR通りになされるといっても差支えないといい得る。この場合、EUとEEAをいちいち区別する必要性は低いと考えられることから、本書では、基本的に「EEA域内」と「EU域内」を区別せず、「域内」と表

GDPR の適用開始により、どのような変化が見込まれますか？

記し、特に明確にする必要がある場合のみ「EEA 域内」「EU 域内」と記載する。

(1) EEA 域内に拠点があり、顧客に直接、商品を販売、サービスを提供する場合

EEA 域内の顧客に直接、商品を販売、又は、サービスを提供する場合（代理店経由で直接エンドユーザと契約する場合を含む）、EU データ保護指令のもとでは、域内に拠点を設けている場合は、物理的な拠点又は設備があるため、EU のルールが適用されていたと考えられる。GDPR 施行後も、同じく、EU のルールである GDPR が適用されることになる。いくつか、データ保護強化に向けた改正の影響を受けて、慎重な取扱いが必要となる事項もあるので、それらへの対応を行う必要がある。

改正事項は多岐にわたり、データ保護影響評価（DPIA）の実施、データ保護責任者（DPO）の選任、データ主体の権利の増加、データ処理の記録義務、管理者・処理者間の契約事項等、実務対応に手間のかかる事項も少なくない。

(2) EEA 域内に拠点がなく、顧客に直接、商品を販売、サービスを提供する場合

他方、域内に拠点を設けていない場合は、EU データ保護指令のもとでは、EU のルールが適用されるか否か明確でなかったところ、GDPR 施行後は、EU のルールである GDPR が適用されることが明確化されたため、事業者は新たに EU による規律を受けることになり、大きな負担増となることが予想される。

(3) EEA 域内のデータ主体をモニタリングする場合

EEA 域内に所在するデータ主体をモニタリングする場合は、(1)(2)と同様に整理できる。すなわち、域内に拠点を設けている場合は、GDPR 施行前も EU のルールが適用され、GDPR 施行後も、同じく、EU のルールである GDPR が適用されることになる。いくつか、データ保護強化に向けた改正の影響を受けて、慎重な取扱いが必要となる事項もあるので、それ

らへの対応を行う必要がある。他方、域内に拠点を設けていない場合は、GDPR 施行後、新たに EU による規律を受けることになり、大きな負担増となることが予想される。

モニタリングの典型例としてよく挙げられるのは、オンラインサービスで、エンドユーザのサイト閲覧履歴やコンテンツの購読履歴を収集・分析し、レコメンドサービスを実行するというものであるが、従業員のメールの監視や CCTV による監視も、典型例とされている。このように、日本の本社は現地向けの商品・サービスを提供しておらず、域内の子会社の従業員の労働状況をリモートで監視するという場合も、モニタリングに該当することで、域外適用の可能性が生じる可能性がある、つまり、グローバルな雇用管理だけでも、域外適用の可能性があることを注意すべきである。

(4) (1)(2)(3)いずれにも該当しない場合

この場合は、主として域内の拠点の活動に関して個人データが処理されているか否かによって、GDPR の適用の有無が決定される。域内に拠点を設けている場合は、その活動に関して個人データが処理されているだろうから GDPR 施行前も EU のルールが適用され、GDPR 施行後も、同じく、EU のルールである GDPR が適用されることになる。いくつか、データ保護強化に向けた改正の影響を受けて、慎重な取扱いが必要となる事項もあるので、それらへの対応を行う必要がある。他方、域内に拠点を設けていない場合は、GDPR 施行後であっても、GDPR が適用されず、新たに EU による規律を受ける可能性は低いため、事業者の負担は変わらない可能性が高い。

2 「拠点」の意義

ここまで、敢えて語義の説明を省略して、「拠点」という用語を用いてきたが、実は、「拠点」の解釈は難しい面がある。

GDPR 自体には、拠点（establishment）の定義は示されていないが、前文の注釈によれば、拠点とは、安定した枠組み（stable arrangements）を通して、実効的かつ現実に、活動が実施されているか否かが、一つの条件となることが明らかにされている（前文第22項）。加えて、EU 個人データ

保護指令についての文書ではあるが、29条作業部会が2010年12月に採択したWP179（適用法に関する意見書）では、欧州司法裁判所の判決を引用して、「特定の役務を提供するために必要な人的及び技術的リソースが、恒久的に利用可能であること」が求められると述べられており（11頁）、この解釈は、GDPRにおいても、特に変わらないであろうと予測されている。

3　越境移転規制に関連する変化

（1）　法令上の枠組みと事実上のリスクの変化

　越境移転規制自体は、EUデータ保護指令下から実施されている規制であり、規制内容自体は、GDPR施行後も変更はない。大きく変化するのは、合法化するための措置の選択肢が増えることであり、事業者にとっては、負担の軽減につながる可能性もある。

　法令上は、このように事業者の負担を増すものではないのだが、事実上のリスク、という観点から見ると、実はリスクが増しているといえなくもない。

　日本企業は、まじめに法令を遵守する傾向が一般的に見られるが、こと越境移転規制に関しては、遵守していない事業者も相当数いたといわれている。10年近くこの傾向は続いていたのだが、2016年に越境移転規制に違反していた米国企業のドイツ子会社に罰金が科せられたことが広く知れわたり、同時に、GDPRの巨額の制裁金リスクに注目が集まったことから、多くの日本企業は、越境移転規制に違反することのリスクを決して小さいものではないと評価を改め、規制遵守に向けた措置をとるようになった。その意味では、GDPR施行を目前にして、リスクが高まった規制ともいうことができるだろう。

（2）　想定されるケース

　域内の取引先から、域外の事業者が個人データの提供を受けるケースが典型的だが、たとえば、内部通報制度で、通報先を日本の本社に定めた場合も、越境移転と評価される可能性があるため、注意が必要である。

今回、GDPRが制定・導入されるに至ったのはどのような背景・経緯があるのでしょうか？

≪Point≫

　GDPR導入にはEU加盟国間によるばらつきをなくして、欧州域内でのデータ活用・流通を促進する目的と、ビッグデータ時代にデータ収集・活用が本格化したことによってプライバシーが侵害されるのではという不安を解消する目的とがある。その背景には、個人データ・プライバシーは人権として保護されるべきであるという強固な信念があるのが、欧州の特徴である。

1　GDPR以前のEUにおける個人データ保護ルールの枠組み

　GDPR施行以前の（現行の）EUにおける個人データ保護のルールは、EUデータ保護指令であることは周知の事実だが、そのルールを遵守させるための枠組み自体が、GDPRの施行前後で全く異なるので、これを説明する。

　EUデータ保護「指令」とデータ保護一般「規則」（GDPR）は、法的な位置付けが異なる。

　「指令」と「規則」は同じく「二次法」である「決定」「勧告」「意見」とともに紹介されることが多いので、以下の表では比較形式で、それぞれの特徴を説明している。

規則（Regu-lation）	指令（Directive）	決定（Decision）	勧告（Recommendation）	意見（Opinion）
全加盟国	対象となる加盟国（実質的には、すべて	特定の加盟国、企業、個人	特定の加盟国、企業、個人	

	の加盟国)			
直接的に拘束力を有する	原則、加盟国の国内法制化が必要。加盟国は対応義務を負う。	直接的に拘束力を有する	法ではなく、一定の行為や措置を取ることを期待する意見表明のため、拘束力なし。事実上、加盟国の立法・法改正を促すもので、政治的な影響力がある場合が多い。	法ではなく、意見表明のため、拘束力なし。
・REACH 規則(EC)No 1907/2006	・WEEE 指令 ・RoHS 指令	・RoHS 指令の適用除外追加の決定(2011/534/EU)		

　ポイントは、「指令」は加盟国の国内法制化を経ない限り、直接効力が生じないのに対して、「規則」は、それだけで直接に効力が生じ、国内法制化を経なくとも効力が生じる点である。

　その結果、GDPR 施行以前は、データ保護指令を、EU 加盟各国がそれぞれの国の社会的・文化的・歴史的背景を踏まえて、国内法を立法し、施行してきた。

　その結果、各国の個人情報保護のルールは大枠では共通しているものの、細かな部分や実務の運用において、差異が生じるに至った。EU 内で複数国にまたがってビジネスを展開する事業者にとって、各国の個人データ保護のルールをすべて確認し、データ保護当局の動向を調査するのは、想定される以上に重い負担である。EU 内のデータ保護のルールを統一することで、このような負担を解消することができ、EU 内のデータ流通の促進を図ることができる。このため、GDPR では「指令」ではなく、「規則」という直接に効力が生じる形式が選択された。

　なお、実際には、Q04 で述べるように、GDPR 施行後も、各国の個別の個人データ保護のルールがすべて撤廃されるわけではない。これは、

GDPR においても、一部、国ごとの裁量を認めた部分があるためである。

　この EU 内のルールをできるだけ共通にして、事業者の負担を軽減する観点から、GDPR で導入されているもう一つの政策が、ワンストップショップ（One Stop Shop）とよばれるシステムである。このシステムについては Q43 で説明する。これらの思想を、GDPR の条文上で端的に表現したのが、個人データの自由な流通（free movement）という文言である（第1条第3項）。

2　ビッグデータ時代への対応

　ビッグデータ時代においては、ソーシャルメディアの利用者の急速な拡大、センサー技術をはじめとする IT 技術の発展、クラウドサービス等、大量のデータを安価なコストで蓄積・保存できる状況の到来、という大きな変化の結果、従前では想定されていなかった、膨大な量の個人データの収集・蓄積・活用が行われるようになった。とりわけ、EU 域外の事業者による、EU 域内の消費者の個人データをターゲットとしたビジネスの発展により、個人データ・プライバシーが侵害されているのではないか、という不安が高まっていた。EU データ保護指令の時代は、EU 域内からEU 域外への移転を厳しく規制することで対応しようとしてきたものの、これでは対処しきれないと考え、GDPR では正面から域外適用のルールを導入することに踏み切った。詳細は Q09 で説明するが、ここでいう域外適用とは、EU 域外の事業者に対しても、EU 域内のデータ主体の個人データをビジネスに活用する場合は、EU のルールを遵守することを義務付ける、というルールである。人権保護をバックボーンとするこのような思想は、自然人の基本的権利及び自由（fundamental rights and freedoms of natural persons）の一部としての個人データの保護という表現に表れているといえる（第1条第2項）。

3　GDPR の公表までの経緯

　こうして、EU データ保護指令に代わる新たな個人データ保護のルールを策定すべく、議論が続けられてきたが、一つの形となったのが、2012年1月25日に、欧州委員会から公表された規則案である。2012年は、世界で

今回、GDPRが制定・導入されるに至ったのはどのような背景・経緯があるのでしょうか？

同時に進行している個人データ保護ルールの見直しの潮流において、一つの節目となった年である。EUから規則案が公表された翌月2月には、米国ホワイトハウス（当時はオバマ政権）から「消費者プライバシー権利章典草案（Consumer Privacy Bill of Rights）」が公表された。

EUでは、その後もEU加盟国間で活発な議論が続けられ、2016年5月にGDPRとして正式に公表されるまで、別表の通り、4年余りを要した。

2012年1月25日	欧州委員会が、規則案を公表。
2013年10月21日	欧州議会の市民的自由・司法・内務委員会(LIBE委員会)が修正案を可決。
2014年3月12日	欧州議会が修正案を可決。
2015年6月15日	閣僚理事会において規則修正案を承認。
2015年6月24日～12月15日	欧州委員会、欧州議会、閣僚理事会の三者対話。
2016年4月8日	閣僚理事会が最終案を採択。
2016年4月14日	欧州議会本会議にて、最終案が採択される。
2016年5月4日	GDPRが、正式な公式文書として公表される。

4　EUにおける立法の流れ

EUの立法プロセスは極めて特殊で、基本的に、欧州委員会が提出した法案を、欧州連合理事会（閣僚理事会、EU理事会）と欧州議会が共同で採択する。欧州議会の採択を必要とする、通常立法手続においては、欧州議会での審議は、三読会制が採られる。まず、第一読会で法案が審議され、欧州連合理事会に修正案が提出される。欧州連合理事会は賛否を決定し、法案が修正された場合は第二読会が開かれる。第二読会でも欧州議会と欧州連合理事会が合意できない場合には調停委員会が開催される。

もともとEUにおける立法はこのような複雑な手続きを要することに加えて、GDPRに関しては、2012年の案から2016年の最終版に至るまで、多数の条項に修正が加えられ、加盟国間で活発な議論が交わされたこともあり、4年余りの時間を要した。後発の日本で、個人情報保護法の改正案が2013年5月に国会に提出され、ちょうど2年後の、2015年5月に成立したのとはスピード感が大きく異なるが、必要な議論だったといえよう。

I GDPR 入門編

5 GDPR 制定過程で登場する機関

　上記の通り、GDPR 制定には多数の組織が関与している。以下、年表に登場する機関について簡単に説明する。

(1) 欧州議会

　欧州議会（European Parliament）は、EU 加盟国の国民の代表、すなわち、「EC 加盟諸国民の代表」で構成される機関であり、構成員は直接選挙で選ばれる。議会という名称を冠してはいるものの、日本の国会のような立法権を専有するわけではない点は注意が必要である。

(2) 欧州連合理事会（閣僚理事会、EU 理事会）

　欧州連合理事会（閣僚理事会、EU 理事会）（Council of the European Union）は、立法権を有するのみならず、政策決定機関、加盟国間の利害調整を担当しており、閣僚級の代表から構成される。

　名称が似ているが、欧州理事会（EU 首脳会議、EU サミット）（European Council）とは異なる機関なので、注意が必要である。

(3) 欧州委員会

　欧州委員会（European Commission）は、立法提案権・予算発議権を独占する。EU 立法の主たる執行機関でもある。欧州委員会自体は 1 加盟国 1 名の構成員からなる組織であるが、人的パワーを必要としており、欧州委員会の下には、約 2 万人のスタッフを擁する総局およびその他部局が置かれている。

(4) 29条作業部会

　EU の個人データ保護を語るうえで、29条作業部会は欠かせない存在である。詳細は Q04 で説明する。

GDPR適用開始に向けたスケジュールを教えてください。

≪Point≫

2018年5月25日のGDPR適用開始に向けて、29条作業部会によるガイドラインの策定、加盟国各国による個人データ保護ルールの改正が急ピッチで進められている。

1 GDPRの適用開始に向けた立法作業

2016年5月に公式文書として公表されて以降、GDPRの適用の開始日である2018年5月25日に向けて、①29条作業部会によるガイドラインの策定、②GDPRによって委任された法行為（委任法行為）、GDPRを実施する法行為（実施法行為）の準備、③EU加盟国各国の個人データ保護の国内法の改正やガイドラインの策定、④関連する各種EU法の改正及び制定（例：電子通信プライバシー指令の規則化）が進められてきた。

2 29条作業部会とガイドラインの位置付け

(1) 29条作業部会とは

EUの個人データ保護の実務を語るうえで、いわゆる「29条作業部会（Article 29 Working Party）」は欠かせない存在である。

29条作業部会はその名前の通り、EUデータ保護指令第29条（個人データの取扱いに係る個人の保護に関する作業部会）を根拠とする、個人データの取扱いに係る個人の保護に関する助言機関である。

主な役割としては、EUデータ保護指令に従って採択された各国の措置の統一的な適用に資するために、当該措置の適用を含むあらゆる問題点について検討等を行う権能を有し（指令第30条第1項）、独自の判断で勧告

を行うことができる（同第3項）。

29条作業部会は、GDPRにおいては、欧州データ保護会議（European Data Protection Board（EDPB））に改組されることが予定されている（第68条以下）。EDPBについては、Q43で説明する。

現時点においては、29条作業部会が、GDPRの施行に向けて、ガイドラインの策定、サブ・ワーキング・グループの設置・運営等、主体的な役割を担っているが、この役割は今後正式にEDPBに引き継がれることが予定されている。

(2) ガイドライン

Working Paper（WPと略して呼称されることが一般的なので、本書でもこれに従う）236「GDPR実施のためのアクション・プランに関するステートメント」（2016年2月2日採択）にて、優先してガイドラインを設ける分野として、4分野（① New portability right　② Notion of high risk, and Data Protection Impact Assessment (DPIA)　③ Certification　④ Data protection officer）が公表されている。

これを受けて、ガイドラインの採択が順次進められているが、以下の通り、まだWP236で上げられた優先分野がすべてカバーされているわけではなく、③ Certificationに関するガイドラインは未採択である。

以下、時系列順に、これまでに（原稿執筆時点である2018年2月末まで）採択された主要なガイドラインを列挙し、概略を紹介する。

・WP242「データポータビリティ（Data Portability）ガイドライン」（2016年12月13日採択、2017年4月5日改訂）

GDPR第20条で新たに導入された「データポータビリティ権」に関するガイドラインで、どのような場合に、データポータビリティ権が発生し、実際に権利行使された場合に、事業者はどのような対応が求められるのかを明らかにしている。

・WP243「データ保護責任者（Data Protection Officer、DPO）ガイドライン」（2016年12月13日採択、2017年4月5日改訂）

GDPR第37条〜第39条に規定される「データ保護責任者」に関するガイドラインで、いかなる場合にDPOの設置義務が発生するか、任命に

際して考慮すべき適格性の基準、DPO のなすべき業務、事業者側が留意すべき事項等が、明らかにされている。

・WP244「主任監督当局決定（Identifying a lead supervisory authority）ガイドライン」（2016年12月13日採択、2017年4月5日改訂）

　GDPR 第56条に規定される「主任監督当局」に関するガイドラインである。EU の複数の加盟国にて拠点を有する、あるいは事業を展開する事業者は数多い。この場合、理論上は、すべての国の監督当局の意向を確認し、交渉をする必要が生じるが、それはあまり現実的とはいえない。GDPR では「ワンストップショップ」と称して、一つの監督当局とのやり取りで完結できることを目指して、主任監督当局（lead supervisory authority）なる概念が導入されている。指令に基づいた各国法の解釈が重要である現時点においては、加盟国さらには監督当局によって、個人データ保護に対する姿勢及びルールの執行運用における厳格さの程度に差異がみられる状況があるのは避けられない。ただし今後 EU 全ての加盟国で同じ法律が適用されることが必要となることから、原則としてはどの監督当局で法律解釈が行われても同じ結論に達することが期待されるために、事業者が個人情報の処理に関して主たる決定を行う場所が基本的には主任監督当局の場所とみなされる。これにより、事業者がフォーラムショッピングを行わないようにすることと、事業者が複数の監督当局とやり取りをしなくてすむようにすることの、二つの目的が達成されることが期待されている。同ガイドラインでは、この主任監督当局の決定に際して、考慮される要素、決定の手順等が詳細に説明されている。

・WP248「データ保護影響評価ほか（DPIA ほか）ガイドライン」（2017年4月4日採択、2017年10月13日改訂）

　GDPR 第35条及び第36条に規定される「データ保護影響評価」に関するガイドラインである。どのような場面で「データ保護影響評価」を実施する義務が生じるのか、その手順等が詳しく述べられている。特に本ガイドラインは GDPR の下で求められているデータ保護影響評価よりも多くの場合においてデータ保護影響評価を実施することを求めていると考えられているために、事業者においては注意が必要である。

・WP250「データ侵害通知（Personal data breach notification）ガイドライン」（2017年10月3日採択、2018年2月6日改訂）

GDPR第33条及び第34条に規定される「データ侵害通知」に関するガイドラインである。そもそもどのようなケースを「データ侵害」ととらえるべきなのか、いわゆるデータ漏えいの事案だけでなく、近年のサイバー攻撃事案の頻発を踏まえ、サイバーセキュリティの事案まで、広く具体例を挙げて言及しているのが特徴的である。そのうえで、それらの事案を含め、監督当局への報告と被害者本人への通知がそれぞれ、どのような場合に必要となるのか、解説している。

・WP251「自動処理による個人に関する決定及びプロファイリング（Automated individual decision-making and Profiling）ガイドライン」（2017年10月3日採択、2018年2月6日改訂）

GDPR第21条及び第22条に規定される「自動処理による個人に関する決定およびプロファイリング」に関するガイドラインである。どのような場合が、規制対象である「自動処理による個人に関する決定」及び「プロファイリング」に該当するのか、両者の際も含め、具体例を挙げて、詳しく説明されている。

・WP253「GDPR制裁金（the application and setting of administrative fines）ガイドライン」（2017年10月3日採択）

GDPRの記事で必ず言及されている巨額の制裁金に関するガイドラインであり、GDPR第83条に関連する。第83条には、制裁金の対象となる事由と、制裁金の金額の上限、制裁金の金額の決定に際し考慮されるファクターが列挙されているが、これだけでは、巨額の制裁金という事業者にとってとてつもなく大きなリスクを測るには材料が不足しているといわざるを得ない。ガイドラインでは、制裁金の金額の決定に際し、第83条に列挙されているファクターがどのように考慮されるのか等、詳細に述べられている。

・WP259「同意（Consent）に関するガイドライン」（2017年11月28日採択）

GDPR第7条では同意（Consent）の有効性が認められるためには、任意性、特定性、明白性、判断材料である情報を十分に提供しているこ

GDPR 適用開始に向けたスケジュールを教えてください。

と等が要求される。同ガイドラインではこれらが認められるためにはどのような条件を充足しなければならないのか、を詳説したうえで、同意の撤回やデータ主体が児童である場合の特殊性等について解説しており、いずれも実務に直接的に影響することが想定される。

・WP260「透明性（Transparency）に関するガイドライン」（2017年11月28日採択）

同ガイドラインでは、透明性の要件を充足すると認められるための要件を説明し、GDPR第13条・第14条に定められているデータ主体に提供しなければならない情報について、詳しく解説しており、やはり実務に直接的に影響することが想定される。

・WP262「第49条に関するガイドライン」（2018年2月6日採択）

GDPR第49条は、越境移転を合法的に行うことができる場面を複数、定めている。同ガイドラインは、各場面について具体例を紹介している。

（3）　サブ・ワーキング・グループ

WP235（2016年2月2日採択）「2016-2018年の作業プログラム」において、九つのテーマごとに、サブ・ワーキング・グループを設置する予定であることが公表された。

九つのテーマのうち、日本の事業者にとって特に関係があると思われるテーマは、「国際移転」（SCC、BCR、プライバシー・シールド他を取り扱う）、「技術」（追跡拒否（Do Not Track）、従業員のモニタリング他を取り扱う）の二つである。これ以外には、「プライバシーの未来」「重要条項」「国境・移動・法執行」「電子政府」「金融問題」「協働」が設置されている。

3　加盟国各国の個人データ保護の国内法改正

2017年7月のドイツを皮切りに、加盟国各国による個人データ保護のルールが急ピッチで進められている。EUデータ保護指令と異なり、GDPR自体が各国の国内法を必要としない、という上記の説明とこの動向は一見矛盾しているように聞こえるが、そうではない。GDPR自体が、加盟国によって異なるルールを定める余地を残しているためである。この関連でよく知られているのは、未成年者の年齢の基準であるが（Q05で説明）、

19

それ以外にも実務上、重要な差異が生じている場合がある。

2017年7月	ドイツ　改正法の成立
2017年8月	オーストリア　改正法の成立
2017年9月	イギリス　法案の公表
2017年9月	ポーランド　法案の公表

　たとえば、DPO（Data Protection Officer）の設置基準については、EU全体の基準は、29条作業部会によるガイドラインを参照することになるが、ドイツでは独自のルールとして、従業員が10名以上であれば、DPOの設置が義務付けられる。加えて国によっては既存の個人情報保護法の下でのルールを維持するために、個人情報保護法とは別の枠組みでルールを決めている国も見受けられる。その例としては英国における情報管理者に対する登録の義務であるが、GDPRでは撤廃されている、事業者に対する登録のルールを英国では別の国内法で求めることにより、監督当局の運営費用を確保しようとしている。このように、GDPRにおいてはルールの共通化という大きな目標はおおむね果たされているものの、いくつか実務上重要な点では加盟国間で差異が残っている点は要注意である。

　上記の点を含め、GDPRが、どのような事項について、加盟国によって異なるルールを定める余地を残しているかは、Q05で説明する。

EUは日本とは法体系も異なると聞きましたが、GDPRをめぐる法的枠組みはどのようになっていますか？

≪Point≫

GDPRは規則であり直接的な拘束力を有するが、その根拠は条約に求められる。条約のうち、GDPRに関連して重要なのが「欧州連合の機能に関する条約」(TFEU)である。

1 EUにおける法体系

GDPRは「規則」であり、データ保護「指令」とは法的位置付けが異なることは、Q04で述べた通りだが、両者はともに「二次法」に分類される。この「二次法」という概念は、EUの法体系を理解するうえで、重要な概念であるため、ここでは、まず、EUにおける法体系を説明する。

多数の加盟国から構成されるEUでは、日本とは法体系が大きく異なる。日本ではすべての法律の根拠・基礎は日本国憲法に求められるが、EUの場合はこの「憲法」そのものは存在しない。多数の加盟国から構成されるEUでは、条約がEU自体の存在根拠であり、EUの制定するルールの根拠・基礎である。

EUにおける法体系

一次法	二次法	裁判例
基本条約 ・日本でいえば「憲法」に相当する	共同体立法、EU法 ・一次法を根拠に制定されるため、派生法とも呼ばれる	一次法、二次法の内容を解釈して、法の意思を示す判決
・欧州連合条約（マーストリヒト条約） ・欧州共同体設立条約（EC条約）	・規則 ・指令 ・決定 ・勧告	欧州司法裁判所は法に違反する加盟国に対して罰金を科すことができる

・欧州連合条約および欧州共同体設立条約を修正するリスボン条約	・意見	・Gonzalez 判決（「忘れられる権利」）

　EU については、欧州司法裁判所が、人権保護という観点から、積極的に法形成に関与すべく、実際に、数々の成文法・法解釈・法律実務に影響を与える判断を行ってきた実績があるため、法体系の枠組みを考えるうえで欠かせないのも、特徴的である。個人データ保護の分野に限っても、EU データ保護指令下においては成文法に明記されていなかった「忘れられる権利」を、欧州司法裁判所（Court of Justice）が正面から認めたのは、GDPR の正式版公表の2016年5月からさかのぼること丁度2年前の、2014年5月のことである。

　もう一つ、欧州司法裁判所が直近で下した決定で、個人データ保護の分野において大きな影響を与えたものとして著名なのが、EU と米国間の個人データ移転に関する協定であるセーフハーバー協定を無効であると断じた2015年10月6日の決定である。個人データを取り扱う大手の IT 企業は米国に本拠地が集中していることもあり、同決定は世界各地のビジネスに大変深刻な影響を与え、EU と米国は、新たな枠組みの形成を急がざるを得なくなった。その結果、2016年2月には新たな枠組みであるプライバシーシールドに関する合意が形成され、半年後の2016年8月には正式稼働した。一連の経緯については、 Q11 で詳しく説明する。

2　EU の個人データ保護の枠組み

　EU データ保護指令は、民間部門及び公的部門の双方に適用されるものとして制定された。「指令」であるため、直接的な拘束力を有していないことから、実効性を持たせるために、加盟国各国の国内法化が必要だったのは、 Q03 で述べたとおりだが、実は、EU の行政機関については、異なった取扱いがなされている。

　EU の行政機関についてのことなので、当然、加盟国各国の国内法によって対応することはできないことから、同指令を EU の行政機関につい

て実践するために、行政機関個人データ保護規則（No.45/2001）が制定され、2001年から発効している。

このため、GDPR の施行前は、民間部門は加盟国の国内法、EU の行政機関は「規則」によって規律される状況にあったのが、GDPR の施行後は、ともに「規則」によって規律されることになる。

	民間部門	公的部門（EU レベル）
GDPR 施行前	加盟国の国内法	行政機関個人データ保護規則
GDPR 施行後	GDPR（＋加盟国の国内法）	行政機関個人データ保護規則

3 委任法行為（delegated act）・実施法行為（implemented act）

GDPR の条文を順番に見ていくと、委任法行為（delegated act）・実施法行為（implemented act）という用語が登場するのがわかる。

例を挙げると、委任法行為については、第12条第8項「欧州委員会は、アイコンによって示される情報及び標準化されたアイコンを提供するための手続を決定する目的で、第92条による委任法行為を採択するための権限が付与されるものとする」、実施法行為については、第43条第9項「欧州委員会は、認証メカニズム及びデータ保護シール若しくはマークに関する技術標準並びに当該認証メカニズム、データ保護シール及びマークを促進及び認識する仕組みを規定する実施法行為を採択することができる」といった条項が見られる。

委任法行為・実施法行為は、いずれも、EU 法になじみがないとわかり難い概念なので、以下簡単に説明する。ある規則や指令等の措置を実施するに際して、具体的な技術要件や基準などが必要となる場合、性質上、規則や指令等にそこまで詳細を記載することはふさわしくないあるいはおよそ現実的ではないので、それらの詳細を決定・採択する権限を欧州委員会に付与するものである。日本法でいえば、法律を施行するに際して、具体的な技術要件や基準などの詳細を、各省庁が定める政令・施行令に委ねる場合に近いといえるだろう。

23

Ⅰ　GDPRの適用対象

　なお、EU法においては、欧州委員会が委任された権限を行使するに当たって、暴走することのないよう、権限行使をコントロールするための仕組みが整えられている。具体的には、「欧州連合の機能に関する条約（The Treaty on the Functioning of the European Union）」（TFEUと略して呼称される）第290条及び第291条にて、欧州議会・欧州理事会の関与を予定した手続きが説明されている。委任法行為であれば、①欧州委員会が策定のうえ、欧州議会・欧州理事会に提出、②欧州議会・欧州理事会は、並行して審議し賛否を採択、③期限内に異議が申し立てられない場合は、欧州委員会によって採択される、という流れが定められている。

　このTFEUは、GDPRの前文150項（制裁金に関して、親会社が責任を問われる可能性があるか、という論点の注釈）における、「TFEU第101条・第102条に準じる」という記述にも登場しており、GDPRを解釈・運用していくうえで、見落とせない条約である。

　GDPRにおける、委任法行為・実施法行為についてのルールは、第10章「DELEGATED ACTS AND IMPLEMENTING ACTS（委任法行為及び実施法行為）」にて定められている。具体的には、GDPR第92条においては、欧州委員会への権限付与は、92条の枠内であること（第1項）、第12条第8項及び第43条第8項で定める権限は、GDPRの効力発生日から期日が決められるまでの間、欧州委員会に付与されること（第2項）、第12条第8項及び第43条第8項で定める権限の委任は欧州議会又は欧州理事会によりいつでも撤回可能であること（第3項）、欧州委員会は、委任行為の採択後すぐに、欧州議会及び欧州理事会に通知すること（第4項）、第12条第8項及び第43条第8項より採択された委任行為は、①通知後3カ月以内に欧州議会または欧州理事会によって不服が表明されない場合、あるいは②当該期間の満了前に欧州議会及び欧州理事会双方が不服を申し立てないことを欧州委員会に通知した場合、はじめて有効になること（第5項）、当該期間はさらに3か月までは延長可能であること（第5項）が定められている。

EUは日本とは法体系も異なると聞きましたが、
GDPRをめぐる法的枠組みはどのようになっていますか？

4　加盟国各国の裁量権限

(1)　未成年者の年齢基準

Q04 で紹介した通り、GDPR は、一定の事項について、加盟国によって異なるルールを定める余地を残している。これは、4年間にもわたる協議を経ても、加盟国各国間で社会的・歴史的・文化的背景ゆえ、ルールの共通化を詰め切れなかったことが原因である。その一例が、未成年者の年齢基準である。

オンラインサービスの普及に伴い、顔の見えない状況で、ユーザの個人データの取得されることが普遍的になった現在、未成年者の個人データの保護は、ビジネスにおいて頭の痛い問題である。米国では COPPA により13歳未満の児童の個人データが手厚く保護されているのに対して、人権保護を重視する EU では、当初、16歳未満を未成年者とし、その個人データを手厚く保護しようとしていた。しかし、EU 加盟国各国それぞれの従前の取扱いとの整合性や、社会的・歴史的・文化的背景を踏まえ、最終的に、各国に13歳まで基準年齢を引き下げることができるとする裁量権を与えることとした（第8条第1項）。

この結果、加盟国によって、未成年の年齢基準がばらつくこととなり、とりわけオンラインサービスの事業者にとっては頭の痛い状況が生じている。

(2)　ヘルスケアデータの取扱い

GDPR 第9条第4項では「加盟国は、制限を含め、遺伝データ、生体データ又は健康に関するデータに係る追加的規定を維持又は導入することができる」として、いわゆるヘルスケアデータに関して、加盟国各国に幅広い裁量権を与えており、各国は、ヘルスケアデータに関して、従前から特別規定を有する場合はこれを維持し、また、今回新たに特別規定を追加することが認められている。

(3)　合法的な処理として扱われるための事由

Q18 で詳細は述べるが、個人データの処理（process）は、第6条に定め

られている法定事由のいずれかを充足していない限り、合法とは取り扱われない。法定事由のうち、(c)「管理者が従わなければならない法的義務を遵守するために処理が必要な場合」及び(e)「公共の利益又は管理者に与えられた公的権限の行使のために行われる業務の遂行において処理が必要な場合」について、加盟国は、「具体的な規定を保持又は導入することができる」(第6条第2項)。加えて、(c)(e)の根拠として、EU法のみならず、「管理者が従うべき加盟国の国内法」の挙げられており、加盟国の国内法に基づく法的義務あるいは、加盟国の国内法のもとで公的権限の行使のために行われる業務についても、個人データの処理を合法的に行うことができる。

(4) 職場でのルール

職場での被雇用者の個人データの処理に関して、加盟国は、法令又は労働協定によって、具体的な規定を定めることができる(第88条1項)。採用、雇用契約の遂行、業務のマネジメント、職場での健康と安全、雇用主又は消費者の資産保護、雇用関係終了等、多様な目的の処理が含まれる。

(5) その他の加盟国の国内法が参照されている条項

GDPRでは、他にも、加盟国の国内法が参照されている、あるいは加盟国の国内法の存在を前提とする条項が多数みられる(第9条第2項・第3項、第10条、第14条第5項、第17条第1項・第3項、第18条第2項、第22条第2項、第23条第1項、第26条第1項、第28条第3項・第4項、第29条、第32条第4項、第35条第10項、第36条第5項、第37条第4項、第38条第5項、第39条第1項、第49条第1項・第4項・第5項、第51条第4項、第53条第1項・第3項、第54条第2項、第57条第1項、第58条第1項・第3項・第4項、第61条第4項、第62条第3項・第4項、第68条第4項、第80条第1項、第82条第6項、第83条第5項・第8項・第9項、第85条第3項、第86条、第88条第3項、第89条第2項・第3項、第90条第1項、第91条第1項)。これらの条項によって定められる事項に関しては、各国の国内法を確認する必要がある。

EUは日本とは法体系も異なると聞きましたが、
GDPRをめぐる法的枠組みはどのようになっていますか？

●コラム01●　EU各国の個人データ保護法改正の動向

　EU加盟国各国で、GDPRに対応すべく、個人データ保護法制の改正が進められているが、2018年1月末現在で、改正対応を完了したのは、ドイツとオーストリアの2か国のみであり、残り24か国は対応未了である。原因は様々であるが、そもそもファーストドラフトが公表されていない国と、ファーストドラフト公表後の国内の議論に時間をかけている国の2パターンが見られる。イギリスは議案の公表前の2017年8月に概要を政府が発表、翌月9月に法案が議会に提出され、議論が続けられている。ポーランドでは、2017年9月から1か月間、草案についてパブリックコメントの募集が行われ、700ページを超えるコメントが寄せられ、それらの集約に時間を要したためか、3か月後の2018年1月になって、コメントを集約するための会議が開催され、政府の見解が示された。主な争点には、児童の基準年齢の引下げへの反対（GDPRでは16歳のところ、ポーランド政府は13才に基準を引き下げることとしたため、児童保護団体から強く批判された）、データ保護認証の認証機関の民間開放（当初案では政府機関のみだったが、渋滞するのではないかと不安視する声にこたえて、民間開放に応じた）、従業員250名未満の中小企業に対する義務免除が挙がっていた。ポーランドでは、併行した動きとして、従業員のデータ保護の特別法の法案について、2017年11月にパブリックコメントの募集が行われた。特別法案では、雇用者が求職者及び従業員から取得することが許される個人データ項目を限定され、求職者と従業員で分けて定められている。使用者がこれらの個人データを処理することができるのは、雇用契約が継続する期間に限られる。例外として、従業員の同意がある場合は、一部の項目の保持が許容される。これを見てもわかるように、特別法案はかなり特色ある内容になっており、このまま成立すれば、他のEU加盟国と同様のデータ処理が許容されないことになる。

　このように一つの加盟国でも複数のルールがGDPR対応のためにアップデートあるいは策定される状況が見られ、その内容も想定外のものが含まれる可能性があり、すべての加盟国のものが出そろうまで、予断を許さない状況が続くこととなる。

GDPRは日本法と比べて厳格であると
聞きますが、どのような違いがありますか？

≪Point≫

　GDPRと日本の個人情報保護法は、個人データとして保護される対象の範囲、データ主体が有する権利の種類、データの保存期間等、ビジネスの実務に影響する点でも多くの差異が見られる。十分性認定の交渉に伴って整備される指針により、これらの差異の一部は解消される可能性がある。

1　EUと日本の個人データ保護の対象の比較

　EUは、日本との十分性認定の交渉（Q68参照）の過程において、日本の個人データ保護のルールは2017年5月の改正法の全面施行後も、依然として、隔たりがあることを指摘してきた。その中でも、個人データとして保護される対象・範囲が異なる点は、隔たりの具体例として、頻繁に指摘されるところである。GDPRでは、オンライン識別子（online identifier）を保護対象として、条文で明記しているのと異なり、日本では、改正個人情報保護法でも、オンライン識別子の取扱いは、条文上、明確にはされなかった。クッキーをはじめとして、議論の高まりは見られ、その中で、オンラインのアクセス履歴等が一時登場していたものの、その扱い方について事業者の関心が高まっているところではあるが、GDPRのようにオンライン識別子を保護対象として捉えているわけではないので、EUの個人データと日本の個人データをともに取り扱うオンラインサービスの設計は、慎重な対応が必要になる。

2　同意のあり方

　EUと日本では、同意の取得が必要な場面も異なるが、より根本的な差異として、同意として有効であると認められるための条件が大きく異なる。

GDPR は日本法と比べて厳格であると聞きますが、どのような違いがありますか？

GDPR 第7条では同意（consent）の有効性が認められるためには、任意性、特定性、明白性、判断材料である情報を十分に提供していること等が、有効性の要件として明確に記述されていて、詳細を説明するガイドラインも公表されている。これに対して、日本では、個人情報保護法では「同意」という概念はたびたび登場するも、そもそも同意のあり方についての言及がなされていない。一部の業界向けガイドラインでは「書面による」ことが求められている場合もあるが、業界を問わない一般的なガイドラインにおいては、そのような制約は設けられていない。日本で許容されていた同意のあり方が、GDPR では許容されない可能性は決して低くはない。このため、GDPR における同意のあり方のルールを遵守しなければならない場面に直面した日本企業は、同意取得の方法を全面的に見直す必要が生じる可能性がある。

3　同意を取得すべき場面

　GDPR では個人データの取扱いは、処理（process）と移転（transfer）に大きく分けて、それぞれを規制しているが、いずれについても、同意又はそれに代わる適法化の根拠が必要とされている。これに対し、日本の個人情報保護法では、データ主体の同意が必要とされるのは、一部の業界を除けば、①利用目的の変更及び②個人データの第三者提供及び海外への移転（第三者提供の他、委託や共同利用における移転も規制対象とされる）のみにとどまる。個人データの取得の時点でデータ主体の同意またはそれに代わる適法化の根拠が必要とされる EU のルールに対し、日本のルールは、個人情報の取得という入口の場面では、同意を取得する必要はなく、利用目的の通知または公表で足りる、という緩やかな規制にとどまっている。同意の取得と通知・公表は、ビジネスの実務ではコスト負担に大きな差異が生じるのは明らかであり、GDPR のルールを遵守しようとすると、企業にとっては大きな負担となることは避けがたい。

4　データ主体に提供すべき情報

　GDPR 第13条・第14条は、データ主体に提供すべき情報の項目を列挙している。これも、日本の個人情報保護法では見られないルールの設け方で

29

ある。このため、EU では Privacy Notice を準備することが一般的になっている。また、提供すべき情報の項目の一部は、従来、日本企業はプライバシーポリシーや同意取得の説明文には含めてこなかった事項が多数含まれており、この際も日本企業にとっては大きな負担となることが予想されている。

5　データ主体の有する権利

　GDPR では、データ主体は、様々な権利を有する。日本の個人情報保護法も、改正後は、データ主体の権利という形で条項を定めるようになったので、その点では GDPR に近づいたのだが、その内容は依然として差異がある。日本法でも認められている開示請求権や訂正請求権に加えて、GDPR では、忘れられる権利（正式名称は「消去権」）（第17条）、データポータビリティに関する権利（第20条）、異議を唱える権利（第21条）、プロファイリングや自動化された意思決定に関する権利（第22条）が定められている。これらの権利に対応するために、場合によってはシステム改修が必要とされる場合もあり、その場合には時間とコストがかかることは避けられない。また、4 で説明したデータ主体に提供すべき情報に関する定めも、データ主体の権利として定められているのは（第13条・第14条）、日本法と異なる特徴といえるだろう。

6　越境移転規制

　日本の個人情報保護法も、2017年5月の改正法の全面施行において、越境移転の規制が新たに設けられたことにより、EU・日本ともに越境移転規制を有する。しかし、その内容は、移転が例外的に許容される場合を中心として、様々な点で異なっている。

GDPR	改正個人情報保護法
・EEA 域外への移転は原則禁止。	・国外に所在する第三者への提供は原則禁止。
・データ主体の同意があれば移転可能。	・データ主体の同意があれば移転可能。

GDPR は日本法と比べて厳格であると聞きますが、どのような違いがありますか？

・国単位：十分性認定、プライバシーシールドがある場合は移転可能。	・国単位：国内と同等の保護水準にあると個人情報保護委員会規則で定める国には移転可能。
・事業者単位：例外なし	・事業者単位：個人情報保護委員会規則で定める基準に適合する体制を整備した第三者、国際的な枠組みに基づく認定を受けている第三者には移転可能。
・特別な保護措置：SCC、BCR、Certification、Codes of conduct を充足すれば移転可能。	・特別な保護措置：規定なし

7　域外適用

GDPR では、域外適用のルールが明確化された（第3条第2項）。日本の個人情報保護法も、2017年5月の改正法の全面施行により、域外適用を正面から定める条項を新たに設けた。しかし、その内容は、やはり様々な点で異なっている。

GDPR	改正個人情報保護法
・域外適用の対象	・域外適用の対象
①商品・役務の提供　②行動のモニタリング	商品・役務の提供
・直接にルールを適用することを想定	・現地の監督当局がルールを適用
・代理人の選任義務あり	・代理人の選任義務なし
・EU 固有のルールによる巨額の罰金の可能性	・罰金は現地のルールによる

8　センシティブ・データ

GDPR ではセンシティブ・データは、「特別な種類の個人データ」及び「有罪判決及び犯罪に係る個人データ」に分けて規定されている（第9条・第10条）。日本の個人情報保護法も、2017年5月の改正法の全面施行により、

慮個人情報という概念を新たに導入したが、その範囲は異なる。また、本人の同意なしに取得できる例外的な場面も、異なっている。

GDPR	改正個人情報保護法
・人種、種族的な出自 ・政治的見解、宗教又は哲学的な信念 ・労働組合の組合員たる地位 ・遺伝子データ ・生体データ ・健康又は性生活及び性的嗜好を示すデータ	・人種（民族的・種族的出身を広く含む） ・信条（思想と信仰双方を含む） ・社会的な身分 ・病歴 ・身体障害、知的障害、精神障害その他の個人情報保護委員会規則で定める心身の機能の障害 ・健康診断その他の検査の結果 ・医師等による心身の状態改善のための指導・診療・調剤 ・犯罪の経歴 ・犯罪により害を被った事実 ・本人に対する刑事手続、少年法の手続

　2018年2月9日に個人情報保護委員会から公表された「EU域内から十分性認定により移転を受けた個人データの取扱いに関するガイドラインの方向性について」では、センシティブデータの範囲の差異を埋めるべく、EUから移転された個人データについては、「労働組合の組合員たる地位」・「性生活」・「性的嗜好」に関するデータに関しては要配慮個人情報と同様の取扱いを行うことが求められる、としている。

Ⅱ

GDPR の適用対象

Q07 GDPRで保護される個人データとは どのようなものですか？

≪Point≫

GDPRで保護される「個人データ（personal data）」は改正個人情報保護法で保護される「個人情報」より広範であると考えられている。

1 「Personal Data」の定義

GPDRによって保護される対象は「personal data」である。「personal data」は、日本語文献では「個人データ」という訳語を割り当てられるため本書もこれにならう。日本法の「個人データ」を意味するときはその旨を記載する。

GDPRでは、「個人データ（personal data）」は、「識別された、または識別され得る自然人（data subject（データ主体））に関する、あらゆる情報」と定義されている（GDPR第4条第1号）。ここで「識別され得る自然人」とは、当該自然人の氏名、識別番号、所在地データ、オンライン識別子又は身体的・生理的・遺伝子的・精神的・経済的・文化的・社会的固有性などの中から、いずれか（一つ又は複数）によって、直接又は間接的に識別される個人のことをいう。

ある自然人が識別され得るかどうかを判断するには、管理者やそれ以外の者が個人を直接又は間接的に識別するために合理的に使用可能なすべての手段・方法を考慮する必要がある。

手段が、個人を識別するために合理的に使用可能であることを確認するためには、処理の時点で利用可能な技術や技術的進歩を考慮して、費用と時間のような識別に必要な一切の客観的要因を考慮する必要がある（前文第26項）。

また、以下のデータは、「個人データ（personal data）」には含まれない

GDPRで保護される個人データとはどのようなものですか？

（前文第14項、第27項）。
・法人に関する情報（法人の名称、形式、連絡先等）
・死者に関するデータ

なお、死者に関するデータについては、EU加盟国が、独自の規律を定めることができるため、特定のEU加盟国に拠点を設ける、あるいは、主な市場ターゲットとしてマーケティングする場合は、当該加盟国で独自の規律を設けていないかを確認する必要がある。

2　日本法との比較

日本の個人情報保護法では、保護される対象は「個人情報」「個人データ」「保有個人データ」の3種類があるが、このうち最も広い概念である「個人情報」と比較したのが以下の表である。

GDPR	改正個人情報保護法
氏名	氏名
メールアドレス	メールアドレス（場合による）
識別番号	識別番号（免許証、旅券番号）
身体的、生理学的、遺伝子的、精神的、経済的、文化的、社会的固有性に関する情報	身体的、生理学的、遺伝子的な固有性に関する情報
オンライン識別子	

最も大きく異なるのがオンライン識別子の取扱いである。
日本でも、改正個人情報保護法の検討過程においては、IPアドレスやクッキーを通じて集められた情報について、保護対象とすべきではないかという観点からの検討がされたこともあったものの、データ主体自身が、簡単な操作により排除できること等を勘案して、見送られたという経緯がある。
対照的に、EUでは、GDPR以前から、クッキーについては、「放置しておけば、プライバシー侵害のリスクがある」「データ主体のコントロールを明確に及ぼすべきである」という意見があり、EUデータ保護指令とは別個に、クッキー指令という指令のもと、EU加盟国各国で法整備を進

35

めてきた経緯がある。

日本国内でもクッキーやIPアドレスの扱い方について事業者の関心が高まっているところではあるが、GDPRのようにオンライン識別子一般を保護対象として捉えているわけではないので、ウェブサイトの設計やデータ活用の検討においては、慎重な対応が求められる部分である。

また、GDPRの実体的な適用範囲について「全部又は一部が自動的な手段による個人データの処理」あるいは「ファイリングシステムの一部である、又はファイリングシステムの一部にすることが意図された個人データの自動的な手段以外の処理」に適用すると定められている（第2条第1項）。日本法では「個人データ」「保有個人データ」のみに適用されて「個人情報」に適用されない規律が存在するが、GDPRでは、データの種類は「個人データ（personal data）」の一種類のみで、「処理」の範囲を限定することで適用範囲をコントロールしようとする、という差異がある。

3　「anonymized data」（匿名化データ）・「pseudonymized data」（仮名化データ）

GDPRでは、「個人データ（personal data）」に該当するか否かの判断に関連して、二つ重要な概念が登場する。一つは、「anonymized data」（匿名化データ）（前文第26項）という概念で、これは「個人データ（personal data）」に含まれないため、保護の対象外であり、GDPRの一連の規律は適用されない。ここでいう「匿名化」とは、不可逆的に特定の自然人の識別を防止する処理（加工）をいう。

たとえば、小売店が保有する購買履歴を、誰が、いつ、どの店舗で何を購入したのか、購買履歴から個人が識別できる情報を除外し、復元不可能な状態に処理してから、提携先に提供する、といった場面が典型的である。

日本法でいう匿名加工情報に類似した概念であるが、匿名加工の詳細な基準が定められている改正個人情報保護法とは異なり、GDPRでは、匿名化自体について、規定は置かれておらず、ガイドラインも出されていない。

もっとも、29条作業部会からは、2014年に匿名化技術に関する意見書であるWP216（Opinion 05/2014 on Anonymisation Techniques）が公表されており、監督当局の匿名化についての考え方をうかがい知ることができる。

GDPRで保護される個人データとはどのようなものですか？ **Q07**

　具体的には、完全な「匿名化」というには、「有効な匿名化の3基準」（① Singling out ＝個人を選び出す（single out）できないこと、② Linkability ＝同一人物の記録と連結（link）できないこと、③ Inference ＝特定の情報が、特定の個人に関する情報であると推定（infer）できないこと）をクリアする必要がある、と述べたうえで、当時知られていた匿名化技術を複数取り上げ、3基準をクリアできるかをそれぞれ検討している。

匿名化技術	Singling out	Linkability	Inference
k-匿名化	不可能	可能	可能
l-多様性	不可能	可能	おそらく不可能
差分プライバシー	おそらく不可能	おそらく不可能	おそらく不可能
ハッシュ化	可能	可能	おそらく不可能
仮名化	可能	可能	可能

4 「Pseudonymized data」（仮名化データ）

　「仮名化」とは、個人を特定できる追加情報とは別に保管され、かつ技術的および組織的対策により、追加情報なしでは個人を特定できないように個人データを処理することをいう（第4条第5号）。「匿名化」と異なり、他の情報を併せ用いることによって、自然人に結びつけることができるため、自然人が識別されうる情報に該当し、「個人データ（personal data)」に含まれることになる。

　上記の、小売店の事例でいえば、購買履歴のうち、氏名部分を小売店が独自に付与しているポイントカードの会員IDに置き換えただけ、という場合は、小売店は、会員IDから氏名に結びつけることができるため、自然人に結びつけることができる状況である。

　このように書くと「仮名化」にはメリットがないようにも見えるが、その趣旨は、データ主体のリスクを低減することにある。

5 センシティブデータ

　データの種類に関する重要な概念として、センシティブデータがある。センシティブデータは、「personal data」のうち、データ処理の適法性の

要件が厳格化されているデータである。日本法では、要配慮個人情報という一つの概念に集約されているのに対して、GDPRでは①特別カテゴリの「personal data」（第9条第1項）と②有罪判決及び犯罪に関係する「personal data」又は関連する安全対策に係る「personal data」（第10条）の2種類に分けられ、処理の適法性の要件も微妙に異なるので注意が必要である。センシティブデータ及び処理の適法性の要件については、Q20参照。

6　ビジネスにおける「Personal Data」

　事業者が「personal data」として留意すべきデータは、非常に広範である。顧客である消費者の購買履歴や自社の従業員の給与情報だけでなく、取引先の担当者の連絡先情報も「personal data」に含まれることに留意すべきである。また、一見、「personal data」らしからぬデータ、たとえば、自家用車のGPS位置情報や、スマートハウスにおける家電の稼働情報は、場合によっては、自然人に結びつけることが可能な場面があり得る。この場合、「personal data」に該当しないかの検討が不可欠である。

GDPRが適用されるのは誰でしょうか？

≪Point≫

GDPRにおいて、個人データを取り扱う者として責任を負うのは、営利事業者だけではない。GDPRでは、EUデータ保護指令下では曖昧だった、EU域内に物理的拠点がない事業者についてEUのルールを適用する域外適用のルールが、明確化された。

1　GDPRの規律が適用されるのは誰か

(1)　GDPRの規律が適用されるのは事業者だけではない

GDPRの規律が適用される主体は、「管理者（controller）」と「処理者（processor）」の二者である。逆に言えば、いずれかに該当しない限りは、GDPRの規律が適用されることはない。このため、GDPRの規律が適用される主体が誰かを考える場合、まず、「管理者」「処理者」の定義を見る必要がある。

「管理者」「処理者」の区別については、Q28で説明するので、ここではその範囲に着目すると、「個人データの処理の目的及び手段を決定する」あるいは「管理者のために個人データの処理を行う」「自然人、法人、公的機関、行政機関又はその他の団体（the natural or legal person, public authority, agency or other body）」が、GDPRの規律が適用される対象であることが明らかにされている（第4条第7号・第8号）。法人格の有無、営利性の有無は問われない。

(2)　小規模事業者への配慮

改正前の日本の個人情報保護法では「小規模事業者（保有する個人情報

39

の数が5,000以下の事業者）には、個人情報保護法による規律が適用されない」という、小規模事業者のコスト負担に配慮した適用除外の定めがあったが、GDPR ではそのような適用除外の規定は置かれていない。

小規模事業者への配慮が見られるのは、第30条のもとで求められる個人データ処理の記録の保持と、域外移転が許容される措置として GDPR で新たに設けられた「認証（Certification）」「行動規範（Codes of conduct）」の制度である。

(3) GDPR の規律が適用されない場面とは

他方、EU の行政機関については、Q05 で述べた通り、行政機関個人データ保護規則によって規律される。

さらに、GDPR 第2条第2項に定められている通り、①欧州機能条約（TFEU）第5編第2章の適用を受ける活動を行う際の加盟国による個人データの処理、②純粋に個人的又は家庭内の活動における自然人による個人データの処理、③犯罪の防止、捜査、探知、起訴、又は刑事罰を科すために所管官庁が行う個人データの処理は、適用対象から除外されている。

また、これもヨーロッパらしく、教会及び宗教団体（Religious association）については、① GDPR の施行時点で、既存のデータ保護に関する包括的な規定を適用しており、かつ、②当該規定が GDPR と調和する場合は、引き続き当該規定を適用することが認められている（GDPR 第91条）。

ビジネスを行う事業者には、基本的には、これらの適用除外規定は適用されないと考えられるが、取引先がこれに該当する場合は注意が必要である。

2 地理的な適用範囲

(1) 地理的適用範囲のルールの枠組み

GDPR の規律が適用されるか否かの判断に際して、もう一つ重要なのが、地理的範囲の問題である（GDPR 第3条）。第4条第7号に該当する「管理者」あるいは第8号に該当する「処理者」であっても、第3条の定める地理的要件を充足しない限り、GDPR の規律は適用されないことになる。

第3条の定める地理的適用範囲のルールは以下のように整理できる。以下の表では「EEA域内」と表記しているが、厳密にはGDPRが直接適用されるのは「EU域内」であり、EU非加盟EEA加盟の三か国（アイスランド、リヒテンシュタイン、ノルウェー）は適用されない。これら三か国でGDPRが適用されるためには各国において国内法として制定・施行される必要があるが、この手続は既に済んでいる。したがって、以下では「EEA域内」と表記する。

　なお、第3条第1項では、「域内の拠点の活動に関する個人データの処理」に対してはGDPRが適用されるとされていることから、同条項によっても、域外の企業に対してGDPR遵守の義務を求める余地がある旨、指摘されていることには注意すべきである。

管理者（第4条第7号）あるいは処理者（第4条第8号）に該当するか	EEA域内に拠点を有する場合（第3条第1項）	EEA域内の管理者・処理者の拠点の活動に関連してなされる個人データの処理
	EEA域内に拠点を有しない場合（第3条第2項）	EEA域内に所在するデータ主体に対する商品又は役務の提供に関連してなされる個人データの処理 ((a))
		EEA域内で行われるデータ主体の行動のモニタリングに関連してなされる個人データの処理 ((b))

(2)　EUデータ保護指令下でのルール

　EUデータ保護指令のもとでは、① EU域内に管理者が設置されている場合、あるいは、② EU域内に管理者が設置されていなくとも、管理者がEU域内に設置された機器（equipment）を用いて個人データを処理する場合（単純に機器を通過する場合は除く）は、当該管理者にEUのルールが適用される、と定められていた。他方、オフィスにしろ、サーバにしろ、な

にがしか物理的な何らかの引っ掛かりがない場合に、EU のルールが適用されるかは明確でなかった。

(3) GDPR での変更点

GDPR の第3条第1項に定められた「EEA 域内の管理者又は処理者の拠点の活動に関連してなされる個人データの処理 (the processing of personal data in the context of the activities of an establishment of a controller or a processor in the Union)」というのはこの考え方の延長線上に立った定めといえるが、全く一緒というわけでもない。

まず、EU データ保護指令では主体が管理者のみであったのに対し、GDPR では管理者に加え、処理者も主体として登場する。

さらに重要なのは「拠点の活動に関連して」「なされる処理」が適用対象であり、処理のなされる物理的な場所が EU 域内であるか EU 域外であるかは関係ない、ことである。

ビジネスでは、EU の個人データ保護のルールの適用を免れるよう、ビジネスの手法・システムの構成を検討することが、重要な視点になるが、その際、「拠点の活動に関連して」に該当するものではないか、をまず確認する必要がある。

他方、GDPR では、域外適用を正面から定めた条項が追加されたことが EU データ保護指令からの大きな変更点であるが、これは、第3条第2項の追加を指している。第3条第2項については、Q09 で説明する。

(4) 拠点 (establishment) の意義

GDPR 自体には、拠点 (establishment) の定義は示されていないが、前文の注釈によれば、拠点とは、安定した枠組み (stable arrangements) を通して、実効的かつ現実に、活動が実施されているか否かが、一つの条件となることが明らかにされている (前文第22項)。加えて、EU 個人データ保護指令についての文書ではあるが、29条作業部会が2010年12月に採択した WP179 (適用法に関する意見書) では、欧州司法裁判所の判決を引用して、「特定の役務を提供するために必要な人的及び技術的リソースが、恒久的に利用可能であること」が求められると述べられており (11頁)、こ

の解釈は、GDPRにおいても、特に変わらないであろうと予測される。

WP179は続けて、同基準を適用した当てはめの例を紹介している。

・サーバが、個人データを処理する技術設備でしかない場合は、「拠点」に該当する可能性は低い。

・一人事務所であっても、単なる現地代表にとどまらず、個人データ処理に活動的に関与している限りは、「拠点」に該当するであろう。

(5) 大使館等の取扱い

現実に該当する場面は限られてくると思われるが、大使館のように、国際公法により、加盟国の国内法が適用される場所においては、EEA域内に拠点を有しない管理者による個人データの処理については、GDPRを適用することが定められているので（第3条第3項、前文第25項）、加盟国の大使館への出入りがある場合は、注意が必要である。

GDPRでは域外適用のルールが明確化されたとのことですが、どのような場合に域外適用されますか？

≪Point≫

　GDPRでは、域内に拠点を有していない事業者であっても、「域内に所在するデータ主体に対する商品又は役務の提供」あるいは「域内で行われるデータ主体の行動のモニタリング」に関連して個人データを処理する場合は、GDPRが適用されることが明確に定められた（第3条第2項）。

1　域外適用のルール

　Q03で述べた通り、域外の事業者によって、域内の個人データが不適切に処理されているのではないかという懸念を解消すべく、域外の事業者による処理も、EUの個人データ保護のルールで直接的に規律するためのルールを明確化しようとする方向性が見られた。これを受けて、以下のような個人データ処理は、域内に「拠点」を有しない管理者・処理者であっても、GDPRの規律を適用するとする規定が置かれた（第3条第2項）。

① 「域内に所在するデータ主体に対する商品又は役務の提供（有償・無償を問わない）」((a))
② 「域内で行われるデータ主体の行動のモニタリング」((b))
　のいずれかに関連する個人データの処理

　上記のうち、つい見落としがちだが、前文でも特に言及されておらず、実は解釈が難しいのが、「関連する個人データの処理」（where the processing activities are related to）の箇所である。

　「関連する」という文言は、幅広い解釈が可能なことから、その範囲がどこまで広がるのかが問題となり得る。たとえば、日本の本社が、欧州子会社による現地従業員の電子メールのモニタリングを、システム的に支援している、といったケースは少なからずあり得る話だが、これは「関連す

る」とは言えないだろうか、といった懸念が実務では生じている。

なお、第3条第1項でも、「域内の拠点の活動に関する個人データの処理」に対してはGDPRが適用されるとされていることから、同条項によっても、域外の企業に対してGDPR遵守の義務を求める余地がある旨、指摘されていることには注意すべきである。

2 「域内に所在するデータ主体」とは

「域内に所在するデータ主体」(data subjects in the Union)のうち、「データ主体」は、「識別された又は識別され得る自然人(an identified or identifiable natural person)」と定義されている(第4条第1号)。そして、ここで国籍や居住地等による区別はされていないためEU域内に所在する自然人であれば、「域内に所在するデータ主体」に該当することになる。このため、日本の本社から、現地子会社に出向している従業員であっても、「域内に所在するデータ主体」に該当することになり、本社が出向中の社員の雇用管理をしている場合、域外適用の問題を検討する必要が生じてくる(コラム02参照)。

3 どのような場合に「商品又は役務の提供(offering of goods or services)」と判断されるのか

(1) 「有償・無償を問わない」とは

「商品又は役務の提供」に関して、有償・無償を問わないこと(条文上は「データ主体に支払が要求されるか否かについては問わない(irrespective of whether a payment of the data subject is required)」)を敢えて明記した趣旨は、多くの一般消費者向け巨大ITサービスは無償で提供され、ユーザである一般消費者は、その見返りとして、ITサービス事業者に個人データを利用させる、というビジネスモデルが一般的であるところ、これも規制対象であることを明確にすることにある。

(2) 現地向けの「商品又は役務の提供」であると判断されるポイント

ポイントは、管理者・処理者が、域内に所在するデータ主体に対して、商品又は役務を提供することを想定していることが明らかと言えるか、である。ここで考慮される主なファクターとして、①EU域内からのアクセス可能性、②使用言語、③決済に利用可能な通貨、④その他のウェブサイト上の記載、がGDPRでは列挙されている（前文第23項）。

日本の事業者のウェブサイトとして、世界中どこからでもアクセスできるように、英語版のページを準備して置くことはよくある。この場合、外形的には、①及び②を充足することになってしまうが、そのことだけを根拠として、現地向けに商品又は役務を提供することを管理者・処理者が想定していると判断される可能性は低いと考えられる。

②の言語については、英語以外の言語、たとえばドイツ語がウェブサイトで使用されている場合であっても、それだけでは、必ずしも、当該言語が使用される加盟国向けに商品又は役務を提供することを管理者・処理者が想定していると判断されるわけではない。

しかし、加盟国において、一般に使用されている言語や通貨に対応したウェブサイトで、当該言語・通貨を用いて、商品又は役務を注文する可能性があるといった場合は、管理者・処理者は、当該加盟国向けに商品又は役務を提供することを想定している、と判断される可能性は否定できない。

また④に関しては、たとえば「ドイツからご注文いただいた場合は10パーセント割引」のように、特定の加盟国の顧客・ユーザを意識した記述を行っていた場合も、管理者・処理者は、当該加盟国向けに商品又は役務を提供することを想定している、と判断される可能性は否定できないだろう。

4 「データ主体の行動のモニタリング」とは

(1) 「モニタリング」とは

GDPRには「モニタリング（monitoring）」の定義は設けられていないた

GDPRでは域外適用のルールが明確化されたとのことですが、どのような場合に域外適用されますか？

め、どこまでの行為が含まれるか明確でない部分もあるが、「特に①個人に関する決定を行うため、あるいは、②個人的な趣味嗜好、行動及び言動の分析又は予測を行うために、自然人がインターネット上で追跡される場合（追跡後に、自然人のプロファイリングによって構成される個人データ処理技術が使用される場合を含む）か否か」が重要な判断ファクターであることが明らかにされている（前文第24項）。

たとえば、EUに所在するユーザのインターネット上のウェブサイト閲覧履歴をトラッキングして、趣味嗜好や関心ある商品を分析・予測して、マーケティングに役立てようとするのは、類型(b)で典型例として想定されているケースといえるだろう。

(2) 「プロファイリング（profiling）」とは

(1)に登場する「プロファイリング」という用語は、日本では刑事ドラマで耳にする用語のイメージが強いが、GDPRでは「自然人に関する特定の個人的側面を評価するために、特に、当該自然人の職務のパフォーマンス、経済状況、健康状態、趣味嗜好、関心、信頼性、行動、所在地もしくは移動に関連する側面を分析又は予測するために行なわれる、個人データの利用から構成される、個人データの自動化された処理（形態は問わない）」と定義されている（第4条第4号）。

たとえば、データブローカーが、複数の異なるデータベースから情報を収集、特定の個人についてのプロフィールを明らかにするためにこれらのデータを集積、セグメント化した後、ターゲティング広告を行う事業者に当該データを販売する場合がある。データブローカーは、自然人を顧客の関心に従って、特定のカテゴリにカテゴライズすることによって、プロファイリングを実行した、といえる（WP251の7頁）。

プロファイリングがどのような場合に、どのような規制の対象となるのかについてはQ27で述べる。

(3) 「域内で行われるデータ主体の行動（behavior）」とは

ここのポイントは、モニタリングの対象が、あくまで「域内で行われている限り」という限定がかかっている点である。たとえば、通常は、域内

Ⅱ GDPR の適用対象

に居住しているユーザが、日本に出張で一時的に訪問している間に、インターネット・サーフィンを行い、そのウェブサイトの閲覧状況を事業者がオンラインでトラッキングしたという場合は、当該ユーザのウェブサイト閲覧という行動は域外で行われているため、そもそも「域内で行われるデータ主体の行動」に該当せず、したがって、類型(b)に該当する場面でもない、ということになる。

域外適用によって、事業者はどのような義務を負うことになりますか？

≪Point≫

GDPR の域外適用を受ける事業者は、域内の事業者とおおむね同じ義務を負うことになるが、大きな違いとしては代理人の選任義務が挙げられる。

1 域外の事業者に GDPR が適用される場合

GDPR が EU の域外の事業者に適用される場合と、域内に拠点を有する事業者に適用される場合とでは、次に述べる代理人（representatives）の選任義務（規則第27条）を除いては、適用される条項はほぼ変わらないため、両者はほぼ同じ GDPR 上の義務を負うことになる。当該事業者が、管理者（controller）であるか処理者（processor）であるかによって、適用される GDPR のルールが異なるのみである。主要なものとしては、以下の条項がそれぞれ適用されることになる。

管理者	処理者
説明責任（第5条第2項）	説明責任（第5条第2項）
処理の合法性の確保（第6条）	
同意の証明（第7条第1項）	
特殊なカテゴリの個人データ処理の合法性の確保（第9条）	特殊なカテゴリの個人データ処理の合法性の確保（第9条）
データ主体の権利の尊重（第12条～第22条）	
データ保護方針の策定・施行（第24条第2項）	
Data Protection by Design（第25条）	

代理人の選任（第27条）	代理人の選任（第27条）
GDPRを遵守する処理者の使用（第28条第1項）	再委託の禁止（第28条第2項）
	委託契約の内容制限（第28条第3項）
	管理者の指示以外は禁止（第29条）
管理者による処理活動の記録保持義務（第30条第1項）	処理者による処理活動の記録保持義務（第30条第2項）
監督機関への協力義務（第31条）	監督機関への協力義務（第31条）
技術的・組織的なセキュリティ対策義務（第32条）	技術的・組織的なセキュリティ対策義務（第32条）
Data Breachの通知・連絡義務（第33条～第34条）	Data Breachの管理者への通知義務（第33条）
データ保護影響評価・事前相談（第35条～第36条）	
Data Protection Officerの選任（第37条第1項）	Data Protection Officerの選任（第37条第1項）
認証の取得（第42条～第43条）	認証の取得（第42条～第43条）
越境移転（第44条～第49条）	越境移転（第44条～第49条）
管理者を被告とする訴訟の裁判管轄（第79条第2項）	処理者を被告とする訴訟の裁判管轄（第79条第2項）
被害者への賠償責任（第82条）	被害者への賠償責任（第82条）
制裁金（第83条～第84条）	制裁金（第83条～第84条）

2　代理人制度

(1)　EUデータ保護指令下における代理人選任義務

　EUデータ保護指令下においては、域内に拠点を有していないが、域内に設置された機器を用いて個人データの処理を行う管理者が、代理人を選任する義務を負っていた（第4条第2項）。

(2)　GDPRにおける代理人選任義務

　域内に拠点を有していないが、GDPRの規律の適用を受ける管理者・処

域外適用によって、事業者はどのような義務を負うことになりますか？

理者は、原則、域内の代理人を書面により選任する義務を負う（第27条第1項）。

ただし、以下のいずれかに該当する場合は、例外的に、選任義務を免除される（第27条第2項）。

① 第9条第1項で定める特別カテゴリの個人データの処理又は第10条で定める有罪判決及び犯罪に関する個人データの取扱いを大規模に含まず、取扱いの性質、文脈、範囲及び目的を考慮して、自然人の権利又は自由に対するリスクが生じそうにない、散発的になされる処理（(a)）

② 公的機関又は公的団体（(b)）

日本の事業者が②の免除要件に該当する可能性はないので、①に該当するかを検討することになるが、どのような状況であれば「リスクが生じそうにない（unlikely to result in a risk）」と判断できるかについて、判断基準が示されていないのが現状である。このため、代理人の選任義務が発生することを前提に対応を検討するのが現実的な対応といえるだろう。

（3） 代理人をどの国に置く必要があるのか

代理人は、データ主体が居住し、当該データ主体への商品やサービスの提供に関連して当該データ主体の個人データが処理されるか、又は当該データ主体の行動が監視される加盟国の一つに拠点を持たなければならない、と定められている（第27条第3項）。つまり、域外適用の根拠となっている、処理対象である個人データのデータ主体の所在する加盟国のいずれかに置く必要がある。

（4） 代理人の権利義務

代理人は、GDPRの遵守を確実にする目的のため、管理者・処理者とともに、あるいは、これらを代理して、データ処理に関連するすべての問題、とりわけ、監督当局及びデータ主体との対話の窓口となることに関して、管理者・処理者から委任を受ける必要がある（第27条第4項）。つまり、代理人は、域内において、管理者・処理者のために、データ処理に関して全権を任される立場になるため、その選任は慎重に行う必要がある。

Ⅱ GDPR の適用対象

なお、言うまでもないが、あくまで代理人の選任に過ぎないので、選任によって、本人である管理者・処理者の責任に何らの影響を及ぼすものではない（前文第80項）。また、管理者・処理者自身に対してとられる法的措置が、選任によって妨げられることもない（第27条第5項）。

(5) 代理人制度とデータ保護責任者（DPO）制度

代理人とデータ保護責任者（DPO、Data Protection Officer）は異なる制度であるが、混同しやすい面があるため、相違点を整理する。

	代理人（第27条）	データ保護責任者（DPO）（第37条以下）
選任義務	原則発生	選任義務は特定の場合に発生
資格要件	なし	あり
所在国	域内である必要	域内に限られない
利益相反	要件なし	要件あり

(6) リスクと対応策

代理人選任義務違反は、最大1000万ユーロ又は年間世界売上高の2パーセントのいずれか高額を上限とする制裁金を課される可能性がある（第83条第4項(a)）。

域内に拠点のない事業者にとって、代理人制度のためだけに人間を派遣するのは負担が大きすぎるという悩みが付きまとう。

この点、現実的な対応策としては、域内の業者にアウトソースするのが、一つの選択肢たりうる。すでに域内で、DPO と同じく、代理人サービスを提供することをうたった事業者が現れている。

域外適用によって、事業者はどのような義務を負うことになりますか？

●コラム02● 企業の現地出向者・現地従業員の個人データ

　世界各地、とりわけ EU（EEA）加盟国のいずれかに、現地子会社を有し、そこに国内の本社から人を出向させている、あるいは、そこまで本格的ではなくとも、長期の出張を繰り返させている、日本企業は少なくない。この場合、当該従業員の本籍はあくまで国内の本社にあるため、その雇用管理は国内の本社で行うというのは自然な流れだろう。しかし、Q09で述べたように、GDPR の保護対象であるデータ主体は国籍等による区別はしておらず、域内に所在する限りは、GDPR の保護対象に含まれる可能性を否定できない。また、出向者・出張者の業務システムのアカウントや電子メールアカウント等についても、国内の本社で管理していることが通常だろうから、結果的に、域内のデータ主体の個人データをモニタリングしていると判断される可能性が生じるため、商品・役務の提供の観点だけでなく、モニタリングの観点からも、域外適用の有無を検討する必要が生じる。

　もちろん、現地採用の従業員であれば、GDPR の保護対象に含まれることは否定できない。彼らの雇用管理を、国内の本社で行っている場合にも、同様の問題が生じることになる。

Ⅱ　GDPRの適用対象

> ●コラム03●　企業におけるモニタリング
>
> 　GDPRにおける「モニタリング」の範囲については、GDPRの制定の経緯を考えると、一般消費者をその対象として行われるものを、典型的な場面として想定されているのではと、つい考えがちだが、「モニタリング」の語義を踏まえると、そのような限定を加えて考えることには疑問が残る。とりわけ、従業員の個人データの取扱いに関しては、EUではWP249「職場の個人データ処理についての意見」が出され、また、個人データ保護の観点からCCTV（監視カメラ）の規制が設けられるなど、使用者による、従業員の個人データ処理は重大な問題として捉えられており、「モニタリング」においても意識されていると考えるべきである。
>
> 　これを踏まえれば、使用者による、従業員の会社アカウントの電子メールの監視や、勤務状況の監視カメラによるチェック等も、「モニタリング」に含まれる可能性があることを前提に、域外適用の可能性を含めた、GDPRへの対応を検討すべきである。
>
> 　もちろん、オンラインサービスやスマートフォンアプリで見られるように、一般消費者をターゲットとして、ウェブサイトの訪問履歴やコンテンツの閲覧履歴、GPS位置情報を収集してマーケティングに活用するようなビジネスを展開している場合は、域外適用への対応を早急に検討すべきであることは言うまでもない。

越境移転規制

越境移転規制ルールの枠組みと
十分性認定について教えてください。

≪Point≫

GDPRでも、EUデータ保護指令下の越境移転規制ルールが維持されている。十分性認定を受けた国・地域への移転は規制の対象外であり、日本も近い将来、十分性認定を受けることが見込まれている。将来的には、さらなる拡大も検討されている。

1　越境移転規制の枠組み

個人データのEU域内から域外（第三国及び国際機関）への移転（さらにそこからの再移転（onward transfer）を含む）は、一定の要件を充足する場合のみ、許容される（第44条）。

一般的には、上記のように、「EU域内からEU域外への移転の規制」と省略して説明してしまうことが多いが、厳密には、域内・域外の基準は、EU（欧州連合）ではなく、EEA（欧州経済領域）となる。EU加盟国である28か国に、アイスランド、リヒテンシュタイン、ノルウェーの3か国を加えた、EEAの参加国31か国に含まれているか否かが域内・域外の基準となるので、注意が必要である。

越境移転は、一定の要件を充足する場合にのみ許容されると書いたが、GDPRでは、この「一定の要件を充足する場合」が、第45条、第46条、第49条、と3段階に分けて、規定されており、実際のビジネスを進めるに際しては、3段階の適法要件を充足するかを、順番に検討していく必要がある。このため、実務では、図のようにフローチャートにして、上から順番に検討していくのがわかりやすい。本Qではフローチャートの①②まで、次のQ12〜Q15ではフローチャートの③以降を説明する。

越境移転規制ルールの枠組みと十分性認定について教えてください。 Q11

越境移転規制　適用判定フローチャート

①EEA 域内の管理者／処理者からの移転か　－No→　規制されず

　↓Yes

②移転先が EEA 域内 or「十分性」認定（第45条）を受けているか

　↓No　　　　　　　　　　　　　　　　　　　　　　－Yes→　規制されず

③保護措置（SCC ／ SDPS、BCR、行動規範、認証）（第46条第 1 項）実施済み　－Yes→　規制されず

　↓No

④第49条第 1 項前段の例外事由（同意、管理者・データ主体間の契約履行に必要等）に該当するか　－Yes→　規制されず

　↓No

⑤第49条第 1 項後段の例外事由（限定された数のデータ主体に関して、反復的ではない移転か等）に該当するか　－Yes→　規制されず

　↓No

第44条違反。最高2000万ユーロ or 全世界の売上高 4 ％の高額の方の金額を上限とする制裁金の可能性。

2　十分性認定に基づく移転

(1)　十分性とは

　フローチャート②にある第45条の十分性に基づく移転は、直近の日本・EU 間の政治交渉でも、話題になったところである。「十分性」というのは正確には、欧州委員会が、移転先のデータ保護レベルを評価した結果、特定の第三国・地域・国際機関等が、十分な保護のレベルを確保しているという意味である。欧州委員会による「十分性」認定（adequacy decision）を得られた第三国等への移転は、適法要件を充足するものとして、許容されることになる（第45条）。第三国等のリストは、EU 官報及びウェブサイト上で公開される（第45条第 8 項）が、2018年 1 月 1 日時点では、下記の11の国・地域のみにとどまる。

十分性認定を受けた国・地域	アンドラ、アルゼンチン、カナダ、スイス、フェロー諸島、ガーンジー、イスラエル、マン島、ジャージー、ウルグアイ、ニュージーランド

　欧州委員会は、このような厳格な姿勢から、若干緩和の方向へ舵を切ったのか、日本・韓国に優先順位をおいて、各国と、十分性認定の可能性を含めて、個人データの相互流通について交渉を進めていく姿勢を明らかにした（2017年1月「グローバル化する世界における個人データの交換と保護」）。日本に関しては、個人情報保護委員会との交渉が進められていることが報じられており、その中で、EUと日本の個人データ保護のあり方のギャップがあることを再確認し、それをどのように埋めるかが議論されており、2018年2月に個人情報保護委員会より、「EU域内から十分性認定により移転を受けた個人データの取扱いに関するガイドラインの方向性について」が公表されている。詳しい内容については、Q68参照。

(2)　十分性評価における考慮要素

　ビジネスとは直結しないところではあるが、十分性評価に際して特に考慮すべき要素が明らかにされている（第45条第2項）。たとえば、移転先の第三国における独立した監督当局の存在が求められており、今般、日本で個人情報保護委員会が独立行政委員会として設けられたのは、この考慮要素に対応するためとも言われている。また、第三国から別の第三国への再移転（onward transfer）によって、越境移転規制の厳格な規制を潜脱されることのないように、再移転のルールを考慮することも求められている。

3　対米国

(1)　セーフハーバーの無効化

　米国への個人データ移転に関しては、十分性認定はなされていないものの、経済的重要性にかんがみて、協定により特別な枠組みが設けられてきた。従前は、セーフハーバーという枠組みが取られてきた。これは、米国企業の監督は、米国側に任せ、EU側は直接は口を出さない、という枠組

みであったが、3.11以降のテロ対策の一環として、米国政府による個人データ収集が盛んになったこともあって、EUが米国政府に疑いの目を向けるようになっていった。スノーデン事件で米国の情報機関の情報収集が暴露されたことで、見直しの方向性が強まり、最終的には、米国側の運用が、EU側との合意していた水準に達していなかったとして、2015年10月に欧州司法裁判所により、セーフハーバーの枠組み自体が無効であると判断されるに至った。

(2) プライバシーシールド

欧州司法裁判所がセーフハーバーを無効と判断する決定を下したことは、域内から米国への個人データ移転がこれまでのようにはできなくなってしまったことを意味していたため、一時は、グローバルな個人データの流通に大きな影響が出るのではないかと危惧された。EU米国は影響を最小限化するためにも協議を急ぎ、2016年2月には新たな枠組みであるプライバシーシールドに関して大枠の合意に至り、2016年8月から本格的に始動した。

プライバシーシールドでは、個人データの保護を強化するという観点から、以下のような枠組みが導入された。
① 米国商務省や連邦取引委員会（FTC）は、より強力な監視・執行権限を有する。
② 新たなフレームワークに基づいて個人データが誤って利用されたと訴えるEUの個人のための救済手段が設けられた。
③ 米国企業は苦情に対して返答期限を設けなければならない。
④ EU各国のデータ保護当局は、米国商務省や米国FTCに対して苦情について照会することができる。

また、反テロ対策の旗印のもとに、不適切な個人データの収集があったのではないかという懸念が、セーフハーバーの無効判断につながったことを踏まえて、以下のような枠組みも導入された。
① 米国政府は、米国法に基づき公的機関が新たなフレームワークに基づき移転された個人情報にアクセスする場合には、明確な条件や制限、監視のもとで行い、汎用的なアクセスを禁止することを約束する。

59

Ⅲ　越境移転規制

② 米国政府は、新たなフレームワークに基づき米国に移転された個人情報に対する無差別な大規模監視を不可能とする。

③ 欧州委員会と米国商務省による、実施状況の共同レビューにおいて、EU 及び米国双方から諜報分野の専門家を交えて、国家安全保障上の個人情報へのアクセス状況について検証を行う。

④ 国家諜報機関によるアクセスの可能性に対する苦情について、「行政監察官（Ombudsperson）」を新たに設置する。

(3)　日本のビジネスへの影響

　プライバシーシールドの本格稼働により、懸念はひとまず解消されたものの、将来的には、セーフハーバーと同様に、権利侵害されたと主張するデータ主体から無効の申立てが行われる事態も想定される。その結果、プライバシーシールドが無効であると判断されてしまった場合は、①日本企業の米国子会社等関連企業が欧州の顧客を持つ場合や、②日本企業の欧州子会社等関連企業が米国企業から IT サービスの提供を受ける場合で、当該米国企業がプライバシーシールドに基づいて欧州から個人データを米国に移転している場合などは、大きな影響が想定される。

●コラム04● サーバの設置場所

　EU データ保護指令では、「域内に管理者が設置されていなくとも、管理者が域内に設置された機器（equipment）を用いて個人データを処理する場合（単純に機器を通過する場合は除く）は、当該管理者に EU のルールが適用される」（第 4 条第 1 項(c)）と定められていた。これは、支店等がなくとも、サーバ等を現地において個人データを処理している場合は、EU のルールを適用させることを定めたルールであると考えられる。他方、GDPR 第 3 条第 1 項からは、設備（equipment）という文言は消滅し、「域内の拠点の活動に関連して行われる個人データの処理であれば、実際の処理が行われる場所がどこであるかに関係なく、第 3 条第 1 項に基づき、当該データ処理は、GDPR による規律の対象となる」と解釈されることになった（前文第22項）。GDPR においても、WP179の当てはめ基準「サーバが、個人データを処理する技術設備でしかない場合は、『拠点』に該当する可能性は低い」が維持されているとしたら、サーバがあるだけでは、第 3 条第 1 項が適用される可能性は低いことになる。

　しかし、このことによって、域内にサーバしかない場合に関して、EU データ保護指令と比べ、GDPR の適用範囲が狭まると考えるのは早計である。なぜなら、EU データ保護指令下においても、EU のルールが適用されるのは、あくまで「域内の個人データを処理することを目的として、サーバを利用する」場合であり、このような場合の多くは、GDPR においては、第 3 条第 2 項でカバーされると考えられるからである。たしかに、第 3 条第 2 項でカバーされない部分があり、結果狭まっているのではないかという疑問も生じるが、これについては結論は明らかになっていない。ここまでの議論は、GDPR 下において、WP179の当てはめ基準がそのまま維持されるのでは、という観測を前提としているが、これ自体、一つの見方に過ぎず、この基準が維持されないのであれば、上記の議論は成り立たなくなるためである。

Q12 SCC（SDPC）、BCR、行動規範、認証という制度で越境移転ができるとのことですが、どのようなものですか？

≪Point≫

GDPRでも、EUデータ保護指令下の越境移転規制ルールが維持されている。GDPRでは、適切な保護措置として、これまでのSCC（SDPC）、BCRに加えて、行動規範（Codes of conduct）、認証（Certification）が追加される。

1 適切な保護措置の種類

移転先の第三国等が十分性認定を受けていない場合であっても、以下の適切な保護措置を管理者・処理者が提供しており、かつ、執行可能なデータ主体の権利及びデータ主体に関する効果的な司法救済が利用可能である場合には、域内の管理者・処理者は、域外の第三国等に個人データを移転することができる（第46条第2項）。

公的機関又は公的団体間の法的拘束力及び執行力のある法律文書（(a)）	公的機関・公的団体のみに妥当。
拘束的企業準則（BCR、Binding Corporate Rules）（(b)、第47条）	企業グループでの利用を想定。
標準データ保護条項（SDPC、Standard Data Protection Clauses）（(c)、(d)）	移転元・移転先の間で合意。グループの内外を問わない。
行動規範（Codes of conduct）（(e)、第40条・第41条）	特に、中小事業者の利用を想定。
データ保護認証（Certification）（(f)、第42条・第43条）	特に、中小事業者の利用を想定。

SCC（SDPC）、BCR、行動規範、認証という制度で越境移転ができるとのことですが、どのようなものですか？

このうち、民間事業者に適用可能性があるのは、拘束的企業準則（BCR）、標準データ保護条項（SDPC）（EUデータ保護指令下の呼称は、標準契約条項（SCC、Standard Contractual Clauses））、行動規範（Codes of conduct）、データ保護認証（Certification）の四つである。このうち、拘束的企業準則については Q13 で、標準データ保護条項については Q14 で、それぞれ説明するので、以下では、行動規範及びデータ保護認証について説明する。

2 行動規範

(1) 行動規範は誰のための制度か

行動規範は、GDPRで新たに導入された制度である。BCRはもちろん、SDPC（SCC）も、中小事業者にとっては、利用のハードルが高いという声が強く、より利用しやすい制度を求める声が強かった。行動規範はこのような声に応えて、GDPRで新たに導入される制度である。このため、必ずしも大企業による制度利用が排除されているわけではないものの、中小事業者の要件を特に勘案する旨述べられていることから（前文第98項）、主な制度利用者としては特にこれらの中小事業者を想定していると言えるだろう。

ここでいう中小事業者の定義は、250名未満の従業員を雇用しており、かつ、年間売上高が5000万ユーロを超えず、及び／又は、年次貸借対照表の合計が4300万ユーロを超えない事業者と定められている（前文第13項、欧州委員会勧告2003/361/EC別紙第2条第1項）。

(2) 行動規範の枠組み

枠組みとしては、事業者団体が行動規範を策定し、監督当局がこれを承認、当該団体に属する管理者・処理者が当該行動規範を遵守することによって、移転が許容されることが予定されている。

(3) 行動規範で定めるべき事項

行動規範に関しては、行動規範で定めるべき事項が以下の通り、定めら

れている。なお、これらの項目は、修正あるいは拡張することも許容されている（第40条第2項(a)～(k)）。

① 公正及び透明性のある処理
② 特定の文脈において管理者によって追求される正当な利益
③ 個人データの収集
④ 個人データの仮名化
⑤ 一般の人々及びデータ主体に提供される情報
⑥ データ主体の権利の行使
⑦ 児童に提供される情報、子どもの保護、並びに子どもに対する保護責任を持つ者の同意を得る方法
⑧ 第24条及び第25条で定める措置及び手続き並びに第32条で定める取扱いの安全を確保する措置
⑨ 監督機関への個人データ侵害の通知、及びデータ主体への当該個人データ侵害の通知。
⑩ 個人データの第三国又は国際機関への移転。
⑪ 第77条と第79条によるデータ主体の権利を侵害することなく、管理者及びデータ主体間でのデータ処理に関する紛争を解決するための裁判外手続き、及びその他の紛争の解決手続き。

(4) 行動規範が適切な保護措置として認められるための要件

行動規範が適切な保護措置として認められるためには、以下のすべての要件を充足する必要がある。

① 監督当局による承認
② 管理者又は処理者が、データ主体の権利に関することを含め、適切な保護措置を適用するため、契約上又はその他の法的拘束文書（instruments）によって拘束的及び執行力のある確約を行うこと（第40条第3項）。
③ 第40条第2項の行動規範には、第55条又は第56条による管轄監督機関の業務及び権限を害することなく、第41条第1項で定める団体が、行動規範の適用を約束した管理者又は処理者による行動規範の規定の遵守に関して、義務的な監視を実行可能にする仕組みを含まなければ

ならない。

(5) 監督当局による承認から登録・発行までの手続き

監督当局から行動規範の承認を受け、登録・発行を行う一連の手続きは、事業者団体が主に対応する場面で、個別の事業者が対応する場面ではないので、本書では主な流れのみ説明する。

≪行動規範が複数の加盟国における処理活動にかかわらない場合≫

① 監督当局への送付（第40条第5項前段）

管轄を有する監督当局に送付する必要がある。

② 監督当局による承認（第40条第5項後段）

監督当局は、行動規範がGDPRを遵守しているか等について意見を表明するとともに、十分かつ適切な保護措置を提供していると判断した場合は承認する。

③ 監督当局による登録・発行の手続き

承認後、監督当局から登録及び公表がなされる（第40条第6項）。

≪行動規範が複数の加盟国における処理活動にかかわる場合≫

① 監督当局への送付（第40条第5項前段）

管轄を有する監督当局に送付する必要がある。

② 監督当局による、欧州データ保護会議（EDPB）への送付（第63条）

監督当局は、承認前に、欧州データ保護会議（EDPB）に送付する。

③ 欧州データ保護会議（EDPB）による審査（第63条）

EDPBは、行動規範が、GDPRを遵守しているか等について、意見を表明し、問題なければその意見を欧州委員会に送付する。

④ 欧州委員会監督による審査（第40条第9項）

欧州委員会の審査後、問題なければ、適切な手段で周知を行う。

3 データ保護認証

(1) データ保護認証は誰のための制度か

データ保護認証は、GDPRで新たに導入された制度である。行動規範と同様に、中小事業者にとってBCRはもちろん、SDPC（SCC）も、利用の

 越境移転規制

ハードルが高いという声を受けて、GDPRで新たに導入される制度である。2018年2月末日現在、29条作業部会によって、ガイドラインの準備が進められているところである。

(2) データ保護認証の枠組み

データ保護認証は、専門的な第三者機関（認証機関）によって、管理者・処理者のデータ保護措置が、GDPRを遵守していることを認証する制度で、当該認証を受けた管理者・処理者は、移転することが許容される。

認証の有効期間は最長3年だが、関連する要件を継続的に充足している場合は、同じ条件で、更新される場合がある。

逆に、当初の認証の有効期間内であっても、認証に関連する要件を充足しなくなった場合は、認証は取り消される（第42条第7項）。

(3) 認証を受けるための手順

データ保護認証を希望する管理者・処理者は、認証機関に対して、すべての情報及び認証手続きを実施するために必要な当該処理活動へのアクセスを提供しなければならない（第42条第6項）。

(4) 認証の発行

第42条に基づくデータ保護認証は、監督当局（第58条第3項）又は欧州データ保護会議（第63条）によって、承認された基準に基づいて、認証機関（第43条）又は監督当局によって発行される。

欧州データ保護会議によって承認された、データ保護認証の認証基準は、欧州データ保護シール（European Data Protection Seal）として認められる。

拘束的企業準則（BCR）とはどのような制度で、どのように利用するものですか？

≪Point≫

BCR は企業グループ単位での利用が想定されている。企業のリクエストに対応した規則を検討できる反面、規則の作成や監督当局から承認を受けるハードルが非常に高い。

1　拘束的企業準則とは

拘束的企業準則（BCR, Binding Corporate Rules）とは、企業グループあるいは共同経済活動に従事する事業者のグループ内で、1 か国又は複数の第三国における管理者又は処理者に対して個人データ移転又は一連の個人データ移転のため、加盟国の領域上にある管理者又は処理者によって遵守される個人データ保護方針である（第4条第20号）。

2　EU データ保護指令下の拘束的企業準則

拘束的企業準則は、EU データ保護指令第26条第2項「管理者が十分な保護措置を提供する場合」の条項を元に、29条作業部会より公表された意見を通して設けられていた越境移転の適法化事由である。

しかしながら、この制度を利用する企業グループはごくごく限られる状態が長く続いてきた。その原因としては、①標準データ保護条項（標準契約条項）のようにモデル条項が用意されておらず、自らドラフトする必要があること、②監督当局から承認を受ける必要があるが、申請から承認取得までには平均18か月を要していたこと、③①②を併せると、承認取得に至るまで、非常にロングスパンで考える必要があり、法律事務所に依頼する場合は多額のコストを要すること、④複数の加盟国にまたがって事業を展開している場合、一つの監督当局を通して申請を行うことはできたもの

Ⅲ 越境移転規制

の、当該各国の監督当局が独自の意見を出す可能性があり、それぞれへの対応が求められたこと、⑤それだけの時間とコストをかけて承認を取得したとしても、その効果は、企業グループ内での個人データの越境移転にしか利用できず、限定された局面でしか意味がないこと、が挙げられている。とりわけ、日本企業に関しては、2017年にようやく1社が承認されたという状況である。この原因としては、言語の壁が追加のハードルになっていたのではないかと指摘されている。

なお、GDPR の適用開始に伴って、拘束的企業準則についても、モデル条項が用意される予定であるが、2018年2月末日の時点では、まだ公表されていない。

3 BCR に記載すべき事項

GDPR では、拘束的企業準則には、少なくとも、以下のすべての事項を特定して、記載しなければならない（第47条第2項）。

① 事業体グループ又は共同経済活動に従事する事業者のグループ及び各々のメンバーの体制と詳細な連絡先。

② 個人データの種類、処理の種類とその目的、影響を受けるデータ主体の種類、及び問題となっている特定された第三国若しくは複数の第三国の事項を含むデータ移転又はデータ移転の集合。

③ 国内及び国外双方における法的拘束性。

④ 一般的なデータ保護の原則の適用。特に、目的の制限、データの最小化、保存期間の制限、データの品質、データ・プロテクション・バイデザイン及びバイデフォルト、取扱いに関する法的根拠、特別な種類の個人データの処理、データセキュリティを確実にするための措置、及び拘束的企業準則によって拘束されない団体への再移転に関する要件。

⑤ 処理に関するデータ主体の権利及び当該権利の履行手段。第22条によるプロファイリングを含む自動的処理のみによる決定に服しない権利、管轄監督当局に不服を申し立てる権利、第79条により加盟国の管轄裁判所に不服を申し立てる権利、是正の権利及び、適切な場合、拘束的企業準則の侵害に関する損害賠償の権利を含む。

⑥　EU域内に拠点のない関連するあらゆるメンバーによる拘束的企業準則のあらゆる侵害に関して責任を持つ加盟国の領域に拠点のある管理者若しくは取扱者の承諾。管理者又は処理者は、当該メンバーが損害を生じさせる出来事に責任がないと証明する場合にのみ、全体又は一部の当該責任が免除されるものとする。

⑦　拘束的企業準則のデータ主体に提供される情報の通知方法。特に、④、⑤、⑥で定める規定並びに第13条及び第14条で規定された情報。

⑧　第37条に従って任命されたあらゆるデータ保護責任者（DPO）、又は事業体グループ若しくは共同経済活動に従事する事業者のグループ内の拘束的企業準則の遵守並びに訓練及び不服申立ての処理を監視する役目にある、あらゆるその他人物若しくは存在の業務。

⑨　不服申立て手続き。

⑩　拘束的企業準則の遵守の有効性を検証することを確実にする事業体グループ若しくは共同経済活動に従事する事業者のグループ内の仕組み。当該仕組みはデータ保護監査及びデータ主体の権利保護のための是正措置を確実にする手法を含む。当該有効性検証の結果は、⑧で定める人又は存在及び事業体グループ若しくは共同経済活動に従事する事業者のグループ内の事業管理に関する会議に通知されるものとし、要求に応じて管轄監督当局に対して入手可能にしなければならない。

⑪　規定変更を報告及び記録し、当該変更を監督当局に報告する仕組み。

⑫　事業体グループ若しくは共同経済活動に従事する事業者のグループのあらゆるメンバーによって遵守されていることを確実にするための監督当局との協力の仕組み。特に⑩で定める対策の有効性検証の結果を監督当局が入手可能にすること。

⑬　第三国にある事業体グループ若しくは共同経済活動に従事する事業者のグループのメンバーが従い、かつ拘束的企業準則によって提供される保障に実質的悪影響を起こし得るあらゆる法的要件を管轄監督当局へ報告する仕組み。

⑭　個人データに永続的に又は定期的にアクセスする人材への適切なデータ保護訓練。

4 監督当局による承認

GDPR のもとでは、監督当局は、3で掲げた事項についてすべて特定して記載した拘束的企業準則の承認申請がなされ、かつ、下記の条件がすべて充足されている場合、第63条で定められた一貫性メカニズムに従って、申請された拘束的企業準則を承認しなければならない（第47条第1項）。

① 拘束的企業準則が、法的な拘束力を有し、事業体グループ又は共同経済活動に従事する事業者のグループに関連したすべてのメンバー（従業者を含む）に適用され、遵守されていること。

② 拘束的企業準則が、個人データの取扱いに関し、データ主体に執行できる権利を明示的に与えていること。

5 GDPR 施行前に承認された拘束的企業準則は GDPR 下でも有効か

GDPR は「EU データ保護指令第26条第2項に基づく、加盟国又は監督当局による認可は、必要に応じて、監督当局によって修正、差し替え又は廃止されるまで有効とする」（第46条第5項）と定めており、欧州委員会・監督当局によって、修正・差し替え・廃止がなされるまで、効力は維持される。

6 承認申請をめぐる現在の状況

承認審査の期間は短縮される傾向にあったが、2018年5月の GDPR の適用開始が近づくにつれ、拘束的企業準則の申請が駆け込みで行われたこともあり、審査が渋滞している状況が伝えられており、最新の状況を確認すべきである。

7 参考文献

WP256及び WP257には拘束的企業準則に含まれるべきファクターとルールを示した表が掲載されており、拘束的企業準則をドラフトする上で参考になると思われる。

Q14 標準データ保護条項（SDPC）はどのような制度で、どのように利用するものですか？

≪Point≫

EUデータ保護指令で、越境移転を行う日本企業が利用してきたのが、標準契約条項（SCC）である。GDPRでは、標準データ保護条項（SDPC）に名称が変更される。重要なのは、書面にサインするだけで終わり、とはいかないことである。とりわけ、標準データ保護条項に規定されている義務を遵守することが求められることは、意識しておく必要がある。

1 標準データ保護条項（標準契約条項）とは

標準データ保護条項（SDPC, Standard Data Protection Clauses）は、EUデータ保護指令において標準契約条項（SCC, Standard Contractual Clauses）と呼称されているものと名称は異なるが、同様の概念である。

個人データの移転元（exporter）と移転先（importer）の間で、プライバシー等の保護に関する十分な保護措置等を内容とする適切な条項を含む契約を締結することにより、個人データの域外移転が適法化される（EUデータ保護指令第26条第2項）。この適切な条項のモデル条項として、欧州委員会から公表されているのが、標準契約条項（SCC）である。これらのモデル条項は無償でダウンロードできることもあり、多くの日本企業は、標準契約条項に依拠して、越境移転を行ってきた。

2 標準データ保護条項（標準契約条項）の種類

GDPRに対応する標準データ保護条項は、2018年2月末日時点ではまだ公表されていないため、以下では標準契約条項について説明する。標準契約条項は、以下の四つのフォームが公表されていて、欧州委員会のウェブサイトからダウンロードして利用することが可能である。

フォームが複数存在するのは、移転元（exporter）と移転先（importer）
が、それぞれ管理者（controller）と処理者（processor）である場合に対応
するためである。管理者とは、単独で又は他と共同して、個人データの取
扱いの目的及び手段を決定する自然人、法人、公的機関、行政機関又はそ
の他の団体をいい、処理者とは、管理者のために個人データの取扱いを行
う自然人、法人、公的機関、行政機関又はその他の団体をいう。両者を区
別するポイントは、データ処理を自らのためにするのか、委託を受けて委
託元のために行うかである。

移転元 (exporter)	移転先 (importer)	フォームの利用が 想定されている場面	該当するフォーム
承認済			
管理者（con-troller）	管理者（con-troller）	域内の管理者から、域外の管理者が、自ら利用するために、個人データを購入する場合	２セットのフォームが公表されている。2001年版（EC Decision 2001 /497/EC）2004年版（EC Decision 2004/915/EC）
管理者（con-troller）	処理者（pro-cessor）	域内の管理者が、域外の処理者に対して、個人データを含むビッグデータの分析を委託する場合	2010年（EC Decision 2001 /87/EC）
未承認			
処理者（pro-cessor）	下請けの処理者（sub pro-cessor）	域内の管理者が、域内の処理者に給与計算業務をアウトソーシングしたところ、処理者がさらに域外の下請け先に下請けに出した場合	29条作業部会は2014年３月、processor-sub processor 向けのフォームを提案したが（WP214）、いまだ欧州委員会による承認がなされていない。

　（管理者 – 管理者）のフォームは２種類あるが、実務においては、2004年
版を利用することがほとんどである。なお、（処理者 – 下請けの処理者）の
フォームは、本書では参考のため表に記載しているが、いまだ承認されて

標準データ保護条項（SDPC）はどのような制度で、どのように利用するものですか？　Q14

おらず、正式なフォームではないため、利用しても現時点では全く意味が
ないので注意すべきである。

3　標準データ保護条項（標準契約条項）締結に必要な作業

(1)　契約の作成手順

　標準データ保護条項（標準契約条項）については、2で紹介したフォー
ムをダウンロードし、条項の部分はそのまま変更することなく、契約締結
当事者名や対象とする個人データの種類、利用目的等を記入したうえで、
各当事者がサインして、完成させることが想定されている。

　このため、移転元から移転先に移転されている個人データの項目とその
利用目的を調査・確定しておく必要があり、いわゆるデータマッピング
（Q59参照）の作業を行う必要がある。

(2)　契約当事者の確定

　標準データ保護条項（標準契約条項）に依拠する場合のデメリットとし
て、契約締結の当事者の数が多数にわたると、契約数も多数になり、契約
管理が難しくなる、という点が指摘されている。とりわけグループ会社内
での、個人データの越境移転に関して、子会社の数が多い場合に、調印の
手間がかかる、あるいは、締結後の契約管理の面倒を嫌って、契約数が多
くなるのを避けたいという声はよく聞かれる。

　標準データ保護条項（標準契約条項）については、必ずしも1対1の契
約である必要はなく、複数当事者対複数当事者の契約も許容されているこ
とから、実務でも、exporter（移転元）として域内のA社、B社、C社及
びimporter（移転先）として域外のX社、Y社、Z社が当事者としてサイ
ンする形での契約はよくみられるところである。このような契約方式を
とった場合、書面の数は一つに抑えられるものの、世界各地の担当者のサ
インを取らなければならないという手間がかかるという問題が残る。

　このため、exporter（移転元）の各社の代表者として、各社から授権さ
れた域内の1社が、importer（移転先）の各社の代表者として、各社から
授権された域外の1社が、サインする、という方式も考えられるところだ

73

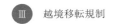

が、一部加盟国で有効性について疑義があるのではという指摘も聞かれるところであり、現地法律事務所への確認も含め、慎重な検討が必要である。

また、現地の拠点が子会社ではなく、支店の場合、日本の本社と現地支店は法人格が同一である以上、現地支店がexporter、日本の本社がimporterとしてサインするのは、同一主体間での契約になってしまい、そもそも契約できないのではないか、という指摘も聞かれる。現地専門家でも見解が分かれるところである。

(3) 締結後の手続きの要否

この点は、EUデータ保護指令とGDPRで大きく変更された事項である。EUデータ保護指令においては、最終的に、直接、事業者を規律する拘束力を発揮するのは、加盟国の国内法であり、標準契約条項の締結後の手続きの要否が、加盟国により異なっているという状況だったため、事業者の混乱を招いていた。GDPRでは、すべての加盟国で、標準データ保護条項の締結さえすれば、効力発生し、加盟国の監督当局への通知も承認も一律、不要とされることになった。

EUデータ保護指令下での手続きの要否

監督当局の承認が必要	オーストリア
監督当局への通知が必要	ベルギー
通知も承認も不要	英国、アイルランド

(4) 締結後、当事者に発生する義務

標準データ保護条項（標準契約条項）は、締結しただけで終わりではない。締結後は、締結当事者は、exporter（移転元）、importer（移転先）としての義務を、それぞれ負うことになる。

実務でよく問題となるのは、importerの義務のうち、「適切な技術的及び組織的な措置を講じ」る義務としてどこまで求められるか、という点である。現時点では、ガイドラインは公表されていないため、手掛かりが契約文言しかない状況である。文言上は、「data importerは、不慮による若

しくは違法な破壊、または不慮による損失、改変、不正な開示若しくはアクセスから、個人データを保護するために、適切な技術的及び組織的な措置を講じ、その措置は、データ処理及び保護されるデータの性質により示されるリスクに見合った適切なレベルの安全性を提供する」と示されていることから、①処理対象の個人データの性質、②処理の内容、③事故があった場合に想定されるデータ主体への影響、④措置の費用等を考慮して、自ら判断することが求められていると考えるべきである。

　なお、exporter には輸出者、importer には輸入者という訳語を当てることが多いが、本書ではわかりやすさを重視して、exporter には移転元、importer には移転先という用語を当てている。

データ主体本人の同意があれば越境移転できると考えてよいでしょうか？他に許容される例外事由はありますか？

≪Point≫

GDPR下では、データ主体本人の同意に依拠して越境移転が可能だが、リスクも指摘されている。他にも複数の例外事由が定められており、その活用も検討すべきである。

1 特定の状況における例外の種類

移転先の第三国等が十分性認定を受けておらず、さらに、拘束的企業準則（BCR）、標準データ保護条項（SDPC）、行動規範（Codes of conduct）、データ保護認証（Certification）の適切な保護措置のいずれも充足していない場合であっても、以下の特定の状況における例外に該当する場合には、EEA域内の管理者・処理者は、域外の第三国等に個人データを移転することができる（第49条第1項）。WP262「第49条に関するガイドライン」において詳細が定められている。

データ主体の明示的同意が得られた場合（前段(a)）	
データ移転に関して特定の必要性が認められた場合	データ主体と管理者間の契約の履行に必要な場合（前段(b)）
	データ主体の利益に帰する、第三者と管理者間の契約の履行に必要な場合（前段(c)）
	公共の利益の重大な事由のために必要な場合（前段(d)）
	法的主張時の立証、行使又は抗弁に必要な場合（前段(e)）
	データ主体が物理的又は法的に同意を与えることができない場合において、データ主体又は他者の重要な利益を保護するために必要な場合（前段(f)）

データ主体本人の同意があれば越境移転できると考えてよいでしょうか？
他に許容される例外事由はありますか？

> EU法又は加盟国の国内法により、一般の人々に対して情報を提供することが意図された記録であり、一般の人々又は正当な利益を証明することのできる人による協議に対して公開される記録からの移転（前段(g)）
>
> 限定された数のデータ主体に関して、やむにやまれぬ正当な利益に基づいた、反復的ではない移転（後段）

2 データ主体の明示的同意が得られた場合

(1) 移転が許容される条件

十分性認定及び適切な保護措置がないことによるデータ主体にとっての、当該移転から発生する可能性があるリスクについての情報が提供された後、データ主体がその移転について、明示的に同意する必要がある。

GDPRのもとでは、明示的同意が得られたと認められるためには、かなり厳しい制約があるため、慎重な対応が必要である（Q19参照）。

(2) 同意に依拠することの危険性

日本では、データ主体からの同意の取得こそが、個人情報保護法の遵守の最終手段であり、多少コストがかかっても鉄板である、という発想が根強い。これは、日本法においては妥当な位置付けであるが、ことGDPRにおいては、必ずしも正しいわけではない。事業者が、明示的同意を得られたと判断して、越境移転していたところ、事後的に、監督当局から同意の手続きに問題があったという指摘を受け、実は有効な明示的同意が得られていなかったと判断されてしまった場合、他の適法化事由を充足していない限り、当該越境移転は違法なものになってしまう。第44条違反は、最大2000万ユーロ、全世界の年間売上高の4パーセントを上限とする制裁金の対象であり、企業はとんでもないリスクを背負い込むことになるだけではなく、社名が公表され、取引先からの信用を失い、一般消費者からのイメージが失墜するなど、営業面でも厳しい状況に追い込まれる可能性を否定できない。

とりわけ、従業員の個人データに関しては、従業員の同意の有効性は、

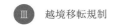 越境移転規制

厳格に判断されるのが一般的であるため、同意に依拠することは非常に危険であるという警告が、29条作業部会からも示されているところである。

3 データ移転に関して特定の必要性が認められた場合

(1) データ主体と管理者間の契約の履行に必要な場合（前段(b)）

データ主体と管理者との間における契約の履行のため、又はデータ主体の要求により取られる契約前の措置の実施のために、移転が必要な場合、移転が許容される。データ主体と管理者との間における契約という、外形上判断が容易な基準が設けられているため、ビジネスの場面でも利用しやすい適法化事由であり、実際によく用いられている。ただし「偶発的（occasional）」でなければならない（前文第111項）。システム的あるいは繰り返される場合は偶発的ではないとされている。

例えば、旅行代理店が個人の旅行客の個人データを、滞在予定のホテルに提供するような場合である。

(2) データ主体の利益に帰する、第三者と管理者間の契約の履行に必要な場合（前段(c)）

管理者及びその他自然人又は法人との間におけるデータ主体の利益に帰する契約の締結又は履行のために移転が必要な場合、移転が許容される。ビジネスの実務の場面では、「データ主体の利益に帰する」といえるか、慎重な検討が必要である。(1)と同じく偶発的（occasional）でなければならない。

(3) 公共の利益の重大な事由のために必要な場合（前段(d)）

公共の利益の重大な事由のために移転が必要な場合、移転が許容される。ビジネスにおいて、この事由に依拠する場面は限られると思われる。「公共の利益の重大な事由（important reasons of public interest）」の具体例としては、国際的な、競争法当局、税務当局、税関当局、金融行政当局間の情報交換、公衆衛生目的・アンチドーピング目的の移転等が挙げられていることから、限定された場面が想定されていることがうかがわれる。

データ主体本人の同意があれば越境移転できると考えてよいでしょうか？
他に許容される例外事由はありますか？

「偶発的」である必要はないものの、ビジネスの通常の過程で発生する移転については、第46条に定める措置に依拠すべきである。

(4) 法的主張時の立証、行使又は抗弁に必要な場合（前段(e)）

法的主張時の立証、行使又は抗弁に必要な場合、移転が許容される。

例えば、刑事や行政処分に伴う調査（独禁法違反、汚職、インサイダー規制違反等）が挙げられている。(1)と同じく偶発的（occasional）でなければならない。

(5) データ主体が物理的又は法的に同意を与えることができない場合において、データ主体又は他者の重要な利益を保護するために必要な場合（前段(f)）

ビジネスにおいて、この事由に依拠する場面は限られると思われるが、依拠しようとする場合は「物理的又は法的に同意を与えることができない」は非常に厳格な条件であり、ネックになると思われる。また「重要な利益（vital interests）」といえるかも、慎重な検討が必要である。

ジュネーブ条約その他国際人道法を遵守するための移転が例として挙げられている。

4 協議のために公開される記録からの移転（第1項前段(g)及び第2項）

EU法又は加盟国の国内法により、一般の人々に対して情報を提供することが意図された記録であり、一般の人々又は正当な利益を証明することのできる人による協議のために公開される記録からの移転は、例外的に許容される。ただし、協議に関するEU法又は加盟国の国内法で定められている条件が充足される範囲内に限られるため、注意が必要である。

5 限定された数のデータ主体に関して、やむにやまれぬ正当な利益に基づいた、反復的ではない移転（第1項後段）

移転が、Q11のフローチャートの②③のいずれにも該当せず、さらに、

79

フローチャートの④である第1項前段(a)～(g)のいずれにも該当しない場合にはじめて、この適法化事由を適用する余地が生じる。逆に言えば、②③④のどこかに該当する場合は、この適法化事由を適用することはできない（前文第113項）。EUデータ保護指令下にはなかった、新たな類型である。

②③④のいずれにも該当しない場合のうち、さらに、以下のすべての条件を充足する場合、はじめて、この適法化事由が適用可能となる（⑤）。

a）対象となるデータ主体の数が限定されていること
b）移転が反復してなされていないこと
c）管理者によって追求される、やむにやまれぬ正当な利益の目的にとって必要であること
d）正当な利益との関係で、データ主体の正当な利益又は権利及び自由が、優越するものではないこと
e）管理者が、データ移転に関するすべての状況を評価し、その評価に基づいて個人データ保護に関する適切な保護措置が提供されていること

これらに加えて、管理者は、当該移転について、監督当局へ通知をしなければならない。また、データ主体への情報提供の義務が厳格化されており、第13条及び第14条で提供義務を負っている情報に加えて、当該移転及び管理者によって追求される、やむにやまれぬ正当な利益についても、通知しなければならない（前文第113項）。

このように後段の適用条件は非常に厳格なものとなっているため、ビジネスの場面で実際に依拠できる可能性については疑問を呈する声もある。

Q16 越境移転規制をクリアするための手法の選択のポイントを教えてください。

≪Point≫

　越境移転規制をクリアするための手法を選択するポイントは、安定性、コスト、スケジュール、副次的効果としての信頼性である。

1　十分性認定後に、事業者が越境移転規制を独自にクリアする必要性

　日本について十分性が認定された場合、域内から日本に対する移転は、越境移転規制の対象外となる。その場合、事業者が越境移転規制を独自にクリアするための措置を取る必要があるのか、という疑問が生じる。

　グローバルな展開をしている多くの事業者は、域内からの移転先は、日本だけではなく、東南アジアや新興国等、十分性が認定されていない域外の国・地域であることも少なくない。この場合、それらの国・地域への移転については対応が必要になるのだから、日本も含めて、措置を取るべきである、というのが一つの考え方である。

　もう一つの考え方としては、EU・米国間のセーフハーバー協定が、欧州司法裁判所により無効と判断されたという事実があることを考えると、十分性認定についても将来取り消される可能性を考えて、リスクヘッジしておくべきではないか、という考え方である。GDPRは十分性認定が取り消される可能性を明記している。

　十分性認定のみに依拠している状況で、十分性認定を取り消されてしまった場合、新たに適法化事由を見出さない限り、域内から日本への移転が一切、合法的にできなくなってしまう。これは、セーフハーバーが無効と判断された当時、米国を中心として、多くの事業者が合法的に越境移転できなくなるリスクにさらされたのと同じ状況が発生しかねない。ビジネ

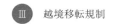

スの継続性という観点からは、そのようなリスクに面することのないよう、予め別の適法化措置を準備しておくことが望ましい。

2 フローチャートの考え方

　事業者が越境移転規制をクリアするための手法を選択するポイントは、基本的には、十分性認定の②を除いた、Q11のフローチャートの順番（③④⑤）に考えるべきである。

　③の拘束的企業準則・標準データ保護条項・行動規範・データ保護認証と比較して、④の同意等の適法化事由は、安定性を欠く可能性が指摘されている。事後、何か問題が発生した場合に、データ保護当局によって、当時の事実関係が、適法化事由の要件を充足するか否かの判断がなされることになるが、③については手続きが完了していれば、取り消されたりしない限り、移転が適法化されているのに対して、④については一次的な判断は事業者自身が行う必要があるため、問題発生時のデータ保護当局が事業者と異なる判断をした、すなわち、実は要件を充足しておらず、適法な移転ではなかった、と判断される可能性がどうしても残る。その意味では、将来、想定外のリスクが発生し、突発的なコストが発生する可能性を減らすという観点に立って、判断の安定性を重視する場合には、③の措置で基本的には対応することとし、③でカバーしきれなかった部分のみ、④で対応し、④もダメな場合のみ⑤で対応する、のが望ましい。

3　拘束的企業準則か標準データ保護条項か

　では、フローチャート③の、GDPR第46条に定められている措置のうち、行動規範・データ保護認証は、現時点では、ガイドラインが公表されておらず、詳細が不明のため、ここでは、拘束的企業準則と標準データ保護条項（標準契約条項）に絞って、長所・短所を検討する。

	拘束的企業準則	標準データ保護条項 （標準契約条項）
グループ企業の増減へ	M&A等で、グループ企業が増加した場合、当該企業は従前か	M&A等で、グループ企業が増加した場合、当該企業は、従前

の対応	らの拘束的企業準則に従う必要があるため、特段の対応を要しなくて済む。反面、当該企業は、これまでの社内ルールを、拘束的企業準則に変更しなければならない。	からの標準データ保護条項（標準契約条項）の契約当事者に自動的にはならず、契約上の手当てが必要になる。変化が頻繁に発生する企業グループは、相当の手間がかかることになる。
ドラフトのコスト・手間	今後、公表の予定あるものの（時期は未定）、現時点ではゼロスクラッチでドラフトする必要がある。専門家の助力を必要とし、相応のコスト負担と作業期間がかかることは避けられない。	EUデータ保護指令に対応するフォーム（標準契約条項）は公表済みで、原則、そのまま使用することが予定されているため、ドラフトにかかるコスト負担と作業期間は抑えられる。ただし、GDPRに対応するフォーム（標準データ保護条項）については公表時期未定。
データの利用・移転の実態とのかい離	実際の個人データの流れに沿ったルールを定めることができる。	公開されているフォームの条項を修正することなくそのまま使用するのが原則であり、実際の個人データの流れの方を整合させる必要が生じる。
調査の端緒につながる可能性	申請の過程で、データ保護当局に対して、個人データの管理体制・状況についての資料提出を求められる可能性が高い。資料を精査した結果、当局が問題視する項目が発見された場合、調査の端緒となってしまう可能性がある。	標準契約条項について、データ保護当局の承認が必要とされる場合であっても、審査対象は標準契約条項の書面のみであるため、調査の端緒につながる可能性は考えにくい。
当局から見た信用性（制裁金リスク・執行リスクとの関係）	申請及び承認に至るまでの一連の過程で、データ保護当局と密なコミュニケーションをとるため、良好な関係を構築できる可能性があり、何か問題が発生した場合に、高額な制裁金リスクを低減させる方向でのファクターとなり得る（執行リスクを低減できる）。	制裁金リスク・執行リスクの低減は見込めない。

社会的信用性	とりわけ処理者（Processor）は、ハードルの高い拘束的企業準則の承認を受けた事業者として、信用を得ることができ、営業ツールとして利用できる。	

　このように見ると、低コストだが効果の弱い標準データ保護条項（標準契約条項）と、高コストだが効果の強い拘束的企業準則と性格付けることができる。事業者としては、大きく性格の異なる二つの手法を、GDPR施行のスケジュールとの関係も加味したうえで、使い勝手の良いものを選択することが求められている。

IV

GDPR下における
事業者の義務

事業者による個人データの「処理」について
どのようなルールが設けられていますか？

≪Point≫

　事業者は、個人データの処理において、適法性・公正性・透明性原則ほか、いくつかのルールを順守しなければならない。これらは、GDPR全体を貫くルールである。

1　処理と移転

　GDPRでは、個人データを取り扱う行為を包摂する概念としては、「処理」と「移転」を挙げ、処理のルールはこう、移転のルールはこう、という定め方をしている。日本の個人情報保護法のように、取得、利用、蓄積、削除と個別の場面ごとにルールを定めるのとは、ルールの設け方、規制対象となる場面の設定の仕方が大きく異なる。

　処理は「自動的な手段であるか否かにかかわらず、個人データ又は個人データの集合に対して行われるあらゆる作業又は一連の作業をいう。この作業は、取得、記録、編集、構造化、保存、修正又は変更、復旧、参照、利用、移転による開示、周知又はその他周知を可能なものにすること、整列又は結合、制限、消去又は破壊することを含む」と定義されている（第4条第2号）。すなわち、個人データにかかわる作業は、すべて処理に該当する、と考えるのがわかりやすいだろう。

　「移転」については「処理」の定義には明示的に含まれておらずGDPRでは定義が設けられていないが、物理的に第三者に移転する以外に、第三者から閲覧可能な状態に置くことも含まれるのがポイントである。

2　処理の原則

　GDPRでは、個人データの処理に関して、以下の六つの原則が定められ

ている（第5条第1項）。管理者はこれらの原則を遵守するとともに、その遵守を証明することができる状態でなければならない（説明責任の原則（アカウンタビリティ）、第5条第2項）。

　これらの原則は、一見すると、ごくごく当たり前の一般原則が書かれているように見え、心がけ程度に聞こえるかもしれないし、その遵守もそれほど難しいことではないように見えるかもしれない。しかしながら、(1)透明性原則（Q23）が第12条・第13条・第14条に定められている情報提供義務に直結するように、いずれも、実務に密接に関連し、その規制内容を裏側から形成する重要な原則であることを見落としてはならない。

(1)　適法性、公正性及び透明性の原則（(a)）

　データ主体との関係において、適法、公正かつ透明性のある手段で取り扱われなければならない。

　透明性（transparency）というキーワードは、日本の法律ではあまり耳にしない用語かもしれないが、GDPR では、非常に重要な概念であり、その重要性は、透明性に絞ったガイドライン（「透明性ガイドライン（WP260）」）が出されていることからもうかがえる。

　透明性の原則のもとでは、①個人データの処理に関するすべての情報及びコミュニケーションが容易にアクセス可能、かつ、容易に理解可能であり、また、②明確かつ平易な言葉が用いられなければならない。

　透明性の原則の遵守が強く求められる対象としては、①管理者の身元及び処理目的について、データ主体に与えられる情報、②処理対象である自然人に関連する公正かつ透明性のある処理を確保するための追加的な情報、並びに③処理されている個人データを確認する権利及びコミュニケーションを入手する権利に関するものである。

　自然人は、個人データの処理に関連するリスク、ルール、セーフガード及び権利、当該処理と関連する権利の行使方法について周知されるべきである（前文第39項）。

(2)　目的の制限の原則（(b)）

　個人データは、特定された、明確かつ適法な目的のために収集されなけ

Ⅳ　GDPR下における事業者の義務

ればならず、これら目的と相容れない方法でさらなる取扱いがなされてはならない、という原則である。この原則には例外があり、①公共の利益における保管目的、②科学的若しくは歴史的研究の目的又は③統計目的のためのさらなる処理は、当初の目的と相容れない方法とはみなされない（第89条第1項）。

　個人データの処理の目的は、個人データの収集時には特定されていなければならない（前文第39項）。収集時の目的と異なる目的でデータ処理することが許容されるのは、①当該処理の目的が当初の処理の目的と適合する場合か、②当該処理の目的について、何らかの法的根拠が認められる場合に限られる。「当初の処理の目的と適合する」か否かの判断に際しては、以下のファクターを考慮することとされている（前文第50項）。

・当該処理の目的の内容
・当初の処理の目的との関連性
・当該処理がデータ主体に及ぼす影響
・個人データ収集の経緯（とりわけ、データ主体と管理者との関係を踏まえて、当初の収集の時点においては、データ主体はデータ処理に関してどのように理解していたのか）
・個人データの性質（とりわけ、センシティブデータか）
・適切なセーフガードの有無（例：暗号化）

(3)　データ最小化の原則（(c)）

　個人データは、処理目的の必要性に照らして、適切であり、関連性があり、最小限の限度に限られていなければならない、という原則である。言い換えると、当該処理が、他の手段では合理的に実現できてしまってはいけない、ことになる（前文第50項）。

(4)　正確性の原則（(d)）

　個人データは、正確であり、必要な場合には最新に保たれなければならない、という原則である。また、処理目的に照らして、不正確な個人データが遅滞なく消去又は訂正されるのを確実にすべく、あらゆる合理的な手段が講じられなければならない。

(5) 保存期間の制限の原則 ((e))

個人データは、当該個人データの処理目的に必要な期間を超えない範囲で、データ主体の識別が可能な状態で保存されなければならない、という原則である。

例外として、個人データが第89条第1項に沿って、①公共の利益における保管目的、②科学的若しくは歴史的研究の目的又は③統計目的のためだけに処理される場合は、当初の処理目的のために必要な期間を超えて保存することが許容される。もっとも、その場合であっても、データ主体の権利と自由を保護するため、GDPRによって求められる適切な技術的及び組織的措置を講じることが必要とされる。

なお、個人データの保存期間については、不必要に長期にわたることのないよう、消去又は定期的な見直しのための期限を設けるべきであるとされている（前文第39項）。

(6) 完全性及び機密性の原則 ((f))

個人データは、当該個人データの適切なセキュリティを確保する方法をもって、処理されなければならず、適切な技術的又は組織的措置を講じることが求められている。ここには、無権限の又は違法な処理からの保護、及び偶発的な滅失、破壊、又は損壊からの保護も含まれている。

また、個人データは、個人データの適切な安全性及び機密性を確保する方法で処理されなければならない。たとえば、個人データ及び処理に使用した機器へのアクセス・利用の防止対策も、含まれてくる（前文第39項）。

Q18 個人データの処理は原則禁止とのことですが、処理が許容されるのはどのような場合ですか？

≪Point≫

GDPRでは、個人データ処理を行う場合は、必ず第6条に規定されている適法化事由のいずれかを充足していなければならない。ビジネスの場面では「同意」、「契約履行に必要」又は「正当な利益」で説明することが多くなると想定される。

1　処理が許容される場合

GDPRでは、個人データの処理が適法であるとして許容されるのは、以下の①から⑥のいずれかに該当する場合のみである。いずれにも該当しない状況でなされたデータ処理は違法であり、高額な制裁金の対象となる。

①　データ主体が、一つ又は複数の特定の目的のために、自身の個人データ処理に同意した場合

②　データ主体が当事者である契約の履行のために当該データ処理が必要な場合、又は契約締結前のデータ主体の求めに応じて手続きをとるために当該データ処理が必要な場合。

③　管理者が従うべき法的義務を遵守するためにデータ処理が必要な場合。

④　データ主体又は他の自然人の重大な利益を保護するためにデータ処理が必要な場合。

⑤　公共の利益又は管理者に与えられた公的権限の行使のために行われる業務の遂行においてデータ処理が必要な場合。

⑥　管理者又は第三者によって追求される正当な利益のために取扱いが必要な場合。ただし、データ主体（特にデータ主体が児童である場合）の個人データの保護を求める利益又は基本的権利及び自由が、当該管

個人データの処理は原則禁止とのことですが、処理が許容されるのはどのような場合ですか？

理者又は第三者の利益に優先する場合は除外される。

2 データ主体が、一つ又は複数の特定の目的のために、自身の個人データ処理に同意した場合（(a)）

日本法の感覚でいうと、同意を取得しておけば安全だろうという感覚になってしまいがちで、つい、本号に依拠しようとする日本企業も見られるが、GDPR においては、有効な同意があったと認められるためのハードルが非常に高いのと、同意の撤回を認めなければならない等の、事業者にとっては厳しいルールが設けられており（Q19）、日本法と同じ感覚で運用するのは危険である。ただし、特定の状況下では同意が唯一の適法化事由である事態も考えられるため、その特徴をよく理解した上で必要に応じて同意を求めることも検討すべきである。

3 データ主体が当事者である契約の履行のために当該データ処理が必要な場合、又は契約締結前のデータ主体の求めに応じて手続きをとるために当該データ処理が必要な場合（(b)）

この場合、重要なのは、契約当事者がデータ主体自身であることである。たとえば、ある個人がオンラインショップで商品を購入した場合には、その商品の配達（契約の履行）のためには当該個人の個人データを処理することが必要となるために、この事由に依拠することができる。他方、法人との契約の履行において、担当者の個人データの処理が可能かというと、法的な契約当事者は当該担当者個人ではなく、その勤務先であるから、この適法化事由は該当せず、別の適法化事由に依拠する必要がある。

4 管理者が従うべき法的義務を遵守するためにデータ処理が必要な場合（(c)）

ここでの法的義務は、EU 法又は管理者が従うべき加盟国の国内法のいずれかに依拠している必要があり、それ以外の国の法律（日本法を含む）は根拠足りえない。また、加盟国の裁量の箇所（Q05）でも触れたように、加盟国は、本号に基づく処理に関し、より具体的な規定を維持又は導入できる。

Ⅳ　GDPR下における事業者の義務

5　データ主体又は他の自然人の重大な利益を保護するためにデータ処理が必要な場合（(d)）

　ここで該当性を判断するに際してポイントとなるのは「自然人の重大な（vital）利益を保護するため」と言えるかである。解釈としては、原則として、その他の法的根拠に基づく処理を行いえないことが明白である場合に限られるべきである、とされている。典型例として挙げられているのは、以下のような場合である（前文第46項）。

・人道上の目的のために処理が必要となる場合
・自然災害又は人的災害等の、人道上の緊急事態の場合（伝染病を含む）

6　公共の利益（公衆衛生、社会的保護、ヘルスケアサービスのような医療目的を含む）又は管理者に与えられた公的権限の行使のために行われる業務の遂行においてデータ処理が必要な場合（(e)）

　4（(c)）と同様に、ここでの法的義務は、EU法又は管理者が従うべき加盟国の国内法のいずれかに依拠している必要があり、それ以外の国の法律（日本法を含む）は根拠足りえない。また、加盟国の裁量の箇所（Q05）でも触れたように、加盟国は、本号に基づく処理に関し、より具体的な規定を維持又は導入できる。典型例として挙げられているのは、以下のような場合である（前文第55項・第56項）。

・憲法若しくは国際公法によって定められている目的又は正式に認められている宗教団体の目的を実現するために正当な機関が行う個人データの処理
・選挙活動において、加盟国における民主的な制度の運営のために、政党が国民の政治的意見に関する個人データを収集することが必要な場合

7　管理者又は第三者によって追求される正当な利益のために処理が必要な場合（(f)）

　ビジネスの実務では、この「正当な利益（legitimate interest）」があるの

個人データの処理は原則禁止とのことですが、処理が許容されるのはどのような場合ですか？

で、個人データ処理が適法である、と説明する場合が多くみられる、重要な適法化事由である。

本号が認められるのは、管理者との関係に基づいて、データ主体が自らの個人データの処理について有して抱いていた合理的な期待を勘案し、「データ主体の利益又は基本的権利及び自由が優先するものではない」といえる場合に限られ、慎重な検討が求められている（前文第47項）。

データ主体が児童である場合は、より慎重な検討が必要とされる。

このため、本号が適用されるか否かの最終的な判断においては、「データ主体が個人データ保護を求める基本的権利・自由」vs「管理者・第三者によって追求される正当な利益」を比較衡量することが求められる。この比較衡量テストをどのように行うべきかについては、EUデータ保護指令時代に29条作業部会から公表されたWP217「EUデータ保護指令第7条における管理者の正当な利益についての考え方に関する意見書」（2014年4月9日採択）にて、詳細に説明されており、参考にすべきである。

GDPRでは、最終的に「正当な利益（legitimate interest）」が認められやすいケースとしては、以下が挙げられている。

企業グループの内部管理目的で行う、企業グループ内における送信（前文第48項）	・内部管理目的で行う、顧客・従業員の個人データ処理
ネットワークの安全及び情報セキュリティ確保を目的として、厳格に必要かつ相当な範囲で行われるデータ処理（前文第49項）	・電子通信ネットワークへの不正アクセス及び悪質なコードの流布の防止 ・DDoS攻撃ほかコンピュータに対するダメージの阻止

GDPR下で有効な「同意」と認められるには
どのような条件を充足する必要がありますか？

≪Point≫

GDPRでは、有効な同意（consent）があったと認められるためのハードルが非常に高い。このため、日本のビジネスで一般的にとられている対応よりも、厳格な対応が必要となる可能性があり、事前準備が欠かせない。

1　GDPRの同意（consent）

(1)　厳格な基準とガイドライン

GDPRでは、「データ主体が、一つ又は複数の特定の目的のために、自身の個人データ処理に同意した場合」が、個人データの処理の適法化事由の一つとして、定められている（第6条第1項(a)）。日本企業にとって、この「同意」という適法化事由は、実は、取扱いが難しい面がある。

それは、GDPRにおいて、「同意」とは、「①自由に与えられ（freely given）」「②特定の（specific）」「③情報提供を受けたうえでの（informed）」かつ、「④不明確（ambiguous）ではないデータ主体の意思表示」と定義されており（第4条第11号）、この四つのファクターすべてを充足する必要があるためである。さらに、この定義では、この意思表示の手法として、「当該データ主体が、ステートメント又は明らかな積極的行為によって、自身に関する個人データの処理に同意（agreement）する」ものでなければならないと定めていることから、表示の手法についても、厳格な判断がなされることになっている。

同意については、29条作業部会からWP259「同意ガイドライン」（2017年11月28日採択）が公表されており、これを踏まえた検討が必要である。

GDPR下で有効な「同意」と認められるにはどのような条件を充足する必要がありますか？

(2) 任意性（①自由に与えられ（freely given））

同意の要件として、任意性が求められているのは、データ主体が真に、選択し、コントロールしたことが必要だからである。逆に言うと、①選択の余地がない場合、②コントロールできていない場合は、任意性がなかったと判断される。任意性が否定される典型的な場面は以下のようなものがある。

任意性が否定される原因	典型的な場面
データ主体と管理者間で、管理者側に一方的にパワーバランスが偏っている場合（imbalance of power）（前文第43項）	・管理者側が公的機関（public authorities）の場合 ・管理者が使用者で、データ主体が従業員の場合
同意することが、サービス提供等の条件とされている場合（conditionality）	・データ主体がデータ処理に同意しない限り、サービス提供を受けられない場合
同意の対象の粒度（granularity）が荒い場合（前文第43項、第32項）	・複数のデータ処理に関して、まとめて同意を取得する場合
不利益（detriment）を伴う場合（前文第42項）	・同意の撤回によって、データ主体にコストが発生する場合、その他不利益が発生する場合 ・同意しなかった場合は重大なネガティブな結果が発生すると欺瞞、恫喝、威圧した場合

(i) Imbalance of power

公的機関（public authorities）については、それによって、特殊な状況における全体的な事情から自由な同意ができる見込みがない場合が、典型例として挙げられている。逆に以下の場合は、任意性が認められる、とされている。

・公立校で、生徒に、学校で出している生徒向け雑誌に、生徒の写真を使用することについて同意するよう、頼む場合。

使用者・従業員間については、そのパワーバランスの偏りを踏まえると、

95

Ⅳ　GDPR下における事業者の義務

同意を拒絶することによって、不利益を受けるのではないかという恐れを感じることなく、同意を拒絶できる可能性は低いであろうと考えられる。たとえば、職場のカメラによる監視システムや評価フォームの記入について、同意を求められた従業員が、何のプレッシャーも感じることなく、同意しました、ということは考えにくい。このため、29条作業部会は、WP249において、従業員の個人データ処理の適法化根拠を同意に依拠することは問題であると明言している。

　もちろん、従業員のデータ処理を、同意に依拠することが100パーセント許容されないわけではない。次のような例外的なケースでは許容される。
・職場の様子を映画制作で撮影する際、映り込むことについて同意を求められた従業員が、同意を拒絶した場合に、いかなる形でも罰を受けることなく、むしろ、同じ職場内の別の場所に同等のデスクを割り当てられる場合

(ii)　Conditionality

　契約の履行やサービスの提供のために、個人データの処理に関する同意が必要ないにもかかわらず、当該個人データの処理に同意しない限り、管理者側が、契約を履行しない、サービスを提供しない、というように、同意を条件（Conditionality）としていると、任意性が認められなくなる。
・金融機関が、顧客が、マーケティング目的でのデータ処理に同意しない限り、口座開設を拒否する、あるいは、手数料を増額する等の対応を取る場合、任意性が否定される。

　この考え方は、GDPR第7条第4項でも「同意が任意になされているかについて判断する際、サービス約款を含む契約の履行が、当該契約の履行に必要のない個人データの取扱いに対する同意を条件としているか否かについて、最大限の考慮が払われなければならない」という表現で、明示的に示されている。

(iii)　Granularity

　複数のデータ処理が予定されている場合、データ主体が個別のデータ処理ごとにYesNoを選択できる必要があり、一括してしかYesNoを選択できない場合は、任意性が否定される。この考え方は、(3)　特定性とも密接に関連する。

- 小売業者が、業者自身による電子メールマーケティングとグループ会社との顧客情報の共有に関して、一括してデータ主体の同意を得ていた場合は、任意性が否定される。

(iv) Detriment

管理者は、同意の撤回によって、データ主体にコスト、その他不利益が発生しないことを証明することができなければならない。ここでいう不利益には、提供されるサービスのダウングレードも含まれる。

(3) 特定性（②特定の（specific））

特定性が認められるためには、同意のリクエストが適切な粒度で行われ、同意取得に関連する情報と他の情報が明確に分離されていることが必要である。同意は、同じ目的のために行われるすべての処理を対象とすべきである（前文第32項）。逆に、個人データの処理の目的が複数にわたる場合は、すべての目的についての同意を得なければならない（前文第32項）。

(4) 情報提供済みであること（③情報提供を受けた上での（informed））

情報提供済みであると認められるためには、少なくとも以下の情報を提供していなければならない。第13条・第14条が適用される場合は、その定めに従って、フルリストの情報を提供していなければならない。

- 管理者の身元
- 同意をリクエストしている対象のデータ処理の目的
- 収集・利用対象のデータの項目
- データ主体は、同意を撤回する権利を有していること
- 自動処理のみによって決定する（プロファイリングを含む）ためにデータを利用する場合の情報
- 十分性認定のない国へ、適切な保護措置なしで、個人データの越境移転を行うに伴うリスクの説明（該当する場合のみ）

情報提供の手法・形式について、GDPRは特段のルールを示していないが、明瞭かつ平易な文言で行う必要がある。未成年が主な対象である場合は、未成年でも理解可能な情報提供が必要である。

(5) 明確性（④不明確（ambiguous）ではないデータ主体の意思表示）

　同意は、書面（電子的方法を含む）又は口頭でのステートメントにより、内容が不明瞭でない自身の個人データ処理に関するデータ主体の同意の表示を確立する、明白で積極的な行為（clear affirmative act）によって、行われる必要がある（前文第32項）。明白で積極的な行為、と認められるためには、意図的にアクションすることが必要である。

　もう一つ、注意が必要なのは、契約に合意、利用条件の受諾のアクションと、個人データ処理についての同意のアクションは、区別されている必要があり、まとめて一つのアクションにしてしまうことは認められない、という点である。

明確性が認められる場合	・オンラインの申込み画面で、ボックスにチェックする行為 ・ブラウザアプリのインストール時に、クラッシュレポートの送信についての同意に関して、「同意します」ボタンをクリックする行為 ・ブラウザ設定
明確性が認められない場合	・予めボックスにチェックしてあり、チェックの操作を要しない場合 ・沈黙 ・不作為

　データ主体の同意が電子的方法によってリクエストされた後に行われる場合、このリクエストは、提供されるサービスの利用について、不必要に（unnecessarily）混乱を生じさせるものであってはならない（前文第32項）。他方、管理者にはある程度裁量が認められており、たとえば、以下の物理的な操作方法は許容されている。

・スマートフォンのスクリーンのスワイプ、スマートカメラの前での手を振る動作であっても、何についての同意をリクエストされているのか明白である場合は、「明白で積極的な行為」と認められる。

・画面をスクロールダウンして、利用条件の下の方に同意宣言を記載しておくだけでは、「明白で積極的な行為」とは認められない。一般的なユーザーは利用条件をよく読まずに、さっさとスクロールダウンしてしまうことが想定され、同意内容をそもそも記載していない可能性が高いと考えられるためである。

2 同意の条件（Conditions for consent）

「同意の条件」は、第7条のタイトル（Conditions for consent）を直訳したものだが、その意味するところは、同意に関して、守られなければならないルールのことである。

(1) 同意についての証明責任

データ処理の適法化事由として、同意があったことに依拠しようとする場合、当該同意を得ていたことを立証する責任は管理者が負っており、管理者はこれを証明できるようにしておかなければならない（第7条第1項、前文第42項）。たとえば、電話で同意を得る場合は、電話の会話を録音しておくことが考えられる。

とりわけ、他の事項に関係する書面によるステートメントによって、同意を得ていた場合には、データ主体が同意した事実及び同意の範囲を認識していたという事実を確実に押さえておく必要がある（前文第42項）。管理者側で予め同意のステートメントを用意しておく場合は、データ主体にとって、理解しやすく利用しやすい形式で、明瞭かつ平易な文言を用いて提供されるべきである、とされている（前文第42項）。

(2) 同意の方法

データ主体の同意が、他の事項にも関係する書面よって与えられている場合、たとえば、契約書の一部が、データ主体の同意に関する記述であったような場合、その同意のリクエストは、明瞭かつ平易な文言を用い、理解しやすくかつ容易にアクセスし得る形で、その他の案件と明らかに区別できる（clearly distinguishable）方法によって明示されなければならない。違反があった場合、あらゆる宣言は拘束力を否定される（第7条第2項）。

(3) 同意を撤回する権利

データ主体は、いつでも同意を撤回する権利を有する。

同意の撤回は、同意と同程度に容易にできる必要がある。同意を、サービス特有のユーザー・インターフェース（ウェブサイト経由、アプリ経由、アカウントへのログオン、電子メール等）で得ている場合、同じ電子的なインターフェース経由で同意を撤回できなければならない。さらに、撤回は不利益を被ることなく、撤回できなければならない。ここでいう不利益とは、手数料の発生や、サービスレベルの低下を含む。

・コンサートチケットをオンラインのチケット販売サイトで購入する場合に、購入者は、マーケティング目的のデータ処理について、YesNo形式で同意を選択するよう求められることが多い。この同意を事後的に撤回する場合に、ビジネスアワーの時間帯にコールセンターに電話しなければ撤回できないのでは、同程度に容易とはいえないから、GDPR第7条第3項違反となる。

同意の撤回前になされた、同意に基づく処理の適法性が、撤回によって影響を受けることはない。

同意の撤回前になされた、同意に基づく処理の適法性が、撤回によって影響を受けることはないが、撤回後はそれ以上は、処理を行うことはできず、当該データを削除するか、匿名化する必要がある。このような事態を避けるためには、同意以外の処理の適法化事由にも依拠できるように、予め準備・整理しておく必要がある。

3 児童の同意

(1) 児童の保護者の同意・許可が必要な場面

GDPRでは、児童の同意について適用されるルールが新設された（第8条）。これは、児童の個人データ保護の強化を目指したものである。

個人データの処理が、①データ主体の同意に基づく場合で、②直接的な情報社会サービス（第4条第25号で「欧州議会及び理事会の指令（EU）2015/1535の第1条第1項(b)で定義されたサービス」と定義されている。具体的

には、オンラインで完結する情報提供サービスやコンテンツ販売サービスだけでなく、商品配送が予定されているオンライン販売サービスも含まれる）の提供に関するものであり、③データ主体が16歳未満であるときは、当該データ主体の保護責任を負う者から同意又は許可を受けている場合に限り、当該データ処理は適法とされる（第8条第1項前段）。

　このルールは、マーケティングやプロファイリングの場面では特に重要であるとされており（前文第38項）、これらの場面では特に慎重な対応が求められる。実際に、保護者の同意・許可の確認が十分でなかったとして、オンラインサービス事業者が、ドイツの監督当局から制裁金の支払いを命じられた事例が知られている。

(2)　基準年齢

　加盟国は、基準年齢を13歳まで引き下げることが認められている（第8条第1項後段）。これは、加盟国の社会的・歴史的・文化的背景によって、基準年齢は変更することが認められるべきだという加盟国の主張を反映したため、加盟国に裁量を与えることにしたものである。管理者は、サービス提供の対象加盟国の状況を踏まえた対応が求められる。

(3)　保護者の同意・許可の確認

　管理者は、利用可能な技術を考慮して、児童の保護者によって同意が与えられた又は許可されたという状況を証明するために相当の努力をしなければならない（第8条第2項）。実務においてはこの「相当の努力（reasonable efforts）」としてどこまでの対応が求められるか、が問題となるところ、29条作業部会は、リスクベースド・アプローチをとることを求めている（WP259）。

　まず、データ主体の年齢の確認に関しては、リスクが低い場合については、ユーザーに誕生年を記入してもらう、あるいは、基準年齢以上であることを陳述してもらう対応でも、適切といえるだろう、としている。もちろん、この年齢確認の手法で、問題が発生した場合は、年齢確認のシステムを見直し、別の年齢確認システム導入の必要性を検討する必要がある、とも述べている。

Ⅳ　GDPR下における事業者の義務

　次に、保護者の同意・許可の確認に関しては、リスクが低い場合については、電子メールによる確認で十分であるが、リスクが高い場合については、銀行経由で管理者に対して少額の送金を行わせる、あるいは、信頼できる第三者の認証サービスの利用など、より慎重な確認方法を実践することが求められる。

　・たとえば、オンラインゲームのプラットフォームについて、以下の手順を踏む場合は、第8条を遵守している、といってよい。
　　（ステップ1）ユーザーに、基準年齢以上か未満かを申告させる。
　　（ステップ2）基準年齢未満と申告したユーザーに対して、保護者の同意・許可が必要であると伝えた上で、保護者のメールアドレスの提出を求める。
　　（ステップ3）保護者に同意・許可を求める。この際、保護者が保護責任を負っていることを確認するための合理的措置をとる。
　　（ステップ4）苦情を受けた場合は、追加の確認措置をとる。

Q20 センシティブデータの処理については どのようなルールが設けられていますか？

≪Point≫

　GDPRでは、日本の要配慮個人情報のように、センシティブデータをひとまとめにせず、特別カテゴリのデータと刑事犯罪関係のデータの二つのカテゴリに分けてルールを設けている。日本企業も従業員の健康診断結果の処理や製薬会社の治験情報の処理などで配慮が必要となる。

1　特別カテゴリのデータと刑事犯罪関係のデータ

　GDPRでは、日本の要配慮個人情報のように、センシティブデータをひとまとめにせず、特別カテゴリのデータと刑事犯罪関係のデータの二つのカテゴリに分けてルールを設けている（第9条、第10条）。

2　特別カテゴリのデータ

(1)　特別カテゴリに含まれる個人データ

　特別カテゴリに含まれる個人データの処理として、特段の規制がかかってくる個人データの処理は、以下の個人データの処理を指す（第9条第1項）。

　　①　人種若しくは民族的素性、政治的思想、宗教的若しくは哲学的信条、又は労働組合員資格に関する個人データの処理
　　②　遺伝データ（自然人の生理機能又は健康に関する固有の情報を与え、特に当該自然人からの生物的サンプルの分析から得られる、継承又は獲得した自然人の遺伝的特性にかかわる個人データ）の処理
　　③　自然人の一意な識別を目的とした生体データ（顔画像又は指紋確証データのように、当該自然人に特有の識別性を認められる又は確かめられ

103

GDPR 下における事業者の義務

る、自然人の身体的、生理的又は行動的特性に関する特定の技術的処理から得られる個人データ）の処理
④　健康に関するデータ（健康状態についての情報を明らかにする自然人の身体及又は精神的な健康に関する個人データ（ヘルスケアサービスの提供を含む））の処理
⑤　自然人の性生活若しくは性的嗜好に関するデータの処理

このうち、注意が必要なのは、②③④⑤である。

②は、日本では、従前より各種ガイドラインにおける機微（センシティブ）情報に含まれず、要配慮個人情報にも含まれないこととなった。このため、場合によっては、日本と EU で取扱いを分ける必要が生じかねない。

③の生体データの処理のうち、特別カテゴリに含まれる個人データとしての規制がかかってくるのは、「自然人の一意な識別を目的」とした場合のみ、という点である。①②④⑤については、そのような目的による限定は設けられていない。たとえば、監視カメラの映像など写真画像データを処理する場合でも、特別カテゴリに含まれる個人データとして規制がかかってくるのは、自然人の固有の識別を可能にする特定の技術的手段によって処理された場合に限定されることになる。

④には、データ主体の過去、現在、未来における、身体的又は精神的な健康状態に関する情報を明らかにするデータ主体の健康状態に関するすべての情報が含まれるため、その範囲については、注意が必要である。日本の要配慮個人情報では病歴等に限定されるのに比べて、範囲が広いと考えられるためである。

⑤は、日本では要配慮個人情報に含まれず、また、従前からの機微（センシティブ）情報としても取り扱われてこなかったところであるため、日本と EU で取扱いを分ける必要が生じる。

GDPR	改正個人情報保護法
・人種、種族的な出自を明らかにするデータ・政治的見解、宗教又は哲学的な信念を明らかにするデータ	・人種（民族的・種族的出身を広く含む）・信条（思想と信仰双方を含む）

センシティブデータの処理についてはどのようなルールが設けられていますか？

・労働組合の組合員たる地位を明らかにするデータ	・社会的な身分
・遺伝子データ ・生体データ ・健康に関するデータ ・性生活及び性的嗜好に関するデータ	・病歴 ・身体障害、知的障害、精神障害その他の個人情報保護委員会規則で定める心身の機能の障害 ・健康診断その他の検査の結果 ・医師等による心身の状態改善のための指導・診療・調剤

(2) 特別カテゴリに含まれる個人データ処理のルール

特別カテゴリに含まれる個人データは、一般の個人データとは異なる処理のルールが定められている。具体的には、特別カテゴリに含まれる個人データは、原則処理が禁止であり、例外として許容されるのは、以下の適用除外事由のいずれかに該当する場面のみである、という点である（第9条第2項）。以下のうち⑦⑧⑨⑩が、GDPRにおいて新設された項目である。

① データ主体が、一つ又は複数の特定された目的のために当該個人データの適用に対して明示的な同意を与えた場合。ただし、EU法又は加盟国の国内法が、特例カテゴリの個人データの処理の禁止がデータ主体によって解除されるべきではないと定めている場合を除く。

② 雇用及び社会保障並びに社会的保護に関する法の分野における管理者又はデータ主体の義務の履行及び特定の権利を行使する目的で処理が必要な場合。ただし、当該処理が、EU法若しくは加盟国の国内法又は基本的権利及びデータ主体の利益に対する適切な保護を定めた加盟国の国内法による労働協約によって認められている場合に限る。

③ データ主体が物理的又は法的に同意を与えることができない状況において、データ主体又は他の自然人の重要な利益を保護するために処理が必要な場合。

④ 政治的、哲学的、若しくは宗教的又は労働組合活動を行う目的を持つ財団、組織又はあらゆる他の非営利団体による適切な保護措置を備えた適法な活動において処理が実行される場合。ただし、当該処理が、

Ⅳ　GDPR 下における事業者の義務

団体の構成員、元構成員、又は当該目的との関係で当該団体と定期的に接触をしている人々に関する処理であり、データ主体の同意なく団体外に個人データが開示されないことを条件とする場合に限定される。

⑤　処理がデータ主体によって明白に公開された個人データに関する場合。

⑥　法的主張に関する立証、権利行使若しくは抗弁又は裁判所がその法律上の権限に基づいて行動するために処理が必要な場合。

⑦　実質的な公共の利益を理由として処理が必要な場合。ただし、達成すべき目的との関係で比例した内容であり、データ保護の権利の本質を尊重し、データ主体の利益及び基本的権利を保護するための適切かつ具体的な措置を規定した EU 法又は加盟国の国内法に基づく場合に限定される。

⑧　予防医学若しくは職業病医学、従業員の業務能力の評価、医療診断、又はヘルスケア若しくはソーシャルケアや治療の提供、又は、ヘルスケア若しくはソーシャルケア・システム及びソーシャルケア・サービスの管理のために処理が必要であり、EU 法若しくは加盟国の国内法に基づくか、医療専門家との契約に従い、かつ、第 9 条第 3 項で定める条件並びに保護措置に服する契約に従って行われる場合。

⑨　公衆衛生の分野における公共の利益を理由として処理が必要な場合（たとえば、重大な越境衛生脅威に対する保護、ヘルスケア並びに医療製品又は医療機器の質及び安全性の高水準の保証等を理由として処理が必要な場合）。ただし、データ主体の権利若しくは自由、特に秘密保持（主に、職業上の守秘義務）を保護するため適切かつ具体的対策を規定する EU 法又は加盟国の国内法に基づく場合に限定される。

⑩　第 89 条第 1 項に従った公共の利益での保存目的、科学的若しくは歴史的研究目的又は統計目的の達成のために処理が必要な場合。ただし、求められた目的と比例し、データ保護の権利の本質を尊重し、データ主体の基本的権利並びに利益を保護するための適切かつ具体的措置を規定する EU 法又は加盟国の国内法に基づく場合に限定される。

これらの適用除外事由は、日本の要配慮個人情報についての適用除外事由と一部類似しているものもあるが、いずれも完全には一致していないた

センシティブデータの処理についてはどのようなルールが設けられていますか？

め、慎重な確認が必要である。たとえば、⑤の既に公開されたデータについては、GDPR では、公開が、データ主体本人によってなされたことが必要であるのに対し、改正個人情報保護法では、国の機関、地方公共団体、報道機関、著述業、研究機関、宗教団体、政治団体、外国政府・国際機関等によって公開された場合も適用除外事由に含まれる。

GDPR	改正個人情報保護法
雇用及び社会保障並びに社会的保護に関する法の分野における管理者又はデータ主体の義務の履行及び特定の権利を行使する目的で処理が必要な場合	法令に基づく提供
データ主体が物理的又は法的に同意を与えることができないとき、データ主体又は他の自然人の重要な利益を保護するために処理が必要な場合	人の生命、身体、財産といった具体的な権利利益が侵害されるおそれがあり、これを保護するために個人データの提供が必要であり、かつ、本人の同意を得ることが困難である場合
政治的、哲学的、宗教的若しくは労働組合活動を行う目的を持つ財団、組織又はあらゆる他の非営利団体による適切な保護措置を備えた適法な活動において処理が実行される場合。	
データ主体によって明白に公開されている場合	本人、国の機関、地方公共団体、報道機関、著述業、研究機関、宗教団体、政治団体、外国政府・国際機関等によって公開されている場合
法的主張に関する立証、権利行使若しくは抗弁又は裁判所がその法律上の権限に基づいて行動するために処理が必要な場合	
予防医学若しくは職業病医学、従業員の業務能力の評価、医療診断、又はヘルスケア若しくはソーシャルケアや治療の提供等に必要な場合	
公衆衛生の分野における公共の利益を理由として処理が必要な場合	公衆衛生の向上又は心身の発展途上にある児童の健全な育成のために特に必

	要な場合であり、かつ、本人の同意を得ることが困難である場合
第89条第 1 項に従った公共の利益での保存目的、科学的若しくは歴史的研究目的又は統計目的の達成のために処理が必要な場合	
	国の機関等が法令の定める事務を実施する上で、民間企業等の協力を得る必要がある場合であって、本人の同意を得ることが当該事務の遂行に支障を及ぼすおそれがある場合
	本人を目視・撮影することにより、その外形上明らかな要配慮個人情報を取得する場合
	委託、事業承継、共同利用により、取得する場合

(3) 加盟国による追加規制

　加盟国は、遺伝データ、生体データ又は健康に関するデータに関して、追加の条件を維持又は導入することができる（第 9 条第 4 項）。したがって、これらの個人データを処理する事業者は、加盟国の国内法の個別の規制を確認する必要がある。ただし、加盟国の定める条件が、当該データの越境的処理に適用されるときには、個人データの EU 域内における自由な移動は妨げられるべきでない、とされている（前文第53項）。

3　有罪判決及び犯罪に関する個人データの処理

　第 6 条第 1 項に基づく有罪判決及び犯罪又は関連する安全対策に係る個人データの処理は、①公的機関（official authority）の管理下においてなされるか、又は②処理がデータ主体の権利及び自由に関して適切な保護対策が規定されている EU 法又は加盟国の国内法で処理が認められている場合のみ、許容される。

　また、有罪判決に関するあらゆる包括的記録は、公的権限の管理下で保

センシティブデータの処理についてはどのようなルールが設けられていますか？

存されなければならない（第10条）。

GDPR	改正個人情報保護法
・有罪判決及び犯罪に関するデータ	・犯罪の経歴
	・犯罪により害を被った事実
	・本人に対する刑事手続き、少年法の手続き

●コラム05● データの保存期間

　個人データの保存期間については、GDPRでは、第13条で、データ取得時に、データ主体に対して告知すべき一連の事項に含まれており、事業者は、データ取得の時点で、保存期間をあらかじめ定めておく必要がある。これだけ聞くと、「利用する必要がなくなったときは、当該個人データを遅滞なく消去するよう努めなければならない」と、努力義務のみ定め、しかも、義務の発生時は、その時になってみないとわからない、という定め方をしている日本の個人情報保護法は、こと保存期間に関しては、かけ離れているように見える。ところが、実は、GDPRでも、期間の明示が困難な場合は期間を決定するCriteriaを記載すれば足りるので、実務的な差異はそれほど大きくない、とも言える。さらに言えば、両者は近い規程になる可能性すらあった。パーソナルデータ検討会における、個人情報保護法の改正の議論の過程において、一時は、データの保存期間自体をルール化すべき、という踏み込んだアイディアが出されたが、業界・業種によって、必要な保存期間は大きく異なるのに、ルール化はおよそ現実的ではないとして、経済界から強い反対を受けた。このため、次のアイディアとして、GDPRと類似したアイディアだが、データの保存期間の明示義務を定めることが提案された。しかしながら、このアイディアも、当初の段階で保存期間を定めるのは困難な場合も多いとして反対され、最終的には、改正法第19条の努力義務に落ち着いた。

Q21 GDPRではデータ主体はどのような権利を有しますか？
また、透明性はどのように関係しますか？

≪Point≫

GDPRでは、データ主体は、日本では認められていない、データ・ポータビリティ権やプロファイリングに関する権利、データ消去権（忘れられる権利）が認められており、GDPR対応の必要のある日本企業は、それらの権利に対応するための準備が必要である。

1　枠組み

GDPRは、データ主体の権利をまとめた第3章という独立の章を設けており、「権利」であることが強調されている。日本も、2017年5月全面施行の改正個人情報保護法においては、「権利」であることが明確にされたため、この点では、両者のルールの書きぶりは接近したといえる。

他方で、GDPRでは、データ主体は、日本法では認められていない、データ・ポータビリティ権やプロファイリングに関する権利、データ消去権（忘れられる権利）を認められており、その内容は大きな差異がある。一部は、データ主体の権利ではなく、事業者の法的義務として定められているものもあるが、義務が発生する場面は限定されており、両者の間で大きな差異があることは変わりない。

GDPR	改正個人情報保護法
アクセス権（第15条）	開示請求権
訂正権（第16条）	訂正請求権
消去権（忘れられる権利）（第17条）	利用停止・消去請求権
処理の制限を求める権利（第18条）	×
データ・ポータビリティ権（第20条）	×

GDPRではデータ主体はどのような権利を有しますか？
また、透明性はどのように関係しますか？

| 異議を唱える権利（第21条） | × |
| プロファイリング等の自動化された意思決定に関する権利（第22条） | × |

2 透明性

(1) 情報提供及びコミュニケーションの提供

　管理者は、処理対象となる個人データの主体に対して、明瞭かつ平易な文言を用いて、完結で、透明性があり、わかりやすく（intelligible）、かつ、容易にアクセス可能な形式をもって、GDPR第13条・第14条に定められているすべての項目の情報、第15条〜第22条及び第34条に基づくすべてのコミュニケーションを提供するための適切な措置を講じなければならない。とりわけ、児童に対して提供する情報について、慎重な対応が求められている（第12条第1項）。

(2) 情報提供の方法

　(1)の情報は、書面又はその他の方法（適切な場合には電子的方法を含む）により提供されなければならない（第12条第1項）。ただし、データ主体からの求めがあった場合であって、データ主体の身元が他の方法により証明された場合は、当該情報を口頭にて提供することが許容される（第12条第1項）。

　GDPR第13条・第14条に提供義務が定められている情報については、意図されている処理の有意義な概要を、見やすく、わかりやすく、明確に判読しやすい方法で提供する他面、標準化されたアイコンと組み合わせることが許容される。当該アイコンが電子的に表示される場合には、機械によって判読可能である必要がある（第12条第7項、前文第60項）。

(3) データ主体による権利行使の促進

　管理者は、GDPR第14条〜第22条に基づくデータ主体の権利行使を容易にしなければならない（第12条第2項）。具体的には、個人データへのアク

Ⅳ　GDPR下における事業者の義務

セス、その訂正又は消去及び拒否権の行使を無償で要請あるいは取得するメカニズムを含む様式が提供されなければならない（前文第59項）。

(4) **データ主体による権利行使に対する拒否及び手数料の請求**

GDPR 第11条第1項に定める場合であって、管理者がデータを識別する立場にないことを証明することができる場合（第11条第2項）、管理者は、自身がデータ主体を識別する立場にないことを証明しない限りは、GDPR 第15条〜第22条に基づくデータ主体の権利行使に関する請求を拒絶することは認められない（第12条第2項）。

また、GDPR 第13条・第14条に基づく情報提供、GDPR 第15条〜第22条及び第34条に基づく連絡並びに行動は、原則として無償で提供されなければならない（第12条第5項）。ただし、データ主体からの請求が明らかに根拠がない場合又は過度である場合（特に繰り返し請求がなされた場合）、管理者は、①情報若しくはコミュニケーション提供する又は請求された行為を実施する事務費用を考慮し、合理的な手数料を請求するか、又は②請求された行為を拒絶することができる（第12条第5項）。

(5) **データ主体による権利行使に関する情報提供義務**

GDPR 第15条〜第22条に基づく請求を受けた管理者は、遅滞なく、かつ、いかなる場合でもその請求受領後の1か月位以内にデータ主体に対し、当該請求に基づいて取られた行動に関する情報を提供しなければならない。

ただし、当該期間は、請求の複雑性又は数を踏まえて、必要に応じて、さらに2か月まで延長することができる。その場合には、管理者は、当該請求を受領後1か月以内に、遅滞の理由とともに、延長する旨をデータ主体に通知しなければならない。

データ主体が電子的な方式・方法によって当該請求を行った場合には、データ主体からのその他の要求がない限り、可能な場合には当該情報は電子的方法で提供されなければならない（第12条第3項）。

また、管理者は、データ主体の請求に基づく行動をとらないときは、データ主体に対して、①拒否理由並びに②監督当局に不服申立て及び司法救済を求めることができる旨を、遅滞なく、遅くとも1か月以内に通知し

GDPRではデータ主体はどのような権利を有しますか？
また、透明性はどのように関係しますか？

なければならない（第12条第4項）。

(6) データ主体の身元確認

管理者がGDPR第15条〜第22条に定める請求を行ってきた自然人の身元について合理的な疑いを抱いた場合、管理者は、GDPR第11条の権利を侵害することなく、データ主体の身元を確認するために必要な追加情報の提供を請求することができる（第12条第6項）。オンラインサービス及びオンラインサービスの識別子については、管理者はアクセスを求めてきたデータ主体の身元を確認するためのすべての合理的な方法を用いるべきである（前文第64項）。

第12条	透明性
第13条・第14条	データ取得時の情報提供義務
第15条	アクセス権
第16条	訂正権
第17条	消去権（忘れられる権利）
第18条	処理を制限する権利
第19条	訂正、消去、処理の制限に関する通知義務
第20条	データ・ポータビリティ権
第21条	異議を唱える権利
第22条	プロファイリング等の自動化された意思決定に関する権利

GDPR下で個人データを取得する場合、どのような規律が適用されますか？

≪Point≫

GDPRでは、個人データの収集・取得時、管理者は、データ主体に対して一定の情報を提供しなければならない。提供内容及び時期は、直接取得と間接取得で異なるルールが設けられている。

1 提供すべき情報の内容

GDPRでは、個人データの収集（collect）・取得（obtain）に際して、管理者は、データ主体に対して一定の情報を提供しなければならない。提供しなければならない内容及び時期の制限は、直接取得（データ主体から個人データを収集する場合）と間接取得（データ主体以外の第三者から個人データを取得する場合）で異なるルールが設けられている。

管理者は、個人データを収集・取得するに際して、以下のすべての情報を、データ主体に提供しなければならない。いわゆるプライバシー・ノーティスを準備しておく趣旨の一つとして、この情報提供義務の違反を避けることを挙げることができる。関連文書として、29条作業部会よりWP260「透明性ガイドライン」が公表されているので、これを前提に説明する。透明性はGDPR対応において重要な概念であるが、第13条・第14条にとどまらず、各所で登場する概念のため、別枠で解説する（Q23）。

	直接取得 （第13条第1項）	間接取得 （第14条第1項）
管理者の身元及び詳細な連絡先	〇 ((a))	〇 ((a))
管理者の代理人の身元及び詳細な連絡先（代理人が存在する場合のみ）	〇 ((a))	〇 ((a))

114

GDPR 下で個人データを取得する場合、どのような規律が適用されますか？

	直接取得	間接取得
データ保護責任者（DPO）の詳細な連絡先（DPOが存在する場合のみ）	○ ((b))	○ ((b))
意図された個人データの処理目的及び処理の法的根拠	○ ((c))	○ ((c))
処理がGDPR第6条第1項(f)に基づく場合（管理者又は第三者によって追求される正当な利益に基づいて処理が行われる場合）、管理者又は第三者によって追求される正当な利益	○ ((d))	×
関連する個人データの種類	×	○ ((d))
受領者又は個人データの受領者のカテゴリ（受領者が存在する場合のみ）	○ ((e))	○ ((e))
①管理者が個人データを第三国・国際機関に移転する意図を有していること、②当該移転先に関する欧州委員会による十分性認定の有無又はGDPR第46条・第47条・第49条第1項後段で定める移転の場合には、該当する適切若しくは適正な保護措置、及び③当該保護措置の内容を示す書面の写しを取得する方法又はそれらを取得できる場所（該当する場合のみ）	○ ((f))	○ ((f))

さらに、個人データを収集・取得する場合に、公正かつ透明性ある処理を確保するために必要な場合は、以下の情報も、併せて提供しなければならない（第13条第2項、第14条第2項）。

	直接取得 （第13条第2項）	間接取得 （第14条第2項）
個人データが保存される期間、又は、それが不可能であるならば、当該期間を決定するために用いられる基準	○ ((a))	○ ((a))
処理がGDPR第6条第1項(f)に基づく場合（管理者又は第三者によって追求される正当な利益に基づいて処理が	×	○ ((b))

115

行われる場合）、管理者又は第三者によって追求される正当な利益		
管理者に対し、個人データへのアクセス、訂正、消去、データ主体に関する処理の制限を要求する権利、処理に異議を申し立てる権利、データポータビリティを求める権利の存在	○ ((b))	○ ((c))
第6条第1項(a)又は第9条第2項(a)に基づいて処理が行われる場合（処理がデータ主体の同意に依拠する場合）、撤回前の同意に基づく適法な処理に影響を与えることなしに、いつでも同意を撤回する権利の存在	○ ((c))	○ ((d))
個人が監督当局に不服を申し立てる権利	○ ((d))	○ ((e))
個人データの提供が、法令又は契約上の要求であるか否か、若しくは契約を締結するのに必要な要件であるか否か、及びデータ主体に個人データの提供の義務があるか否か、並びに当該データ提供の不履行により起こり得る結果	○ ((e))	×
個人データの由来である情報源及び、情報源が存在する場合は、一般の人々がアクセスできる情報源から得られたものであるか否か	×	○ ((f))
プロファイリングを含む、GDPR第22条第1項及び第4項で定める自動化された意思決定の存在、少なくともそのような状況において、関連する論理について意味ある情報、データ主体に関する当該処理の意義の重大性及び予測される結果	○ ((f))	○ ((g))

GDPR下で個人データを取得する場合、どのような規律が適用されますか？

2 提供時期

(1) 直接取得

管理者は、第13条第1項及び第2項に定める情報を、個人データの取得時に提供しなければならない。

(2) 間接取得

管理者は、第14条第1項及び第2項に定める情報を、以下の時期までに提供しなければならない。
① 個人データが処理される具体的状況を考慮し、遅くとも1カ月以内の、個人データの取得後の合理的期間内。
② 個人データがデータ主体に連絡を取るために使われる場合には、遅くとも当該主体に初めて連絡する時点まで。
③ 他の受領者への開示が予測される場合には、遅くとも個人データが初めて開示される時点まで。

もっとも、法定期限直前の情報提供では、データ主体の権利は十分に保護ができない。データ主体の合理的な期待を踏まえて、そのタイミングでの情報提供が合理的であると証明できるようなタイミングである必要があるので、実務では注意が必要である。

3 適用除外

(1) 直接取得

以下の場合、第13条第1項から第3項の定めは適用されない。
・データ主体が既に情報を所持している場合

(2) 間接取得

以下の場合、第14条第1項から第4項の定めは適用されない。
① データ主体が既に情報を所持している場合
② 情報の提供が不可能であるか、若しくは不相応の努力を伴う場合。

GDPR下における事業者の義務

特に公共の利益の目的、科学的若しくは歴史的研究目的又は統計目的達成に関する処理。
③　EU法又は処理者が従わなければならない加盟国の国内法によって、取得又は公表の義務が明示的に規定されていて、かつ、その規定がデータ主体の正当な利益を適切な方法により保護する場合
④　EU法又は加盟国の国内法によって、個人データが法定の守秘義務を含む職業上の守秘義務により、個人データが機密のままでなければならない場合

　上記の例外事由は厳格に解釈すべきだが、とりわけ②の「不可能」の判断は厳しい。WP260ガイドラインでは「個人が、オンラインの後払い購読サービスに登録した。登録後、事業者が信用調査会社から信用情報を入手した。事業者は、通常であれば信用情報の収集後3日以内にデータ主体に通知する（第14条第3項(a)）ことにしているが、本件では、本人の住所及び電話番号は不明であり、登録時に入力した電子メールアドレスは間違っていた」場合であっても、本人に直接連絡する手段はないとしても、信用調査情報の収集についてウェブで予め情報を掲載することが可能であるから、本件においても通知が「不可能」とはいえないと解説されている。不相応の努力（disproportionate efforts）の判断においては、データ主体の数、データの古さ、適切な保護措置の実施状況が考慮される。

4　情報提供の方法

　データ主体が、情報を探索するために、積極的な行動を取らなくても、情報が取得できるように整えておく必要がある。個別の処理ごとに通知を行う方法（プッシュ型）と管理画面上（例：プライバシーダッシュボード）で通知する方法（プル型）が典型的な手法である。

5　追加処理時の情報提供義務

　管理者が収集目的外で個人データを追加処理する場合、追加目的及び関連する追加情報をデータ主体に予め提供しなければならない（第13条第3項、第14条第4項）。
　もっとも、追加処理が許容されるには限界がある。個人データは、「特

GDPR下で個人データを取得する場合、どのような規律が適用されますか？

定された、明確かつ適法な目的」のために収集されなければならず、当該目的と「相容れない」(incompatible)方法での処理は禁止されているため（第5条第1項(b)）、あくまで追加処理目的が当初処理目的とcompatibleである必要がある。その判断のファクターとしては、以下が挙げられる（第6条第4項）。

① 目的の関連性
② データ収集の文脈（context）、特にデータ主体と管理者の関係性
③ 個人データの性質
④ 追加処理がデータ主体にもたらす結果
⑤ 適切な保護措置（暗号化、仮名化を含む）の存在

GDPRで求められる透明性に対応するためのポイントを教えてください。

≪Point≫

透明性はGDPRの各所で登場する重要な概念であり、主に、データ主体への情報提供やコミュニケーションのあり方に影響する。

1 透明性

透明性（transparency）は、公平性（fairness）と並んで、GDPR全体を貫く概念の一つである。透明性は、主に、以下の3場面で適用される

① 公正な処理に関するデータ主体への情報の提供（第13条・第14条）
② GDPR上のデータ主体の権利に関して、管理者がデータ主体とどのようにコミュニケーションをするか（第15条〜第22条）
③ 管理者が、データ主体による権利の行使をどのように促進するか（第34条）

透明性があると言えるためには、個人データの処理に関する情報とコミュニケーションは、①容易にアクセス可能であり、②容易に理解可能であり、かつ、③明確かつ平易な用語が用いられなければならないとされている（前文第39項）。加えてこれらの義務を果たしていることを証明するために、管理者はどのように個人データ処理を行っているかを自身で理解・記載しておく必要がある。

2 透明性が求められる時期

透明性は、個人データの処理の様々な段階で求められる。具体的には、以下の各段階を挙げることができる。

・データ処理サイクルの前又は開始時点（個人データがデータ主体から又はその他の方法により収集される時）

GDPRで求められる透明性に対応するためのポイントを教えてください。

- データ処理の期間全体
- データ処理が行われている特定の時点
  （例：データ侵害の発生又は処理に対する重大な変更時）

3 透明性のファクター

　透明性の原則に適合するためには、情報及びコミュニケーションは以下の要件を充足しなければならない（第12条）。
　① 「簡潔で、透明で、理解しやすく、容易にアクセス可能」でなければならない（第12条第1項）。
　② 明確かつ平易な言葉が用いられなければならない（第12条第1項）。
　③ 子供に対する情報提供の際に、特に、明確かつ平易な言葉が用いられなければならない（第12条第1項）。
　④ 書面又は「適切な場合には、電子的手段を含むその他の手段」によらなければならない（第12条第1項）。
　⑤ データ主体に要求された場合には、口頭で行われなければならない（第12条第1項）。
　⑥ 無償で行われなければならない（第12条第5項）。

　①の「簡潔で透明」と認められるためには、情報過多にならないよう、効率的かつ簡潔な情報提供、コミュニケーションが求められる。たとえば会員制のオンラインサービスであれば、長文の利用規約の一部として表示するのではなく、明確に区別し、アクセスしたい情報に直ちにアクセスできるよう、階層化するといった工夫が必要である。

　同じく①の「理解しやすい」については、想定されたデータ主体の集団の平均的な構成員により理解可能でなければならない。もちろん、想定されたデータ主体の集団は、実際のデータ主体の集団とは異なる可能性があるため、実際のデータ主体の集団に対応したものになっているかという観点から、定期的な検証と見直しを行うことが求められている。例えば、欧州のデータ主体に対するコミュニケーションが日本語だけで行われているような場合には、この要件は満たされないであろう。

　また同じく①の「容易にアクセス可能」と言えるためには、データ主体が、わざわざ情報を探し出さなくても、どこに情報があるか直ちに明らか

121

であるべきとされている。

　リンク先で表示することも許容されるものの、明確な情報の所在の明示が必要である。階層化されたプライバシーノーティス、FAQ、オンラインフォーム入力時のポップアップ等は手法として許容される。

ウェブサイト上の表示	Privacy Policy、Privacy Notice といった一般的な用語を使って、プライバシーステートメント・通知を公表すべき
スマートフォンアプリ上の表示	ダウンロード前にオンラインストアで情報が入手できるべき。アプリがダウンロードされた後は、情報にたどりつくまで、2 タップを超えてはならない。2 タップに収まるように、通常、メニュー機能に、Privacy/Data Protection オプションという項目が含まれるべき

　②の「明確かつ平易」と認められるためには、できる限りシンプルにすべきであり、かつ、具体的・一義的でなければならず、抽象的・あいまいで異なる解釈の余地を残すものであってはならないとされている。

　そのための実務上の留意事項として、以下が説明されている。

　　・"may" "might" "some" "often" "possible" といったあいまいな用語は避けること。
　　・箇条書きやインデントを活用すること。
　　・受動態を避けて、能動態を使うこと。
　　・難解な専門用語（法律用語、技術用語等）を過度に用いないこと。
　　・児童、障がい者等の弱者に対しては特に配慮すること。

4　「書面又はその他の手段」

　書面又は「適切な場合には、電子的手段を含むその他の手段」によらなければならない（第12条第1項）。

　29条作業部会は、ウェブサイトがある会社の場合には、階層化されたプライバシーノーティスにより、訪問者を、最も関心がある特定の項目にナビゲートすることを推奨している。いかなる情報が提供されており、どこ

GDPRで求められる透明性に対応するためのポイントを教えてください。

により詳細な情報があるかが、構造上、一目瞭然であるようにすべきである。

データ主体に最も重大な影響があり、データ主体をびっくりさせる可能性があり得るデータ処理についての情報は、第一段目の階層に配置されなければならず、当該処理によりどのような結果（効果）が生じるかが明らかにされなければならない。代替手段として、情報取得時のポップアップ表示、プライバシー・ダッシュボードによることも許容されている。

電子的手段としては、ビデオ・スマートフォンでのアラート、それ以外は、漫画・図表・フローチャートが例示されている。

個人データ収集時に用いられる機器が、ウェブサイトのプライバシー通知を表示できるようなスクリーンがない場合は、単に、ウェブサイトでプライバシー通知が公表されているというだけでは十分でない場合がある。

たとえば、以下のような他の手段が考慮されるべきであるとされている。
・紙のマニュアル等にプライバシー通知を掲載する
・ウェブサイトの該当ページのURLを紙のマニュアル等に明記する
・QRコードをIoT機器に貼り付けておき、それを用いて、プライバシー通知が表示されるようにしておく

5　口頭での情報提供

データ主体より要求された場合には、情報提供は、口頭で行われなければならない（第12条第1項）。この場合、場面によって細かな、しかし実務的には影響のある差異が認められている。

第12条第1項	本人確認が必要
第13条・第14条の情報提供の場合	本人確認は不要
第15条から第22条・第34条のデータ主体の権利行使の場合	一個人ごとに個別に通知する必要がなく、自動音声対応で足りる。ただし、予め録音された音声に関しては、データ主体が再度再生できるようにしておく必要がある。

123

アクセス権とはどのような権利ですか？

≪Point≫

GDPRでは、データ主体は、管理者がデータ処理をしているか否かを確認し、処理している場合には、当該データ等にアクセスする権利を有する。

1 アクセス権の内容

GDPRでは、データ主体は、管理者がデータ処理をしているか否かを確認し、処理している場合には、当該データ及び以下の情報にアクセスする権利を有する（第15条第1項）。

① 処理の目的
② 関連する個人データの種類。
③ 個人データが開示された又は開示される予定の受領者又は受領者の種類。特に第三国又は国際機関の受領者である場合。
④ 可能である場合には、個人データが保存される予定期間。不可能である場合には、当該期間の決定に用いられる基準。
⑤ 管理者に対し個人データへの訂正若しくは消去、データ主体に関する個人データの取扱いの制限を要求する権利、又は当該取扱いに不服を申し立てる権利の存在。
⑥ 監督当局に不服を申し立てる権利。
⑦ 個人データがデータ主体から収集されない場合、個人データの情報源に関する入手可能な情報。
⑧ プロファイリングを含む、第22条第1項及び第4項で定める自動化された意思決定の存在、少なくともそのような状況において、関連する論理について意義ある情報、データ主体に関する当該処理の意義の重大性及び予測される結果。

アクセス権とはどのような権利ですか？

2 写しを取得する権利・手数料

　管理者は、処理を行っている個人データの写しを提供しなければならない。データ主体の請求に基づいて追加で作成された写しについて、管理者は管理費用に基づき、過度にならない程度の手数料を徴収することができる。

　データ主体が電子的方法によって要求する場合、データ主体による別段の要求がない限り、当該情報は一般的に用いられる電子的方法を用いて提供されなければならない（第15条第3項）。

　もっとも、この写しを取得する権利は制約がないわけではなく、他者の権利及び自由に不利な影響を及ぼしてはならない、と定められている（第15条第4項）。ここでいう「他者の権利」には、営業秘密又は知的財産及び特にソフトウェアの著作権が含まれる。もっとも、それらを考慮した結果として、データ主体に対するすべての情報の提供を拒絶するようなことがあってはならない（前文第63項）。

　なお、将来ありうるアクセスの要求に備えるという名目のみで、個人データを保持することは認められていない（前文第64項）。

GDPR下でデータ主体が有する
訂正権・消去権（忘れられる権利）とは
どのような権利ですか？

≪Point≫

　GDPRでは、データ主体は、訂正権、消去権（忘れられる権利）を有する。

1　訂正権

　データ主体は、管理者に対して、不当に遅滞することなく、当該データ主体に関する不正確な個人データを訂正するよう、求める権利を有する。処理の目的を考慮し、追加の記載を提供するという手段を含め、データ主体は、不完全な個人データを完全にする権利を有する（GDPR第16条）。

　日本法の訂正請求権と類似した権利である。

2　消去権

(1)　権利の性格

　日本法では、個人情報取扱事業者の保有する保有個人データの内容が事実でないとき、その削除を求めることができる。また、当該データが、個人情報保護法に違反して取り扱われた又は取得された場合、その利用の停止又は消去を請求することができる。このように、日本では削除・消去の請求は、限られた場面でのみ認められている。GDPRのこの権利は「消去権」ないし「忘れられる権利」と呼称され、着目されているが、行使できる場面はやはり限定されている。

(2)　権利行使の要件

　データ主体は、以下のいずれかの項目を満たす場合、当該データ主体に関する個人データについて、管理者に対して、不当に遅滞することなく消

GDPR下でデータ主体が有する訂正権・
消去権（忘れられる権利）とはどのような権利ですか？

去させる権利を有する（第17条第1項）。

① 個人データが収集された又はその他処理の目的に関して、当該個人データがもはや必要ない場合（(a)）
② データ主体が、第6条第1項(a)又は第9条第2項(a)による同意に基づく処理の同意を撤回し、かつ処理に関して他の法的根拠がない場合（(b)）
③ データ主体が、第21条第1項（一般的な異議を唱える権利）により不服を申し立て、かつ処理に関して優先する法的根拠がない場合、又は、データ主体がGDPR第21条第2項（ダイレクトマーケティングのための処理に対して異議を唱える権利）により不服を申し立てた場合（(c)）
④ 個人データが違法に処理された場合（(d)）
⑤ 個人データが、EU法又は管理者が従わなければならない加盟国の国内法における法的義務の遵守のため消去されなければならない場合（(e)）
⑥ 個人データがGDPR第8条第1項で定める情報社会サービスの提供に関して収集された場合（(f)）

消去の請求を受けた事業者は、上記の要件のいずれかが充足されているか否かを確認し、充足されていた場合には、消去義務を果たさなければならない。

(3) 消去義務の内容

管理者が個人データを公開しており、GDPR第17条第1項に基づき個人データを消去する義務を負う場合、当該管理者は、利用可能な技術及び実施費用を考慮し、当該個人データを処理している管理者に対して、データ主体等が個人データのあらゆるリンク又は写し若しくは複製の消去を請求している旨を通知するために、技術的措置を含む合理的な手段を講じなければならない（GDPR第17条第2項、前文第66項）。

(4) 適用除外

GDPR第17条第1項・第2項は、処理が以下のいずれかに該当する場合は、適用されない（第17条第3項）。

127

Ⅳ　GDPR下における事業者の義務

① 表現及び情報の自由の権利の行使に必要な場合（(a)）

② EU法又は処理者が従わなければならない加盟国の国内法によって処理が要求されている法的義務を遵守するために必要な場合、又は公共の利益若しくは管理者に与えられた公的権限の行使のために行われる業務の遂行に必要な場合（(b)）。

③ GDPR第9条第2項(h)並びに(i)及び第9条第3項により、公衆衛生の分野における公共の利益のために必要な場合（(c)）。

④ GDPR第89条第1項に従って、公共の利益の目的、科学的若しくは歴史的研究目的又は統計目的の達成のために処理が必要な場合。ただし、第17条第1項で定める権利が実施できそうにない又は当該処理の目的の達成が著しく損なわれる場合に限定される（(d)）。

⑤ 法的主張に関する証明、行使又は抗弁に必要な場合（(e)）。

3　処理の制限の権利

(1)　権利の性格

日本法では、個人情報取扱事業者の保有する保有個人データが、個人情報保護法に違反して取り扱われた又は取得された場合、その利用の停止又は消去を請求することができる。このように、日本では利用停止の請求は、限られた場面でのみ認められている。GDPRにおけるこの権利も、権利行使が認められる場面は以下のように限定されている。

(2)　権利行使の要件

データ主体は、以下のいずれかに該当する場合、管理者に処理の制限、すなわち、将来の個人データ処理を制限する目的で、保存された個人データにマーキングをさせる権利を有する（第18条第1項）。

① 管理者が個人データの正確性を検証できる期間内で、データ主体によって個人データの正確性に不服が申し立てられた場合（(a)）。

② 処理が違法であるが、データ主体が、個人データの消去に反対し、利用の制限を要求する場合（(b)）。

③ 管理者が処理の目的に関し個人データをもはや必要としないが、法

的主張の証明、行使又は抗弁のためにデータ主体によって要求された場合（(c)）。

④ 管理者の法的根拠がデータ主体の主張に優先するか否かの検証がなされていない段階で、データ主体が第21条第1項によって、処理に異議を唱えた場合（(d)）。

(3) 制限の効果

第18条第1項に基づき、処理の制限がなされた場合、当該個人データについて、保存以外の処理を行うことは認められない。ただし、以下のいずれかに該当する場合は、この限りではない（第18条第2項）。

① データ主体の同意がある場合
② 次のいずれかの目的がある場合（法的主張に関する証明、行使又は抗弁のため、他の自然人若しくは法人の権利を保護するため、EU若しくは加盟国の重要な公共の利益のため）

個人データの処理の制限の方法としては、選択されたデータを他の処理システムに一時的に移すことや、選択されたデータを利用者が入手できないようにすること、又は、公開データをウェブサイトから除去することが含まれる（前文第67項）。

(4) 管理者の通知義務

第18条第1項により処理の制限が行われたデータ主体は、処理の制限が解除される前に、管理者によって通知される（第18条第3項）。

4　訂正、消去、処理の制限に関する通知義務

管理者は、第16条、第17条、第18条に従って実施されたすべての個人データの訂正、消去、処理の制限について、個人データが開示された各受領者に対して連絡しなければならない。ただし、不可能であるか若しくは不相応な努力を必要とする場合は、この限りではない（第19条前段）。

管理者は、データ主体が請求する場合、当該受領者についてデータ主体に通知しなければならない（第19条後段）。

Ⅳ GDPR下における事業者の義務

5 リスクと実務対応

　1、2、3、4の各義務に違反した場合、事業者は、最大2000万ユーロ又は年間世界売上高の4パーセントのいずれか高額を上限とする制裁金を課される可能性がある（第83条第5項(b)）。

　特に消去権については、IT システムの改修や社内における情報処理のプロセスの見通し等が必要になる可能性があるため、対応に向けた準備を早期に開始することが望ましい。

GDPR下でデータ主体が有するデータポータビリティ権とはどのような権利ですか？

≪Point≫

GDPRでは、データ主体は、一定の条件を充足する場合、データポータビリティ権を有する。この権利は、日本法にはない権利だが、将来の導入が検討されている。

1 権利導入の背景

　データポータビリティ権は、GDPRで新たに導入された権利である。ブログサービスやSNSサービスの利用者が、別のサービスに引っ越しを考えた場合、利用者としては、それまでの投稿記事を引っ越し先にも移動したいところであるが、投稿記事の数が多ければ多いほど、その引っ越し作業は困難になる。そのため、泣く泣く過去の投稿記事は、引っ越し前のサービスに置き去りしていく利用者も少なくない。これは、利用者が自身のデータをコントロールできていないことを意味しており、個人は自身のデータをコントロールできているべきであるという考え方から見れば、望ましいとは言えない状況である。

　このような状況を踏まえて、GDPRにおいては、データポータビリティ権は、データ主体が、管理者に提供した当該データ主体に関する個人データについて、構造化され、一般的に利用され機械可読性のある形式で受け取る権利、及び、当該個人データを、過去に個人データを提供した管理者の妨害を受けることなく、他の管理者に移行する権利として導入された。

　データポータビリティ権の導入の主な目的は、個人データのコントロールの強化にあるが、他方で、管理者から他の管理者への個人データの直接的な移行を認めることによって。管理者間の競争を高め、サービスの向上及び新サービスの創出を促す目的もあったとされる。データポータビリ

131

ティ権については、WP242「データポータビリティ権のガイドライン」が公表されているので、これを踏まえて検討する。

2　ビジネスにおける位置付け

1で述べたように、ブログサービスやSNSサービスにおける引越しの要望が一つの背景になっており、それらが、想定される典型的な権利行使の場面に含まれることは確かだが、このようなサービスに限定される権利ではないため、注意が必要である。たとえば、以下のようなケースでは、データポータビリティ権の権利行使が想定される。

・音楽配信サイトで購入した曲目のリストを、他のサイトでも利用できるファイルフォーマットでダウンロードさせる。

3　権利行使の要件

データポータビリティ権は、以下の要件をすべて充足する場合にのみ、認められる。

①　処理行為が第6条第1項(a)又は第9条第2項(a)による同意に基づくか、第6条第1項(b)による契約に基づく場合であり、

かつ

②　処理が自動化された手法で実行されている場合

ポイントは、①は第6条の合法化が、データ主体の同意に依拠する場合かデータ主体との契約履行に必要であることに依拠する場合のいずれかに限定されることである。第6条の合法化の根拠は複数列挙されており、事業者は、他の合法化事由を選択することで、データポータビリティ権が発生するのを防ぐことができる。

4　権利行使の対象

データポータビリティ権は、「当該データ主体が管理者に提供した当該データ主体の個人データ」について、権利行使することが認められている。WP242は、この権利行使の対象について、過度に厳格に解釈すべきではないとしており、具体的には以下のように整理されている。

GDPR下でデータ主体が有するデータポータビリティ権とはどのような権利ですか？

場面の分類	具体例	データポータビリティ権の対象か否か
データ主体が認識しつつ、かつ、積極的に個人データを提供した場合	オンラインの入力フォームを通じて提供されたアカウント情報	○
サービス利用又は機器使用のようなユーザーの行動を通じて、個人データが収集された場合	スマートメーター、アクティビティログ、ウェブサイトの利用履歴	○
データ主体により提供されたデータから派生又は推測された個人データ	ウェブサイトの利用履歴等のデータ分析によって創出された分析結果	×

　また、ビジネスの実務においては、「当該データ主体の個人データ」と一緒に、第三者の個人データが紛れ込んで、一つのデータセットとなっている場面も少なくないが（例：発信履歴と受信履歴が含まれる通話記録・メッセージングサービスの記録、第三者からの入金の記録が含まれている銀行の取引履歴など）、第三者の個人データが含まれていることを理由に、この要件を否定すべきでないとされている。

5　他者の権利・自由への影響

　データポータビリティ権は、第三者の権利及び自由に不利な影響を与えてはならないと定められている（第20条第4項）。

6　管理者の対応

(1)　権利行使への対応

　データポータビリティ権を行使された管理者は、原則対応義務を負うが、技術的に様々な方法によって、これに対応することが可能である。
・データ主体に、個人データを直接ダウンロードすることができるようにすること
・管理者から他の管理者に個人データを直接移行することができるよう

133

GDPR下における事業者の義務

にすること

(2) 対応後の管理者の責任

権利行使に対応した管理者は、データ主体又は個人データの移行先である他の管理者による処理行為について責任を負わない。他方で、移行先である管理者は、その管理者の使用目的に従って処理行為を行う責任を負うことになる。

(3) データ主体の他の権利への影響

データポータビリティ権の権利行使後も、データ主体の他の権利が失われることはない。

たとえば、データ主体が、データポータビリティ権を行使すると同時に、消去権も行使した場合、管理者は、データポータビリティ権が行使されていることを理由として、消去の実行を遅らせたりすることはできない。

(4) データポータビリティ権の情報提供

管理者は、データ主体に対し、明瞭かつ平易な文言を用い、簡潔で、透明性があり、わかりやすくかつ容易にアクセス可能な形式をもって、データポータビリティ権の存在を知らせなければならない（第12条第1項）。

WP242によると、管理者は、データ主体に対し、ポータビリティ権によって受け取ることのできるデータの種類とアクセス権に基づいて受け取ることのできるデータの種類との違いを明確に説明し、また、データ主体が個人データを回収・保存できるように、アカウントを閉鎖する前にも、データポータビリティ権に関する情報を提供することが推奨されている。

(5) 過度な権利行使がなされた場合

データ主体によるデータポータビリティ権の行使が過度であること（特に繰り返しなされた場合）又は根拠がないことを管理者が証明した場合を除いて、管理者は、個人データの提供について、管理者がデータ主体に手数料を要求すること、及び、請求された行為を拒否することは禁じられている（第12条第5項）。もっとも、ガイドラインでは、管理者がデータ主体

GDPR下でデータ主体が有するデータポータビリティ権とはどのような権利ですか？

に手数料を要求し、あるいは、請求された行為を拒否できるケースは限定的に考えるべきであるとされている。たとえば、個人データの自動的な処理に精通するオンラインサービス事業者等においては、データ主体からデータポータビリティ権の権利行使が複数回あった程度では、「過度」であると認められる可能性は低いと思われる。

7　リスクと実務対応

　義務に違反した場合、事業者は、最大2000万ユーロ又は年間世界売上高の4パーセントのいずれか高額を上限とする制裁金を課される可能性がある（第83条第5項(b)）。

　事業者の対応策としては、そもそもデータポータビリティ権が発生することのないよう、3で述べたとおり、第6条の処理の合法化要件をクリアするに際して、「データ主体の同意」「データ主体との契約履行に必要であること」以外の事由に依拠できるよう、業務体制・契約関係を整えることをまず目指すべきである。これが難しい場合は、ITシステムの改修等が必要になる可能性があるため、対応に向けた準備を早期に開始することが望ましい。

Q27 異議を唱える権利とは何ですか？またGDPR下でのプロファイリングとその規制を教えてください。

≪Point≫

GDPRでは、プロファイリングを含む自動化された処理のみに基づいた意思決定の適用を拒否する権利が定められた。

1 異議を唱える権利

(1) 一般的な異議を唱える権利

データ主体は、当該データ主体に関する特定の状況を根拠として、当該データ主体に関する個人データの処理の適法化の根拠が①GDPR第6条第1項(e)（公共の利益又は管理者に与えられた公的権限の行使のために行われる業務の遂行においてデータ処理が必要な場合）又は②(f)（管理者又は第三者によって追求される正当な利益のためにデータ処理が必要な場合）に基づく場合（当該条項に基づくプロファイリングを含む）について、いつでも異議を唱える権利を有する（第21条第1項前段）。

「特定の状況」については、幅広い内容が想定されている（前文第71項）。

異議を唱える権利が行使された場合、管理者は、①データ主体の利益、権利及び自由に優越する正当な根拠を有すること、又は②法的主張の証明、行使若しくは抗弁のための正当な根拠を有することを立証しない限り、それ以上個人データの処理をしてはならない（第21条第1項後段）。

(2) ダイレクトマーケティングのための処理に対して異議を唱える権利

個人データがダイレクトマーケティングのために処理される場合、データ主体は、当該マーケティングのための当該データ主体に関する個人デー

異議を唱える権利とは何ですか？また GDPR 下での
プロファイリングとその規制を教えてください。

タの処理（当該ダイレクトマーケティングに関する限りでのプロファイリングを含む）に対して、いつでも異議を唱える権利を有する（第21条第2項）。異議を唱える権利が行使された場合、管理者は、個人データを当該目的で処理できなくなる（第21条第3項）。

　これは、個人データの処理一般と異なり、ダイレクトマーケティング目的の処理が厳格に規制されていることを意味する。

(3)　データ主体への告知

　第21条第1項及び第2項に定められる権利は、遅くともデータ主体にはじめて連絡をする時点までに、明確にデータ主体の注意を喚起し、明示的にかつその他の情報とは分離されて、提示されなければならない（第21条第4項）。たとえば、プライバシー・ノーティスの書面上であれば、ハイライトすることで対応することができるだろう。

(4)　情報社会サービスの利用に関して異議を唱える権利

　情報社会サービスを利用する状況においては、データ主体は、技術的仕様を用いた自動化された手段によって、当該データ主体の異議を唱える権利を行使することができる（第21条第5項）。

(5)　科学的・歴史的研究の目的及び統計目的の処理

　個人データが GDPR 第89条第1項により科学的若しくは歴史的研究の目的又は統計目的のために処理される場合、データ主体は、当該データ主体における特定の状況を根拠として、当該データ主体に関する個人データの処理に異議を唱える権利を有する。ただし、当該処理が公共の利益のための業務遂行に必要なものである場合にはこの限りではない（第21条第6項）。

2　完全に自動化された決定（自動化された処理のみに基づいた決定）に関するルール

(1)　位置付け

「プロファイリング」に関する定めは、GDPR で新たに規定された。日本の改正個人情報保護法では「プロファイリング」に関する定めは置かれていないが、個人情報保護法の改正の議論では、次回の見直しの際に議論することとされており、日本法においても、将来の導入が見込まれる。

既に「自動化された決定及びプロファイリングについてのガイドライン」（WP251）が公表されており、以下ではこれを踏まえて検討する。

(2)　定義と概念の整理

GDPR では「プロファイリングに基づく決定」と「完全に自動化された決定」は、一部重複するが、異なる概念として、異なる規制が適用されている。

「プロファイリング」は「自然人に関するある一定の個人的な側面を評価するために、特に、自然人の業務実績、経済状況、健康、個人的嗜好、興味、信頼、行動、所在又は移動に関連する側面の分析又は予測をするためになされる、個人データの自動化された処理のあらゆる方法」と定義されている（第4条第4号）。たとえば、「個人の仕事のパフォーマンス、経済状況、健康、趣味等の情報を自動的に処理することで、クレジット評価を行うこと」は「プロファイリング」である。

この定義のポイントは「自動化された処理」「個人データ」「自然人を評価する目的」の3点である。

「プロファイリングに基づく決定」は、このプロファイリングの定義によって、範囲が確定される。

他方、「完全に自動化された決定」は、シンプルに、人間の関与なしに、技術的手段により決定を行うことを広く含む。プロファイリングを行う場合もあれば、行わない場合もある。

（例1）　自動車のスピード違反をスピードカメラで自動的に判定し、

異議を唱える権利とは何ですか？またGDPR下での
プロファイリングとその規制を教えてください。

罰金を科すこと（プロファイリングを行わない場合）。
（例２）　スピード違反を繰り返していることを踏まえ、罰金の額を引き上げること（プロファイリングを行う場合）。

(3)　「完全に自動化された決定」に関するルール

データ主体は、「完全に自動化された決定」すなわち、当該データ主体に対する法的効果又は同様の重大な影響をもたらす、自動化された処理のみに基づいた決定が、自らについてなされようとする場合、そのような決定には服さない（ことを主張する）権利を有する（第22条第1項）。

ここで「のみに基づいた（based solely）」とは、決定の過程で、人間の関与がないことを意味する。決定の最終段階で、人間が関与すれば、「のみに基づいた」決定には該当しない。この「のみに基づいた」決定ではない、と主張するためには、人間の関与が実質的な影響を及ぼしている必要があり、規制適用を免れるために人間の関与を形式的に追加しても、「のみに基づいた」と判断される可能性があるので、決定のフローを設計する際には注意が必要である。

また「法的効果」とは、データ主体の法的権利に影響を与えるものをいい、契約に基づく法的権利や法的地位も含まれる。ガイドラインでは「法的効果」の例としては以下が挙げられている。

・児童手当のような、社会保障給付を享受できるか否かの決定
・入国管理官による入国拒否決定
・連休に入る前に携帯電話料金の支払いを忘れて、支払期日を過ぎた結果、自動的に携帯電話サービスを停止された状況

「同様の重大な影響」の典型例は「オンラインのクレジットカードの入会申込みを、機械審査で自動的にはねる状況」「プログラムに学歴・成績等のデータを入力して、プログラムだけで採用活動の審査を行う状況」であるが、人間の生活へのインパクトの幅は広めに考えられており、その例としては以下が挙げられている。

・オンラインでのクレジットカード申込みに対する自動的な拒否
・医療サービスへのアクセスに影響を与える決定
・大学への入学など教育へのアクセスに影響を与える決定

139

通常、ターゲティング広告は、「同様の重大な影響」には該当しないが、場合によっては該当する余地もあるため、「データ主体が児童のような弱い存在ではないか」「データ主体の期待」等を検討すべきであるとされている。

「同様の重大な影響」に該当するか、に関連して注意を要するのは、行動ターゲティング広告である。行動ターゲット広告は、通常は、重大な影響を与えるものではないが、①プロファイリングプロセスの侵襲度、②データ主体の期待、③広告の配信方法、④データ主体の脆弱性によっては、特定の個人・グループに重大な影響を与えると判断される可能性がある。たとえば、「財産状況が悪化しているデータ主体に対するオンライン・ギャンブルの広告」は「重大な影響」を与えると判断される可能性がある。

(4) (3)のルールが該当しない場面

以下の決定については、第22条第1項は適用されず、データ主体は当該決定に服することを拒否できない（第22条第2項）。

① データ主体とデータ管理者間の契約締結、又は履行に必要な決定（第22条第2項(a)）

② データ主体の権利及び自由並びに正当な利益を保護するための適切な対策が定められた、EU法又は管理者が従わなければならない加盟国の国内法による決定（第22条第2項(b)）

③ データ主体の明示的な同意に基づく決定（第22条第2項(c)）

たとえば、企業の採用広告に多数の応募が殺到した場合、自動プログラムで不適切な応募者をふるい落とすことはよく行われているが、これはデータ主体と雇用契約を締結することを意図して、見込みのある候補者のリストを作成するために必要な決定であるから、契約締結又は履行に必要な決定と言えると考えられる。

もっとも、①の「必要性」については厳しく判断されるので、要注意である。よりプライバシー侵襲性の低い他の手段により同じ目的が達成できるのであれば、必要性は認められない。③については、 Q19 及びWP259「同意ガイドライン」も参照のこと。

異議を唱える権利とは何ですか？またGDPR下での
プロファイリングとその規制を教えてください。

(5) 適切な措置の実施義務

(4)の①③の場合、管理者は、データ主体の権利及び自由並びに正当な利益を保護するための適切な措置を実施しなければならない。この適切な措置には、少なくとも、①管理者側で人を介在させる権利、②当該データ主体の見解を表明する権利、及び③決定自体を争う権利を保護するための措置を含めなければならない（第22条第3項）。

適切な措置の具体的内容に関して、データ主体に関して公正かつ透明性ある処理を確保するために、個人データが処理される具体的な状況及び背景事情を考慮に入れて、管理者は、以下の措置を実施すべきであるとされている。（前文第71項）。

① プロファイリングに適切な数学的又は統計的な手順
② とりわけ個人データに関する不正確性を生じさせる要因を修正しかつ間違いのリスクを最小化することを確保するのに適切な技術的及び組織的な措置
③ データ主体の利益と権利に対する潜在的なリスクを考慮し、かつ、特に人種的若しくは民族的素性、政治的意見、宗教若しくは信条、労働組合への加入、遺伝的状態、健康状態若しくは性的な嗜好に基づく自然人に対する差別的な影響の防止（又はそのような効果を有する措置）

ガイドラインでは、さらにグッド・プラクティスとして、以下が挙げられている。

① 定期的な品質のチェック・アルゴリズム監査
② データ最小化のための措置・仮名化、匿名化技術の採用
③ データ主体による意見表明及び意思決定を争うための方法の提供・意思決定に人間が関与するためのメカニズムの提供（決定を送る際に、要望をするためのリンクを貼る、レビューにかかる期間を明示する、質問をする連絡先を明記する）

(6) 特別カテゴリの個人データ

特別カテゴリの個人データを用いる場合は、完全に自動化された意思決定がGDPR第9条第2項の(a)（データ主体の明示的な同意）又は(g)（実質的

141

Ⅳ　GDPR下における事業者の義務

な公共の利益を理由として処理が必要な場合（ただし、求められた目的と比例し、データ保護の権利の本質を尊重し、データ主体の利益及び合法的権利を保護するための適切かつ特定の対策を定めたEU法又は加盟国の国内法に基づくもの））により根拠付けられる必要があり（通常の場合より限定されている）、かつ、データ主体の権利、自由、正当な利益を保護するための適切な措置を講じる必要がある（第22条第4項）。

(7) その他のルール

GDPRでは、「完全に自動化された決定」について、他にもルールを設けており、ガイドラインでは条文別に整理しているので以下に抜粋する。

第13条第2項(f)、前文第61項、第14条第2項(g)	情報提供義務
第15条(h)	完全に自動化された意思決定の存在にアクセスする権利
第22条第1項・2項・3項、前文第71項	完全に自動化された意思決定に服しない権利
第23条、前文第73項	第22条は、EU法又は加盟国法によって、適用が制限される可能性がある。
第35条第3項(a)、前文第91項	DPIAの必要性
第47条第2項(e)	BCRにおいて、GDPR等22条の決定に服さない権利について規定することが必要。

情報提供義務については、Q22の表を参照のこと。たとえば、ローンの申込みがあった場合に、申込者のクレジットスコアを利用することは一般化しているが、管理者は、スコアを審査に利用していること、審査において考慮した主な情報、特性、それらのソース及び関連性を説明することが、「関連する論理」の説明として考えられる。別の事例では、保険会社が、被保険者であるドライバーの運転状況をモニタリングして、保険料を設定する場合、危険運転をしている場合は保険料が高くなることを説明することが「重大性」及び「予測される結果」の情報提供と位置付けられる。

異議を唱える権利とは何ですか？また GDPR 下での
プロファイリングとその規制を教えてください。

3 プロファイリング及び自動化された決定のルール

ガイドラインでは「プロファイリング及び自動化された決定」に適用されるGDPRのルールを以下のように整理している。

第3条第2項(b)、前文第24項	行動モニタリングについて
第4条第4項、前文第30項	オンライン識別子は、プロファイリング作成に利用される。
第5条、第6条、前文第72項	プロファイリングは、データ処理の適法化事由を備え、データ保護ルールに従う必要がある。
第8条、前文第38項	児童データについての注意点
第13条、第14条、前文第60項	情報提供義務
第15条、前文第63項	完全に自動化された意思決定の存在にアクセスする権利
第22条第1項・2項・3項、前文第71項	完全に自動化された意思決定に服しない権利
第23条、前文第73項	第22条は、EU法又は加盟国法によって、適用が制限される可能性がある。
第35条第3項(a)、前文第91項	DPIAの必要性

ガイドラインでは、児童の判断力が十分でないことにかんがみて、基本的に、マーケティング目的のプロファイリングを控えることを求めている。また、完全に自動化された決定に限らず、自動化された意思決定によって法的効果又は同様の重大な影響を生じる場合には、データ保護影響評価（DPIA）の実施が求められる。

管理者（controller）・処理者（processor）とは何ですか？

≪Point≫

GDPRでは、義務を負う主体として、管理者（controller）及び処理者（processor）という二つの類型が用意されている。

1　位置付けと定義

日本の個人情報保護法の義務を負う主体は、個人情報取扱事業者の1類型であるのに対して、GDPRでは義務を負う主体は、管理者及び処理者という二つの類型が用意されている。

「管理者（controller）」とは、「単独で又は他と共同して、個人データの処理の目的及び手段を決定する自然人、法人、公的機関、行政機関又はその他の団体」と定義される。当該処理の目的及び手段がEU法又は加盟国の国内法によって決定される場合には、管理者又は管理者の指定に関する特定の基準は、EU法又は加盟国の国内法をもって定めることができる、とされている（第4条第7号）。

「処理者（processor）」とは、「管理者のために個人データの処理を行う自然人、法人、公的機関、行政機関又はその他の団体」と定義される（第4条第8号）。

日本流にいえば、おおむね、個人情報取扱事業者は管理者、その委託先は処理者に該当すると考えられる。

2　管理者の責任

管理者は、データ処理の性質、範囲、文脈及び目的並びに自然人の権利及び自由に関するリスクの様々な可能性及び重大性を考慮し、GDPRに従って処理が実行されていることを確保及び証明することができるように

管理者（controller）・処理者（processor）とは何ですか？

するために適切な技術的及び組織的措置を講じなければならない。これらの措置は必要に応じて、見直し及び更新が行われなければならない（第24条第1項）。

第24条第1項で定める措置は、処理活動に関して比例している場合には、管理者による適切なデータ保護方針の実施を含まなければならない（第24条第2項）。これと第24条第1項の義務を併せて読むと、管理者は、データ保護方針の策定及び実施を義務として負っていることになる。ここでいうデータ保護方針が具体的にどのようなものを指すのかは明らかにされていないが、対外的なプライバシーポリシーや社内向けの社内規程がこれに該当するものと考えられる。

3 共同管理者

複数の管理者が共同して処理の目的及び手段を決定する場合当該管理者は共同管理者となる。共同管理者に該当する場合に管理者は、透明性のある方法でGDPRにおける義務の遵守に関して、管理者間の協定によってそれぞれの責任を定めなければならない（第26条第1項）。

ただし、管理者のそれぞれの責任が、EU法又は管理者が従わなければならない加盟国の国内法で定められている場合は、その定めに従うこととなり、管理者間で定める必要はない。なお、当該協定によって、データ主体のための問い合わせ先を指定することができる（第26条第1項）。

GDPR第26条第1項に定める協定は、それぞれの役割及びデータ主体と相対する共同管理者の関係を正しく反映している必要があり、実態とかけ離れたものであってはならない。また、データ主体から、共同管理者それぞれの役割・責任分担を認識できるよう、管理者間の協定の主要な部分をデータ主体が入手できる状態に置いておく必要がある（第26条第2項）。

協定の条件にかかわらず、データ主体はGDPRに基づくデータ主体の権利を、いずれの共同管理者に対しても行使することができるので、管理者間の協定によって完全にリスクヘッジできるわけではないことに、注意が必要である（第26条第3項）。

4 管理者又は処理者の権限に基づく処理

　①処理者及び②管理者又は処理者の権限に基づいて行動するすべての者であって、個人データにアクセスする者は、管理者の指示に基づくものを除き、当該データを処理してはならない。ただし、EU法又は加盟国の国内法により要求される場合はこの限りではない、とされる（第29条）。

5 管理者・処理者の義務

　GDPR全体における管理者・処理者の主要な義務は、以下のように整理することができる。

管理者	処理者
・説明責任（第5条第2項） ・処理の合法性の確保（第6条） ・同意の証明（第7条第1項） ・特別なカテゴリの個人データ処理の合法性の確保（第9条） ・データ主体の権利の尊重（第12条〜第22条） ・データ保護方針の策定・施行（第24条第2項） ・Data Protection by Design（第25条） ・GDPRを遵守する処理者の使用（第28条第1項）	・処理の合法性の確保（第6条） ・特別なカテゴリの個人データ処理の合法性の確保（第9条） ・再委託の禁止（第28条第2項） ・委託契約の内容制限（第28条第3項） ・管理者の指示以外は禁止（第29条）
・管理者による処理活動の記録保持義務（第30条第1項） ・監督機関への協力義務（第31条） ・技術的・組織的なセキュリティ対策義務（第32条） ・Data Breachの通知義務（第33条〜第34条）	・処理者による処理活動の記録保持義務（第30条第2項） ・監督機関への協力義務（第31条） ・技術的・組織的なセキュリティ対策義務（第32条）

管理者（controller）・処理者（processor）とは何ですか？

・データ保護影響評価・事前相談（第35条〜第36条） ・Data Protection Officer の選任（第37条第1項） ・認証の取得（第42条〜第43条） ・越境移転（第44条〜第49条） ・管理者を被告とする訴訟の裁判管轄（第79条第2項） ・被害者への賠償責任（第82条） ・制裁金（第83条〜第84条）	・Data Protection Officer の選任（第37条第1項） ・認証の取得（第42条〜第43条） ・越境移転（第44条〜第49条） ・処理者を被告とする訴訟の裁判管轄（第79条第2項） ・被害者への賠償責任（第82条） ・制裁金（第83条〜第84条）

Q29 データ・プロテクション・バイ・デザイン、データ・プロテクション・バイ・デフォルトとは何ですか？

≪Point≫

GDPRでは、データ・プロテクション・バイ・デザイン及びデータ・プロテクション・バイ・デフォルトの原則が新たに導入された。

1 位置付け

GDPRでは、データ・プロテクション・バイ・デザイン及びデータ・プロテクション・バイ・デフォルトの原則が新たに導入された。管理者は、GDPRを遵守していることの立証を可能とするために、内部的な方針を策定し、かつ、特にデータ・プロテクション・バイ・デザイン及びデータ・プロテクション・バイ・デフォルトの原則に適合する措置を講じなければならない（前文第78項）。

2 データ・プロテクション・バイ・デザイン

データ・プロテクション・バイ・デザインの原則として、管理者は、技術の到達水準、実施費用、処理の性質、範囲、状況及び目的、並びに処理によって引き起こされる自然人の権利及び事由に対するリスクの様々な可能性及び重大性を考慮し、GDPRの要件に合致させるため、かつ、データ主体の権利を保護するため、処理の手法を決定する時点及び処理の時点の両時点において、データ最小化などのデータ保護の原則の実施を意図する仮名化などの適切な技術的及び組織的措置を実施なければならない。また、それは、GDPRの義務を充足しデータ主体の権利を保護する目的で、効果的な方法で、かつ、必要な保護措置を処理に統合させなければならない（第25条第1項）。すなわち、個人データを処理する時点に至ってからではなく、その処理の手法に関する設計段階から、管理者は、技術的及び組織

的措置として、適切な個人データの保護措置を設計に組み込む必要があることを意味している。

GDPR第42条に定めるデータ保護認証を遵守することをもって、GDPR第25条第1項に定める義務を遵守していることを証明するための要素として用いることができる（第25条第3項）。

3　データ・プロテクション・バイ・デフォルト

データ・プロテクション・バイ・デフォルトの原則として、管理者は、初期設定により、個別の処理の目的に必要な個人データのみが処理されることを確保するための適切な技術的及び組織的措置を実施しなければならない。当該義務は、収集された個人データの量、それらの処理の範囲、保存期間及びアクセス可能性に適用される。特に当該措置は、個人データが個人の介在なしに不特定多数の自然人にアクセス可能な状態とされないことを初期設定により確保しなければならない（第25条第2項）。これは、管理者が、初期設定を決定するに当たって、適切に個人データが保護されるような設定をしなければならないことを意味している。

GDPR第42条に定めるデータ保護認証を遵守することをもって、GDPR第25条第2項に定める義務を遵守していることを証明するための要素として用いることができる（第25条第3項）。

4　内部方針の採択

管理者は、GDPRを遵守していることを立証できるようにするため、内部方針を策定し、また、データ・プロテクション・バイ・デザイン及びデータ・プロテクション・バイ・デフォルトの原則を充足する措置を実施しなければならない。

当該措置は、とりわけ、①個人データの処理を最小化すること、②可能な限り速やかに個人データを仮名化すること、③個人データの機能及び処理に関する透明化、④データ主体によるデータ処理の監視を可能とすること、⑤管理者によるセキュリティ機能の整備及び改善、から構成され得る。

個人データの処理に基づく又は職務を遂行するために個人データの処理を行うアプリケーション、サービス及び製品を開発・設計・選択・使用す

GDPR下における事業者の義務

る場合は、当該製品、サービス及びアプリケーションの開発者は、当該製品、サービス及びアプリケーションを開発及び設計するに際して、データ保護の権利について配慮するとともに、最先端の技術水準を十分に考慮して、管理者及び処理者がデータ保護の義務を履行できることを確実にすることが奨励されるべきである、とされている（前文第78項）。

管理者は処理者を選択し、契約するに際して、どのような制約を受けますか？
処理者はどうでしょうか？

≪Point≫

GDPRでは、管理者は適切な処理者を選択する義務を負うとともに、処理者との契約に盛り込むべき事項までかなり細かく定められている。

1 適切な処理者を使用する義務

管理者は、処理者の使用に際して、適切な処理者を選択する義務を負う。具体的には、当該処理者が、管理者の代わりに処理を実施しようとする場合、その処理がGDPRの要求に合致し、かつ、データ主体の権利の保護を確保する処理方法で、適切な技術的及び組織的な措置を実施することを十分に保証する者である必要がある（第28条第1項）。より具体的に言うと、GDPRの義務に適合する技術的及び組織的措置を実施するための専門的知識、信頼性及びリソースに関して十分な保証を提供する処理者である必要がある（前文第81項）。これは、管理者が選任した処理者がGDPRに違反する処理を行った場合には、管理者自身も当該違反行為の責任を問われるおそれがあることを意味する。

2 処理者による処理を行う場合の契約等における必要的規定事項

処理者による処理は、処理の対象事項及び期間、処理の性質及び目的、個人データの種類及びデータ主体の種類、並びに管理者の義務及び権利を定めた拘束力のある契約又はEU法若しくは加盟国の国内法に基づくその他の法律行為によって統制されなければならない。当該契約又はその他の法律行為は、特に処理者が以下のすべての事項を行う旨を規定しなければならない（第28条第3項）。

Ⅳ GDPR下における事業者の義務

① 第三国又は国際機関への個人データの移転に関することを含め、管理者からの文書化された指示においてのみ個人データを処理すること。ただし、EU法又は処理者が従わなければならない加盟国の国内法によって処理の実施が要求されている場合は、この限りではない（(a)）。

　EU法又は処理者が従わなければならない加盟国の国内法によって処理の実施が要求されている場合、処理者は、当該法律が重要な公共の利益に基づき当該通知を禁止していないならば、処理の前に当該法的要求について管理者に通知しなければならない。

② 個人データを処理することを許可された個人が機密保持を確約するか、又は適切な法的機密保持義務下に置かれることを確保すること（(b)）。

③ 第32条により要求されているすべての措置（リスクに見合った適切な技術的措置及び組織的措置）をとること（(c)）。

④ 他の処理者を従事させることに関して第28条第2項及び第4項で定める条件（処理者が、他の処理者を使用する場合の条件）を尊重すること（(d)）。

⑤ 処理の性質を考慮し、可能な限りにおいて、管理者が第3章に定められたデータ主体の権利行使の要求に応じる管理者の義務を履行するため、適切な技術的及び組織的措置によって、管理者を支援すること（(e)）。

⑥ 処理の性質及び処理者の利用可能な情報を考慮し、第32条から第36条による義務の遵守を確実にすることにおいて管理者を支援すること（(f)）。

⑦ 管理者の選択に基づき、処理に関連したサービスの提供終了後にすべての個人データを消去又は管理者に返却すること、及び、EU法又は加盟国の国内法が個人データの保存を要求しない限り、存在する写しを消去すること（(g)）。

⑧ 第28条に定められた義務の遵守を証明するとともに、管理者又は管理者により委任された他の監査人によって実施される監査（調査を含む）を可能にすること及び監査に寄与するために必要なすべての情報を管理者が入手できる状態にすること（(h)）。

管理者は処理者を選択し、契約するに際して、
どのような制約を受けますか？処理者はどうでしょうか？

3 処理者が他の処理者を使用する場合の義務

　処理者は、管理者から、個別的な又は包括的な、書面による事前の許可を得ないまま、他の処理者を従事させることは禁じられている（第28条第2項）。書面による包括的な許可の場合、処理者は、他の処理者の追加又は交替に関して意図されているあらゆる変更を管理者に通知しなければならず、それによって管理者に当該変更に対して異議を唱える機会を与えなければならない（第28条第2項）。厳密に言えば、処理者・受託者と法的位置付けが100パーセント一致するわけではないが、わかりやすく、日本法でいえば、受託者が再委託を行う場合の、委託者の事前の許可・承諾の取得義務とともに、個別的でない包括的な許可・承認を得る場合の処理者の通知義務等を定めた規制であるといえる。

　処理者が管理者に代わって特定の処理行為を行うために、他の処理者を従事させる場合においては、他の処理者に対して、契約又はその他の法律行為により、第28条第3項において定められた管理者及び処理者の間の契約又は他の法律行為に定められたものと同一のデータ保護に関する義務を課さなければならない。

　この処理者が他の処理者にデータ保護に関する義務を課すに際しては、特に、当該他の処理者による処理が、GDPRの要求を充足する方法で、適切な技術的及び組織的措置を実施するものであることを、十分に保証するものでなければならない。当該他の処理者がデータ保護義務を履行しなかった場合には、当初の処理者は、当該他の処理者の義務の履行に関し、管理者に対して完全な法的責任を負うことになる（第28条第4項）。

4　その他の規律

　処理者は、第40条に定める承認済みの行動規範（Codes of conduct）又はGDPR第42条に定めるデータ保護認証（Certification）を遵守することをもって、処理者自身がGDPR第28条第1項及び第4項を遵守していることを証明するための材料として用いることができると定められている（第28条第5項）。

　処理者は、本来、処理の目的及び方法の決定に関与しない立場である。

153

GDPR下における事業者の義務

仮に、処理者が、処理の目的及び方法を決定してしまい、これがGDPR違反に該当する場合には、当該処理者は当該処理に関しては管理者であるとみなされ、管理者としての責任を負うことになるので、注意が必要である（第28条第10項）。このように処理者が管理者として責任を負うことになった場合でも、GDPR第82条（管理者・処理者の損害賠償義務、法的責任）・第83条（制裁金）・第84条（罰則）に基づく救済手段は影響を受けず、改めて適用を検討することになる。

GDPRでは処理活動の記録義務が発生すると
聞きましたが、どのような場合に発生しますか？

≪Point≫

GDPRでは、管理者及び処理者の義務として、処理活動の記録義務が、新たに定められた。記録義務は、一定の例外場面を除いて発生する。

1 概要

GDPRでは、管理者及び処理者の義務として、処理活動の記録義務が、新たに定められた。記録義務は、事業者にとって負担となることが危惧されているため、記録義務が発生しない例外の範囲に注目が集まっている。

2 義務の発生しない場面

個人データの処理活動を行うすべての管理者及び処理者は、記録義務を負うのが原則であるが、250人未満の従業員しか雇用していない事業者又は組織には適用されない。ただし、処理の実施が以下のいずれかに該当する場合は原則に戻って、記録義務が発生する。

① 処理の実施が、データ主体の権利及び自由へのリスクを生じさせ得る場合
② 処理の頻度が稀ではない場合
③ 第9条第1項で定める特別カテゴリの個人データ若しくは第10条で定める有罪判決及び犯罪に関する個人データの処理を含む場合

3 管理者の記録義務

管理者（もし存在する場合には管理者の代理人）は、自らの責任で処理活動の記録を保存しなければならない。当該記録には以下のすべての事項が含まれなければならない（第30条第1項）。

（a）　管理者の名前と連絡先の詳細。該当する場合は、共同管理者、管理者の代理人及びデータ保護責任者の名前と連絡先の詳細。

（b）　処理の目的。

（c）　データ主体の種類と個人データの種類の概要。

（d）　第三国又は国際機関における受領者を含め、個人データが開示される又は開示され得る受領者の種類

（e）　該当する場合、第三国又は国際機関への個人データ移転（第三国又は国際機関の特定を含む）、及び、第49条第1項後段で定める移転の場合、適切な保護措置に関する文書。

（f）　可能であれば、データ種類ごとの消去までの予測される期間。

（g）　可能であれば、第32条第1項で定める技術的及び組織的安全措置（リスクに見合った適切な技術的及び組織的措置）の概要。

4　処理者の記録義務

　処理者（もし存在する場合には処理者の代理人）は、管理者に代わって行うすべての処理活動の記録を保存しなければならない。当該記録には以下のすべての事項が含まれなければならない（第30条第2項）。

（a）　処理者又は処理者が代わりに実施している管理者の名前と連絡先の詳細。該当する場合、管理者又は処理者の代理人及びデータ保護責任者の名前と連絡先の詳細。

（b）　各管理者の代わりに実施している処理の種類。

（c）　該当する場合、第三国又は国際機関への個人データ移転（第三国又は国際機関の特定を含む）、及び、第49条第1項後段で定める移転の場合には、適切な保護措置に関する文書。

（d）　可能であれば、第32条第1項で定める技術的及び組織的安全措置（リスクに見合った適切な技術的及び組織的措置）の概要。

5　記録の形式

　第30条第1項及び第2項に基づいて保存が義務付けられる記録は、書面（電子的方式を含む）でなければならない。

GDPRでは処理活動の記録義務が発生すると聞きましたが、どのような場合に発生しますか？

6　監督当局による利用

　管理者と処理者（存在する場合には、管理者の代理人、処理者の代理人）は、監督当局の要求に応じて、監督当局が処理活動の記録を利用できる状態にしなければならない（第30条第4項）。管理者と処理者は、監督当局に協力する義務を負い、またその要請に基づいて当該処理業務の監視に資するように監督当局がそれらの記録を利用できるようにする義務を負う（前文第82項）。

Q32 GDPR で求められている技術的措置・組織的措置を教えてください。

≪ Point ≫

GDPR では、リスクに見合った技術的措置・組織的措置が求められる。行動規範・データ保護認証が一つの目安となり得る。

1 最低限の義務

管理者及び処理者は、到達水準、実施の管理費用、処理の性質、範囲、文脈及び目的、並びに発生し得る自然人の権利及び自由に関する様々な可能性及び重大性のリスクを考慮し、リスクに見合った安全性のレベルを確保するため、適切な技術的及び組織的措置を実施しなければならない（第32条第1項）。

同条は、どこまでの適切な技術的及び組織的措置を実施しておけば、義務を果たしたこととして評価されるのか、敢えて明確にしていない一方で、以下のような施策をその例として列挙している。

(a) 個人データの仮名化及び暗号化

(b) 処理システム及びサービスの継続的な（ongoing）機密性、完全性、可用性並びに復旧を確保する能力

(c) 物理的又は技術的事故の場合に、適時に（timely manner）、可用性を復旧し、個人データにアクセスすることができる能力（例：バックアップシステム、非常用電源）

(d) 処理の安全を確実にするため技術的及び組織的措置の効果を定期的に点検、審査及び評価するプロセス

なお、本条に直接対応するガイドラインは公表されていないが、2017年1月に中小企業向けに「中小企業のための個人データ処理の安全性に関するガイドライン」が公表されている。

GDPRで求められている技術的措置・組織的措置を教えてください。

2　どこまでやれば義務を果たしたことになるのか

(1)　行動規範・データ保護認証の遵守

　第32条は、どこまでの適切な技術的及び組織的措置を実施しておけば、義務を果たしたこととして評価されるのか、敢えて明確にしていないものの、全く目安がないわけではない。

　承認された行動規範（第40条）又は承認されたデータ保護認証（第42条）を遵守しているという事実を、義務を果たしたことを証明するためのファクターとして利用することができる（第32条第3項）。

(2)　リスク・ベースド・アプローチ

　第32条第1項は「リスクに見合った（appropriate to the risk）」措置を求めているため、まず、どのようなリスクがあり得るのか、自社の事業について検討すべきである。GDPRは「特に偶発的若しくは違法な破壊、滅失、変更、移転、蓄積若しくはその他の処理がなされた個人データへの許可されていない開示又はアクセス」から生じるリスクへの対応ができているかが、セキュリティに関する審査のポイントであると明確に指摘している（第32条第2項）。以下、リスクが生じやすい場面をピックアップする。

・差別、詐欺、経済的損失、信用へのダメージ、その他、重大な経済的損害又は社会的不利益が発生するおそれがある場合
・権利及び自由が損なわれる、又は、自身の個人データへのコントロールができなくなる場合
・特別カテゴリの個人データに関連する場合
・データ主体が、児童その他の弱者である場合
・被害を受けたデータが大量である、又は被害者が大量である場合

3　措置の例

(1)　組織的措置

　組織的措置としては、以下の実施を検討すべきである。

セキュリティ・ポリシー	策定・文書化、定期的な見直しの実施
役割分担・責任の明確化	セキュリティ・ポリシーによる明文化
	組織再編、従業員の異動に伴う、役割分担・責任の取消し
	セキュリティ関連の個々のタスクの責任者の明確化
	セキュリティ・オフィサーの選任
	類似の役割分担・責任の担当者間の調整による明確化
アクセスコントロール・ポリシー	策定・文書化、定期的な見直しの実施
	個別の従業員のアクセスコントロールの設定
リソースの管理	
事件・事故への対応	データ侵害の検知・対応、監督当局へのタイムリーな通知
ビジネスの継続性の確保	
人的リソースの管理	全従業員に各ポリシーを理解させるための告知・教育研修
	ハイリスクなデータ処理に関与する従業員に対して、厳格な守秘義務を課すこと
研修・トレーニング	

(2) 技術的措置

技術的措置としては、以下の実施を検討すべきである。

アクセスコントロール・認証	共用アカウントの無効化
	パスワードの管理・複雑化・ハッシュ化
	二段階認証、デバイス認証の導入
ログ取得とモニタリング	ログの取得、タイムスタンプ、タムパリング・不正アクセスの防止
	システム管理者・オペレーターの操作のログ保存

GDPRで求められている技術的措置・組織的措置を教えてください。

	ログファイルの修正・削除の不可能化
	モニタリングとシステムレポートの作成
	個別の従業員のアクセスコントロールの設定
サーバー、データベース	暗号化、匿名化
ワークステーション	外部へのデータ持出しの禁止、暗号化
	インターネットへの接続禁止、ウィルス対策
ネットワーク、コミュニケーション	無線によるアクセスの制限、リモートアクセスの禁止
	トラフィックの監視
	アクセス可能なデバイスの制限
バックアップ	バックアップ手順の明確化・文書化
	オリジナルデータと同レベルの保護の確保
	定期的なフルバックアップ、バックアップできることの確認
	バックアップの所在地、暗号化、オフライン化
モバイル・ポータブル	モバイルからアクセス可能なデータの限定
	社内の端末と同等のアクセスコントロール・レベルの確保
	管理責任者・ルールの明確化
	リモートコントロールによる消去手段の確保
	仕事での利用とプライベートでの利用の分離
	二段階認証
	モバイルデバイスに保存されたデータの暗号化
アプリのライフサイクル	セキュア・コーディングの手順の遵守
	脆弱性の検査、脆弱性情報のアップデート
	実際にインストールする前に、ソフトウェアパッチの検査・評価を予め行う
データの消去・廃棄	データの上書き、物理的破壊
	書類・ポータブルメディアのシュレッド
	ソフトウェアの消去後、消磁を含むハードウェア対応
物理的安全	従業員・訪問者の管理（IDバッヂ等）
	ゾーニング、侵入検知システム、物理防壁
	UPS、自動消火システム

Q33 Data Breach（個人データ侵害）とは何ですか？ 日本とはどのような違いがありますか？

≪Point≫

GDPR では、Data Breach（個人データ侵害）発生から72時間以内に監督当局への通知を行うことを義務付けており、事業者にとっては大きな負担となるのではと懸念されている。そのため、Data Breach が何を指しているのかが重要である。

1 Data Breach（個人データ侵害）のルール

GDPR では、Data Breach 発生時の、監督当局への通知義務（第33条）、影響を受けたデータ主体への通知義務（第34条）を、義務として定めている。これは、日本の改正個人情報保護法が、法律上は、個人情報の漏えい等の事故発生時の対応として、監督当局への報告、個人情報の本人に対する通知に関して、法律自体ではなく、ガイドライン及び告示に委ねる形式でルールを定め、かつ、内容としても努力義務にとどめているのとは、対照的な対応といえる。

さらに、GDPR では監督当局への報告を発生から72時間以内に行うことが義務とされたため、その厳格な姿勢が際立っているといえる。このため、72時間の起点である Data Breach が何を意味するのかをまず探らなければならない。

Data Breach に関しては、WP250「データ侵害の通知に関するガイドライン」が公表されており、検討が必要である。

162

Data Breach（個人データ侵害）とは何ですか？日本とはどのような違いがありますか？

2　Data Breach の定義

(1)　定義

　GDPRでは、Data Breach（個人データ侵害）は、「移転、保存又はその他の処理がなされた個人データに対する偶発的又は違法な破壊、滅失、変更、許可されていない開示又はアクセスをもたらすセキュリティ侵害」と定義されている（第4条第12号）。漏えいはもちろん、サイバー攻撃によりデータへアクセスできなくなり、バックアップもなくて、回復不可能な場合など、アンダー・コントロールといえるか否かが一つのポイントとなっている。

　アンダー・コントロールとは言えなくなってしまった原因については、「偶発的又は違法」と説明されており、事故や単純ミスと、意図的な攻撃の両方が想定されていると解釈されている。

(2)　破壊（destruction）

　「破壊（destruction）」は、「当該個人データが、もはや存在していない」あるいは「存在はしていても、管理者が利用可能な形式では、もはや存在していない」状況をいう。

(3)　滅失（loss）

　「滅失（loss）」は、個人データは存在しているものの、管理者がコントロールを失っている、アクセスできなくなっている、あるいは、もはや手元から失われている状況をいう。典型的な事例として、顧客データベースのデータが入っているUSBメモリを紛失した場合、あるいは盗難にあった場合が思い浮かびやすいが、ランサムウェアによって手元のデータが暗号化され、ランサムウェアを仕掛けてきたハッカーにお金を払ってアクセスキーを入手しない限り、データにアクセスできない場合も、典型的なData Breachの事例として挙げられている。

163

⁴ GDPR下における事業者の義務

(4) 許可されていない開示又はアクセス（unauthorised disclosure or access）

「許可されていない開示又はアクセス（unauthorised disclosure or access）」は、「正当な権限なしに、データの受領（アクセス）を行うこと」又は「GDPRに反するあらゆるデータ処理」をいう。

3 Data Breach の種類

(1) Data Breach の種類

29条作業部会は、Data Breach は以下のようにカテゴライズできると説明している。

分類名	内容	事例
Confidentiality breach（機密性の侵害）	許可されていない又は偶発的な、個人データの開示又はアクセス	・顧客データベースが、ハッキングによって流出
Availability breach（可用性の侵害）	許可されていない又は偶発的な、個人データへのアクセスの滅失又は破壊	・暗号化した個人データに関して、復号のキーを紛失 ・停電、Dos攻撃による、サービス停止（一時的なものを含む）
Integrity breach（完全性の侵害）	許可されていない又は偶発的な、個人データへの変更	・不正アクセスにより、個人データが書き換えられる

(2) 複数のカテゴリに該当する場合

複数のカテゴリに該当する可能性がある場合は、可能性のあるカテゴリすべてについて検討する必要がある。

たとえば、ランサムウェアに感染した場合でも、普段からバックアップを取っていて、そこから回復できた場合は、可用性が失われたのは一時的といえるかもしれないが、機密性は永続的に失われたともいえ、Confidentiality breach（機密性の侵害）としての対応が必要になる場合がある。

Data Breach（個人データ侵害）とは何ですか？日本とはどのような違いがありますか？

(3) 日本法との比較

日本では、告示「個人データの漏えい等の事案が発生した場合等の対応について」において、告示の対象である漏えい等の事案を、以下の3種類と定めている。

① 個人情報取扱事業者が保有する個人データ（特定個人情報に係るものを除く）の漏えい、滅失又は毀損
② 個人情報取扱事業者が保有する、匿名加工情報の加工方法等情報（特定個人情報に係るものを除く）の漏えい
③ ①又は②のおそれ

「漏えい、滅失、毀損」と「機密性、可用性、完全性の侵害」は、ずれがあるので、注意が必要である。

4　一時的な事象も Data Breach か？

一時的な（temporary）事象であるからといって、Data Breach に該当しない、とは断言できない。一時的な事象であっても、その影響が深刻あるいはその影響範囲が大きい場合は、Data Breach として通知・連絡義務の対象となる可能性がある。

たとえば、病院内で、患者の重要な医療データが利用できなくなったという場合、それが短時間で回復したとしても、Data Breach として通知・連絡義務の対象となる。

他方、新聞社のシステムが停電でダウンして、購読者にニュースレターを送ることができなかった場合は、回復まで数時間を要したとしても、深刻な影響のある場面ではないことから、Data Breach として通知・連絡義務の対象となる可能性は低いと考えられる。

どのような場合に、Data Breach（個人データ侵害）の監督当局への通知が必要ですか？

≪Point≫

　域外の事業者にとって72時間以内の通知義務は負担が大きいことから、起算点である「認識した（aware）」がどの時点になるかが実務上は重要である。処理者に処理を依頼している場合、処理者が認識した時点が起算点となるため、処理者との契約上も手当てが必要になる。

1　概要

　GDPRは、個人データの侵害が発生した場合、管理者の義務として、不当に遅滞することなく、可能であれば、認識後72時間以内に、個人データ侵害を、第55条に基づく管轄を有する監督当局に通知しなければならない、と定めている（第33条第1項）。

　例外として、通知義務を免れることができるのは、個人データ侵害により自然人の権利又は自由に対するリスクが生じる可能性が低い場合のみである。

　また、72時間以内に監督当局への通知ができない場合には、遅延の理由を通知しなければならない。

　72時間という厳しいタイムリミットが原則として導入された背景としては、一般に漏えい等の事故を起こした事業者は、当局への報告を遅らせ、自力で解決しようとする傾向が見られ、その結果、被害が拡大する結果につながることが多いため、できる限り早期に監督当局が事態を把握し、事業者が適切なアドバイスを得られるようにして、本来防げたはずの被害や損害を防ぐ、という監督当局側の発想を指摘することができる。

どのような場合に、Data Breach（個人データ侵害）の監督当局への通知が必要ですか？

2 通知すべき時期の起算点

(1) 「認識した（aware）」とは

72時間というタイムリミットは、域内の事業者にとって負担であることはもちろんだが、とりわけ時差の大きい国・地域を拠点とする事業者にとっての負担は大きい。このため、72時間の起算点である「管理者は、どの時点で個人データ侵害の事実を認識した（aware）ことになるのか」は、非常に実務的かつ影響の大きい論点といえる。

この点、WP250「個人データ侵害に関するガイドライン」では、「個人データ侵害をもたらすセキュリティ事故が発生したことについて合理的な程度に確信した時点である」と説明しうえで、以下の具体例を挙げている。

・データが暗号化されていないCDを紛失した場合

権限のない人物がCD内のデータにアクセスできたかどうか確認できないことがしばしばあるが、個人データ侵害の発生について合理的な程度の確信があるため、監督当局に通知すべき事案である。このケースでは、CDを紛失したことを認識した時点をもって、管理者は「認識した（aware）」と考えるべきである。

・証拠を提示したうえで、顧客の個人データを偶然入手した旨、第三者から管理者に連絡があった場合

このケースでは、証拠が示された時点をもって、管理者は「認識した（aware）」と考えるべきである。

・管理者がネットワーク侵入の可能性を検知した場合

このケースでは、システム調査の結果、個人データが侵害されたことを確認した時点をもって、管理者は「認識した（aware）」と考えるべきである。

・身代金目的でシステムをハックした旨、当該ハッキングの犯人から管理者に連絡があった場合

このケースでは、ハッカーから連絡があった時点をもって、管理者は「認識した（aware）」と考えるべきである。

167

(2) 初動調査は72時間に含まれるのか

個人データ侵害の可能性を把握した管理者は、何が起きているのか、その概要をつかむために初動調査（initial investigation）を行う。仮に初動調査の時間が72時間に含まれてしまうと、あっという間に72時間を経過してしまい、容易に通知義務の違反に当たりかねない。

この点、ガイドライン（WP250）は、可能性を把握した後、初動調査を行っている期間中は、「認識した（aware）」とはみなされない、と明言しており、初動調査は72時間に含まれないことを明らかにしている。

この点、ガイドライン（WP250）は、可能性を把握した後、初動調査を行っている期間中は、「認識した（aware）」とはみなされない、と明言しており、初動調査は72時間に含まれないことを明らかにしている。ただし、この初動調査に含まれるものは、実際に漏えいが起こったかどうかを判断するために必要となる調査だけで、漏えいがなぜ起こったかなどの調査は初動調査とは看做されないとされている。

これについて、ガイドラインでは、初動調査はなるべく早いタイミングで、具体的には、データ侵害が発生したことを合理的な程度に確信できた時点をもって、終了することを求めている。以下はその例である。

- ある個人から、事業者の名を騙った電子メールを受領した旨の連絡を受領した場合に、管理者が初動調査を行い、ネットワークへの侵入を検知し、個人データへの不正なアクセスの証拠を入手した。この時点で、管理者は、データ侵害が発生したことを合理的な程度に確信できたといえるので、「認識した（aware）」といえる。

(3) 求められる事前準備

このような初動調査及び個人データ侵害に対する判断を的確に行うために、管理者はデータ侵害の検知と対応について、予め社内の手続きを確立しておくことが求められている。重要なのは、データ侵害が検知された場合に、直ちにマネジメントの適切なレベルに報告が届くよう、エスカレーションの体制を整えておくことである。

3　処理者との関係

注意が必要なのは、処理者に、個人データの処理を委託している場合である。この場合、処理者が個人データ侵害の事実を「認識した（aware）」時点で管理者も「認識した（aware）」ことになるため、処理者が「認識した（aware）」時点から、72時間のカウントがスタートすることになる。仮に、処理者から管理者への連絡が遅れて、管理者が事態を把握できないうちに72時間が経過してしまった場合でも、監督当局への報告が遅れたことの責任を問われるのは、処理者ではなく管理者である。そのため、管理者としては、処理者が「認識した（aware）」場合、その事実を、いかにタイムラグなしに、管理者が把握できるかが、重要な課題となる。

4　処理者の役割

(1)　処理者の義務

監督当局へのデータ侵害の通知義務（第33条第1項）を負わされる主体は管理者であって、処理者は負っていない。もっとも、3で述べたとおり、管理者としては、処理者が「認識した（aware）」場合、その事実を、いかにタイムラグなしに、把握できるかが重要である。

この点、処理者は、管理者の通知を支援する義務を負っており（第28条）、処理者がデータ侵害の事実を「認識した（aware）」ときは、不当な遅延なく（without undue delay）、管理者に通知すべき義務を負っている（第33条第2項）。

「不当な遅延なく」について、ガイドラインでは、①個人データ侵害の事実を「認識した（aware）」ときには、管理者に直ちに通知すること（immediate notification）、②第一報を入れ、追加情報が得られ次第、逐次情報提供することを推奨している。

管理者のリスク管理の観点からは、これらの内容を、管理者・処理者間の契約上、明記することが望ましい。その際、実際の通知の方法まで具体的に固めておくことが望ましい。

(2) 管理者の通知義務の代行

処理者は、管理者の通知義務を代行することができる。このような代行通知については管理者から処理者に対する適切な授権が必要であり、第28条に基づき管理者と処理者との間で締結される処理契約に記載する必要がある。

代行通知が行われる場合であっても、通知に関する最終的な法的責任は管理者にある。

5　通知すべき内容

(1)　最小限必要な事項

監督当局に最小限、通知すべき事項は以下の通りである（第33条第3項）。

①　個人データ侵害の性質の記述。可能であれば、関連するデータ主体の種類及び概数並びに関連する個人データの記録の種類及び概数を含む。

②　データ保護責任者の氏名及び詳細な連絡先又はより情報が入手できる他の窓口（contact point）の氏名及び詳細な連絡先。

③　個人データ侵害に関する起こり得る結果の記述。

④　個人データ侵害に対処するために管理者によって講じられている又は講じられる予定の措置の記述。適切な場合、個人データ侵害により起こり得る悪影響を軽減するための措置を含む。

①データ主体の種類は、児童、障がい者、従業員、顧客ほか、弱者の集団を意味する。個人データの記録の種類とは、たとえば、健康データ、教育データ、社会福祉情報、詳細な財務情報、銀行の口座番号、旅券番号のようなカテゴリを意味する。

また、間違えてはならないのは、①で必要とされているのは、概数であり、正確な数ではないことである。ガイドラインでは、むしろ、③④にあるように、想定される影響と軽減措置を、迅速に通知することの重要性が強調されている。

どのような場合に、Data Breach（個人データ侵害）の監督当局への通知が必要ですか？

(2) 段階的な通知とは

ガイドラインでは、正確なことがわからなくても、タイムリーな通知に努めるべきであることが強調されている。具体的には、データ侵害の発生は確かだが、影響範囲が不明な場合、段階的な通知（notification in phases）を行うことが管理者に課せられた義務を果たすうえで安全な方法であるといえるだろう。

このような「段階的な通知」は、GDPR第33条第4項でも想定されている。段階的な通知を行う場合には、遅延の理由も示さなければならない。ガイドラインは、第一報を入れる時点で、追加情報があるかどうかを監督当局に知らせ、追加情報の提供時期、提供方法については監督当局と相談すべきであるとしている。

(3) 通知をまとめて行う場合

類似しているが原因の異なる複数のデータ侵害が同時期に発生し、個別に通知することが負担となる場合、事業者はまとめて通知を行うこと（bundled notifications）が例外的に許容されている。ここでいう類似していると認められるための条件として、同じ種類の個人データが、同じように侵害され、かつ、その時期が、比較的短期間に集中していることが求められる。

6 複数の加盟国にわたる個人に影響を与える場合

複数のEU加盟国に所在する個人に影響するデータ侵害があった場合、管理者の主任監督当局（lead supervisory authority）に報告することが求められている。

主任監督当局については、Q44参照。

管理者は、事前準備の一環として、予めどの監督当局が自社の主任監督当局であるかを確認しておくべきである。もし主任監督当局が特定できない場合は、最低限の対応として、データ侵害が発生した場所を管轄する監督機関に通知する必要がある。

Ⅳ　GDPR下における事業者の義務

7　通知を必要としない状況

　データ侵害について監督当局への通知が必要とされないのは、侵害が自然人の権利又は自由にリスクを及ぼす可能性が低い（unlikely）場合である（第33条第1項）。

　この「可能性が低い」場合の例としては、以下が挙げられている。

　・暗号化された個人データの秘匿性が侵害されても、復号用のキーが侵害されていない場合

　他方、個人データが暗号化されている場合であっても、①侵害された暗号化データのバックアップがなくデータが利用できない、又は②バックアップがあっても復旧に長時間を要するなど、可用性の侵害によりデータ主体にリスクを及ぼす可能性がある場合は、「可能性が低い」場合には該当せず、原則に戻って、監督当局への通知が必要である。

8　まとめ

　あらゆるケースにおいて、考慮すべき実践的なステップとして、以下が挙げられている。

　・インシデント対応、個人データ侵害の有無の判断及びリスク評価に関する責任者を決め、すべての情報をこの責任者に集約すること

　・組織内の関係部署を集め、個人データ侵害がデータ主体にもたらすリスクを評価すること（リスク・ゼロ、通常のリスク、ハイリスクのいずれの可能性が高いか）

　・必要に応じて監督機関、影響を受ける個人に通知すること

　・個人データ侵害の影響の封じ込めと回復に当たること

Q35 どのような場合に、Data Breach（個人データ侵害）の、データ主体への連絡が必要ですか？

≪Point≫

個人データの侵害が発生した場合のうち、個人データの侵害が自然人の権利又は自由に高いリスクをもたらす可能性が高い場合、データ主体への連絡が必要となる。

1 概要

(1) データ主体への連絡が必要な場合

個人データの侵害が自然人の権利又は自由に高いリスクをもたらす可能性が高い場合（likely to result in a high risk）は、不当に遅滞することなく、データ主体に連絡しなければならない（第34条第1項）。その趣旨は、データ主体が自分自身を守るためにとるべき対策について情報提供することにある。

データ主体への連絡が必要な場合を、監督当局への通知が必要な場合と比較すると、監督当局への通知は、個人データの侵害が発生した場合、自然人の権利又は自由に対するリスクが生じる可能性が低い場合を除いて、必要とされているのに対し、データ主体への連絡は、個人データの侵害が発生した場合のうち、自然人の権利又は自由に高いリスクをもたらすであろう場合だけ必要とされている、という相違点がある。

(2) 連絡の時期

「遅滞なく（without undue delay）」について、ガイドラインは、なるべく早く（as soon as possible）であるとする。

2 連絡すべき内容

データ主体への連絡は、少なくとも、以下の項目を含まなければならず、かつ、そのデータ侵害の性質について明瞭かつ平易な言葉で説明するものでなければならない（第34条第2項・第33条第3項）。

① 個人データ侵害の性質の記述。

② データ保護責任者の氏名及び詳細な連絡先又はより情報が入手できる他の窓口（contact point）の氏名及び詳細な連絡先。

③ 個人データ侵害に関する起こり得る結果の記述。

④ 個人データ侵害に対処するために管理者によって講じられている又は講じられる予定の措置の記述。適切な場合、個人データ侵害により起こり得る悪影響を軽減するための措置を含む。

これらに加えて、ガイドラインでは、侵害の影響が及ぶ個人が自分自身を保護するためにとるべき行動についての助言を提供すべきであることが強調されている。

3 連絡方法

データ侵害により影響を受けるデータ主体への連絡方法について、ガイドラインでは、基本的には直接通知すべきであり、電子メール、SMS、郵便などを利用すべきこと、データ侵害の通知だけを目的としたメッセージで行うべきことが強調されている。逆に、報道発表、会社のブログなどは通知媒体として不適切であると明言されている。

また、監督機関と相談し、通知すべきメッセージの内容、最も適切な連絡方法についても助言を受けることが推奨されている。

4 連絡を必要としない状況

以下のいずれかの状況に該当する場合、GDPR 第34条第1項で定めるデータ主体への連絡は必要ない（第34条第3項）。

① 管理者が、適切な技術的及び組織的保護措置を実施しており、当該措置が個人データ侵害によって影響を受ける個人データに適用されている場合。特に、暗号化のように、当該個人データへアクセスする権

どのような場合に、Data Breach（個人データ侵害）の、データ主体への連絡が必要ですか？

限を有しない者は当該個人データを判読することができないといった措置が取られている場合。

② 管理者が、GDPR第34条第1項で定めるデータ主体の権利及び自由に対する高度のリスクが現実化しえないことを確保する事後的な措置を講じた場合。

③ 過度な努力を伴う場合。この場合、それに代わって、公表又はそれに類似する措置が講じられ、データ主体が同等の効果的な方法によって知らされる必要がある。

上記①②③の例として、ガイドライン（WP250）では以下が挙げられている。

・データ侵害発生以前から個人データを保護するために特に、権限なき者が個人データを読解できないような対策をとっている場合。たとえば、最新技術による暗号化により個人データが保護されている場合など。

・データ侵害直後に管理者がとった措置により、個人の権利又は自由に対する高いリスクが実現化する可能性がもはや高くないことが確保される場合。たとえば、個人データにアクセスした者が当該データについて何らかの行為を行う前にこれを突き止めて防御策をとった場合。なお、このような場合でも、関連するデータの性質によっては、秘匿性の侵害がもたらす影響について考慮する必要は残る。

・侵害の結果、連絡先が失われた場合、当初から連絡先が不明であった場合など、個人への連絡に不相応の労力を要する場合。たとえば、洪水被害にあった統計事務所の倉庫に個人データを含む書類が保管してあった場合など。このような場合、管理者は公共的な通知手段などを利用しなければならない。不相応な労力を要する場合には、求めに応じて（on demand）データ侵害に関する情報を提供するような技術的な仕組みを考慮すること。

5 監督当局による管理者への通知要求等

管理者が個人データ侵害をデータ主体にまだ連絡していない場合、監督当局は、高度のリスクを生じさせ得る個人データ侵害の可能性の程度を考

175

Ⅳ　GDPR下における事業者の義務

慮し、管理者に通知することを要求するか、又は第34条第3項で定めるい
ずれかの条件に該当する旨の決定を行うことができる（第34条第4項）。

個人データ侵害（Data Breach）の監督当局への通知、データ主体への連絡の要否の判断におけるリスク分析のポイントを教えてください。また記録義務のポイントを教えてください。

≪Point≫

　データ侵害（Data Breach）の監督当局への通知、データ主体への連絡の要否の判断におけるリスク分析においては、データ侵害のタイプ、対象となる個人データの性質や結果の重大性等を考慮する必要がある。記録義務では、監督当局への説明資料であることを意識した準備が必要である。

1　リスク評価の重要性

　Q34、Q35で述べた通り、データ侵害発生時の、監督当局への通知やデータ主体への連絡の要否の判断においては、「自然人の権利又は自由に対するリスク（risk to the rights and freedoms of natural persons）」をどのように評価するかが、ポイントとなる。

　自然人の権利又は自由に対するリスク評価においては、①リスクの発生可能性の大小、②リスクの重大性を検討する必要がある。

2　DPIA におけるリスク評価との相違点

　データ保護影響評価（DPIA）においても、自然人の権利又は自由に対するリスク評価を行うことになるが、DPIA では、データ侵害の仮定事案のリスクを検討するのに対して、データ侵害発生時のリスク評価は、実際に発生した事案のリスクを、発生環境を踏まえて検討するという相違点がある。

3　リスク評価において考慮すべき要素

　29条作業部会は、以下の要素を考慮することが望ましいとしている。

Ⅳ　GDPR下における事業者の義務

通知・連絡義務判定フローチャート

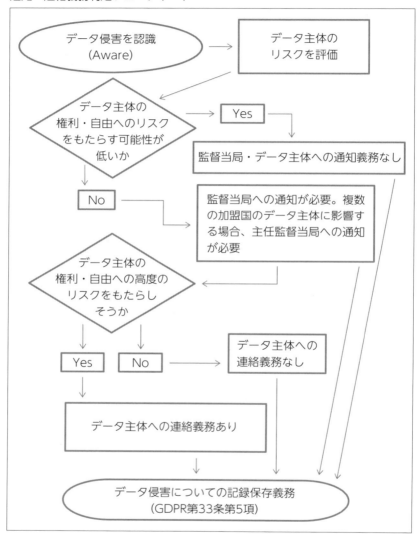

①　データ侵害のタイプ（the type of breach）

機密性（秘匿性）の侵害、可用性の侵害、完全性の侵害のいずれか、という意味でのタイプである。たとえば、同じ医療情報のデータ侵害であっ

個人データ侵害（Data Breach）の監督当局への通知、データ主体への連絡の要否の判断におけるリスク分析のポイントを教えてください。また記録義務のポイントを教えてください。

ても、秘密性の侵害で第三者から不当なアクセスが見られた場合と、可用性の侵害でもはや誰もアクセスできなくなった場合では、リスク評価で大きな差異が生じる。

② 対象となる個人データの性質、センシティブの程度、ボリューム

対象となる個人データのセンシティブの程度が上がれば上がるほど、リスクは高まる。たとえば、通常の環境では、個人の氏名・住所が開示されても、実質的な損害が生じる可能性は低い。しかしながら、その個人が特別養子縁組の養父母であり、その氏名・住所が実父母に開示された場合は、特別養子縁組の制度では、実父母に養父母の氏名・住所は開示されないはずのところが開示されてしまったことを意味するため、養父母と養子への影響は重大なものとなることが想定される。

また、データが組み合わされたことによるリスクの増大も考慮すべきである。健康データ、身分証明の情報やクレジットカード情報は単体でも、データ主体への損害につながるが、両者が組み合わされることで、より重大な損害（たとえば、なりすまし犯罪の被害者になってしまう）が想定される。

一見して差し障りのないデータでも、その開示が深刻な影響を及ぼす場合がある。配達先リストは通常は無害であるが、休日は配送しないようリクエストしたことがある配達先のリストは、空き巣にとっては有用な情報になりかねない。

③ 個人の特定識別を容易にするものか

被侵害データにアクセスした者が、当該データだけで直接に、又は他データと組み合わせて間接的に、個人を特定することがどれくらい容易であるかは、重要なファクターである。状況によっては、データ侵害の対象となったデータから、直接、データ主体の身元が特定できる場合もある。

④ データ主体に生じる結果の重大性

データ侵害の対象となったデータの種類によっては、データ主体に生じうる被害は、非常に重大なものとなりかねない。

たとえば、個人データの開示先を、誤った部門としたり、よく利用しているサプライヤーとしたり、という場合は、受領者との継続的関係を踏まえれば、受領者は「信頼できる（trusted）」、つまり、受領したデータにアクセスせずに、データを破棄してくれるだろうと、確信をもっていえるだ

ろう。仮に、事故でアクセスしまったとしても、それ以上は何もせず、データを破棄してくれるだろうと、確信をもっていえるだろう。このため、受領者が信頼できるという事実は、データ主体に生じる結果の重大性を軽減する可能性があるといえる。もちろん、だからといって、データ侵害の事故があった事実そのものが消えるわけではないものの、データ主体への影響はないものと考えてよいといえるのであれば、監督当局への通知等の措置が不要になる。

データ主体への影響の重大性を検討するに際しては、以下のファクターが重要である。

データ主体の特質	児童など社会的弱者へのリスクは高い。データ主体の特殊要因を考慮すべきである。
影響を受けるであろうデータ主体の人数	一般的に影響を受けるデータ主体の数が多いほどリスクは高い。
データ管理者の特殊性	管理者の特殊性によりリスクは異なる。たとえば医療機関などセンシティブ・データを処理する管理者のデータ侵害はリスクが高い。
その他一般的に考慮すべき要素	一般的には、考えうる影響の深刻さとそのような事象が発生する蓋然性の組み合わせとしてリスクを評価すべきである。

4　記録義務と説明責任

(1)　データ侵害の記録義務

管理者は、個人データ侵害にかかわる事実、その影響及び取られた救済手段を含め、あらゆる個人データ侵害を文書で残さなければならない（第33条第5項）。当該文書は監督当局が第33条の遵守を確かめられるようにしなければならない。

記録内容には、データ侵害の原因、対象となった個人データ、データ侵害の結果、管理者が行った救済行為を含めるべきである。これらの項目に加えて、管理者のデータ侵害に対して、どうしてそのような対応を取った

個人データ侵害（Data Breach）の監督当局への通知、データ主体への連絡の要否の判断におけるリスク分析のポイントを教えてください。また記録義務のポイントを教えてください。

のかその判断の理由も重要である。

(2) 説明責任

(1)の記録は、管理者が、通知・連絡義務を遵守したかどうかを、監督当局が判断するための、重要な資料として位置付けられている。このため、管理者は以下の場面ごとに、自身の行動を正当化する裏付けとなるよう、記録を作成すべきである旨、ガイドラインは指摘している。

・監督当局への通知を行わなかった場合

通知を行わないとする決定を正当化できる根拠が必要である。つまり、「侵害が自然人の権利又は自由にリスクを及ぼす可能性が低い」と判断した理由、又は、GDPR第34条第3項のいずれかの事由を充足すると判断した場合は、それを裏付ける適切な証拠を記録しておく必要がある。

・監督当局への通知が遅延した場合

遅延を正当化できる根拠が必要である。

・影響を受けたデータ主体への連絡

データ主体への連絡が、効果的かつタイミングよく行われたことを示す資料・記録を残しておくべきである。

GDPRでは、データ侵害（Data Breach）に限らず、監督当局から求められたら、自身がGDPRによる規律を遵守していることを、自ら証明できなければならない、というアカウンタビリティの考え方が、根底を貫いているので、GDPRコンプライアンスを考えるに際しては、常に注意を払う必要がある。

ガイドラインで示された通知・連絡の要否の事例（WP250 pp.31-33）

想定事例	当局への通知	本人への連絡
暗号化されたデータを焼いたCDが盗難にあったが、バックアップは取ってあったので、事業には支障なかった。	×	×
サイバー攻撃によって、サイトから個人データが流出した。	△（個人への影響が想定される場合）	△（データの性質、結果の重大性を考慮）

Ⅳ　GDPR下における事業者の義務

想定事例	当局への通知	本人への連絡
コールセンターの数分間の停電中、顧客が、通話できず、レコードにアクセスできなかった。	×	×
ランサムウェア攻撃によって、データが暗号化され、利用できなくなった。バックアップもないため、データ回復ができなかった。当該ランサムウェアは暗号化の機能しかなく、システム上には、他のマルウェアは発見されなかった。	△（データの喪失という個人への影響が想定される場合）	△（データの性質、可用性が損なわれたことによる、ありうる影響等を考慮）
銀行のマンスリーステートメントが別人に郵送された。24時間の調査の結果、他の利用者も被害を受けた可能性があることが確認された。	○	○（高リスクが認められるが、被害者の範囲が明確な場合は、被害者のみ）
多国籍向けのオンラインマーケットが、サイバー攻撃を受け、ユーザーネーム、パスワード、購入履歴が、攻撃者によって世間に公開された。	○（主任監督当局）	○
ホスティング会社で、ユーザー認証に用いているコードのエラーが発見された。エラーの結果、利用者は他の利用者のアカウントにアクセスすることが可能だった。	○（ホスティング会社は顧客事業者に、顧客事業者は監督当局に）	○
大人数の学生のデータが、1000人を超えるメーリングリストに送付された。	○	△（該当データの範囲及び種類、想定される結果の重大性による）
電子メール送信時に、BCC機能を利用せず、他の受信者のアドレスをTo（CC）欄に入れて送信してしまった。	○	△（該当データの範囲及び種類、想定される結果の重大性による）
サイバー攻撃で、病院内の診療記録が30時間にわたってアクセスできなくなった。	○	○

Q37 企業はデータ保護影響評価（DPIA）をどのように位置付け、対応するべきでしょうか？

≪Point≫

　GDPRで新規に導入された制度である、データ保護影響評価（DPIA）は、データ処理の「事前」に影響を評価する、ユニークなシステムである。日本国内でも将来の導入の可能性がある、事業者のリスクコントロールの重要なツールである。

1　日本企業にとっての位置付け

　データ保護影響評価（Data Protection Impact Assessment、「DPIA」）とは、個人データの処理の前に実施される個人データ保護に関する影響評価のことである。

　ポイントは「事前」に影響評価を実施するという点である。

　日本の個人情報保護法には存在しない概念であり、イメージがつかみにくいかもしれないが、たとえるとすれば、大規模開発に本格的に着手する前に、環境への影響を予測する、というのと類似した考え方ともいえるかもしれない。

　大規模開発によって、環境が破壊されてしまうと、その回復には何十年、何百年といった歳月を要することから、事前に環境への影響がどのようなものになるか予測し、あまりに問題があるようだったら、そのような開発は控える、あるいは計画を修正する、といったことはよく行われているが、これは、事実上回復不可能な損害を避け、周辺への影響を未然に抑えるのと同時に、開発事業者側にとっても、コントロールできないような事態に陥るリスクを避ける、という効果がある。

　データ保護影響評価については、個人データはいったん、流出したり、誤ってデータベース化されたりすると、この先何十年も、データ主体の意

に沿わない処理や移転が続く可能性が非常に高い。それが大規模に行われ、あるいは、重大な侵害が行われる状況は、事実上回復不可能な損害をもたらすものであり、そのような事態は、データ主体のために、未然に防がれねばならない。同時に、そのような事態を引き起こした事業者は、監督当局からの制裁金やデータ主体への損害賠償といった直接的なダメージのみならず、将来的なビジネスへの悪影響といった間接的なダメージがどれだけになるかは計り知れない。このような事態に事業者が陥るリスクを避ける、という効果も考えられる。また、事前にリスクを検討しておくことによって、GDPR遵守の姿勢を監督当局に示すことができるというメリットもある。

このように、データ保護影響評価（DPIA）は、GDPRにおいては、事業者の義務の一つであり、事業者にとっては、義務を果たすという観点から重要であるのはもちろん、自身にとってのリスクを軽減するという観点からも重要な概念である。

また、日本の改正個人情報保護法では導入されなかったものの、次回の見直しにおいてはトピックの一つとされることが想定されており、その意味でも、日本の事業者にとっては知っておくべき制度であるともいえる。

2 導入の背景

データ保護影響評価（DPIA）は、GDPRで新たに導入された制度である。EUデータ保護指令においては、監督当局に対する個人データ処理の通知についての一般的な義務が定められていたのみである。しかしながら、結果として、一般的な通知義務は、個人データ保護の改善にあまりプラスに働かなかったため、GDPRでは廃止された。一般的通知義務に代わる代替制度として導入されたのがデータ保護影響評価（DPIA）である（前文第89項）。

3 概要

データ保護影響評価（DPIA）を実施する義務が発生するのは、データ処理が個人の権利及び自由に対して高度のリスクを生じさせる可能性が高い場合のみである（第35条第1項）。とりわけ、新しいデータ処理技術が導

入される場合に、高度のリスクを生じさせる可能性が高いとされているため、事業者としては、個人データ処理に関する新しい技術を導入する際にはデータ保護影響評価（DPIA）の実施の要否を慎重に判断する必要がある。データ保護影響評価（DPIA）の結果、判明した高度のリスクが軽減できない場合、管理者はデータ処理を行う前に監督当局との事前協議を行う必要がある。

仮に、データ保護影響評価に関する義務に違反した場合（実施が義務付けられるにもかかわらず実施を怠った場合、実施内容が不十分である場合、実施の結果監督当局との事前協議が必要であるにもかかわらずこれを怠った場合など）には、最大で1000万ユーロ又は事業者の前会計年度の全世界売上高の2パーセントのいずれか高い方の金額に相当する制裁金が課されるため（GDPR 第83条第4項）、日本企業としても適切に対応する必要がある。

既に、29条作業部会より、「規則2016/6795におけるデータ保護影響評価（DPIA）及び処理が『高度のリスクを生じさせる可能性が高い場合』の決定に関するガイドライン」（「DPIA ガイドライン」）が、2017年10月に公表されているため、以下ではこれを踏まえて検討する。

4　実施の流れ

データ保護影響評価（DPIA）の実施の流れを改めて整理すると、以下の図表のようになる。

(1)　実施の要否の検討

まず、個人データ処理の内容を踏まえて、データ保護影響評価（DPIA）の実施の要否を検討する必要がある。

この実施不要と判断するのは二つのパターンがあり、①そもそもデータ処理自体が性質上低リスクであり、データ保護影響評価（DPIA）が必要とされないパターン、②データ処理自体が性質上低リスクというわけではないものの、適用除外事由を充足するため、データ保護影響評価（DPIA）が必要とされないパターンである。この段階で実施不要と判断できれば、事業者としてはそれで終わりである。ただし、実施が必要であるのに、誤って不要と判断していた、と事後的に監督当局が判断した場合は、上記

Ⅳ　GDPR下における事業者の義務

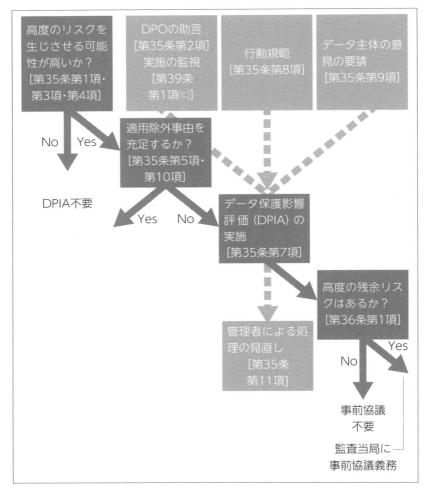

の通り、制裁金の対象となる可能性があるため、軽軽な判断は避けなければならない。

　加えて、ガイドラインでは、データ保護影響評価（DPIA）が必要か否かが明確ではない場合、実施することが推奨されているため、事業者としては、明確に不要と判断できる場合を除いては、実施する方向で検討すべきである。

(2) 高度のリスクの可能性があると判断された場合

実施の結果、高度のリスクの可能性があると判断された場合は、管理者である事業者は、データ処理の方針の見直しを行う。それでもなお、高度のリスクが残ってしまう場合、管理者はデータ処理を行う前に監督当局との事前協議を行う必要が生じる。

実施の結果、高度のリスクの可能性がなかった、と判断した場合、あるいは、処理方針の見直しの結果、高度のリスクの可能性がなくなったと判断した場合は、監督当局との事前協議を行う必要はなくなる。

この場合も、判断に誤りがあり、実は、監督当局との事前協議が必要であったにもかかわらず、それを怠ったと事後的に監督当局が判断した場合は、上記の通り、制裁金の対象となる可能性があるため、軽軽な判断は避けなければならない。

(3) 監督当局との事前協議が必要な場合

監督当局との事前協議が必要な場合、管理者は事前協議において一定の情報提供義務を負う他、そのスケジュールも考慮する必要がある。スケジュールについて、具体的には、事前協議のリクエストを受けた監督当局は、当該データ処理の方針がGDPR違反であると考える場合、とりわけ管理者のリスクの識別又は軽減が不十分である場合、監督当局は、要求を受領してから8週間以内に、管理者（及び該当する場合、処理者も）に書面によるアドバイスを提供するものと定められており。

この8週間という期間上限は、所定の処理の複雑性を考慮し、さらに6週間まで追加で延長することができるとされている。監督当局は、延長の理由とともに、協議のリクエストを受け取ってから1か月以内に当該延長について、管理者（及び、該当する場合、処理者も）に通知しなければならない。

どのような場合にデータ保護影響評価（DPIA）が必要になりますか？

≪Point≫

データ保護影響評価（DPIA）は、高度なリスクを生じさせる可能性が高い場合に必要とされる。プロファイリングやセンシティブデータの処理が典型的だが、細かくは九つの基準を踏まえて要否を検討することが求められる。

1 「高度なリスクを生じさせる可能性が高い」とは

(1) 三つの該当するパターン

データ保護影響評価（DPIA）を実施する義務が発生するのは、データ処理が個人の権利及び自由に対して高度のリスクを生じさせる可能性が高い場合のみである（第35条第1項）。GDPRは、処理が高度のリスクをもたらす可能性のあるいくつかの具体例を以下の通り定めている（第35条第3項）。

(a) プロファイリングを含めた自動的な処理に基づいて自然人に関する個人的側面が体系的かつ広範囲に評価され、当該評価に基づいて自然人に関して法的効果を発生させ又は類似の重大な影響を及ぼす決定が行われること

(b) 第9条第1項で定める特別なカテゴリの個人データ又は第10条で定める有罪判決及び犯罪に関する個人データを大規模に処理すること

(c) 一般の人々がアクセス可能な空間において大規模な体系的監視を行うこと

どのような場合にデータ保護影響評価（DPIA）が必要になりますか？

(2) 九つの基準

　もっとも、上記は例示列挙に過ぎない。本来的に高いリスクを伴うためにDPIAが必要とされる、より具体的な一連の処理業務の内容を示すために、以下の基準が考慮されるべきであるとされている。管理者がデータ保護影響評価を実施する義務を負うのは、実施予定の一定のデータの処理が「自然人の権利及び自由に対して高度のリスクを生じさせる可能性が高い場合」に該当するか否かの判断基準として、DPIAガイドラインでは、次の九つの基準を示した。このうち、二つ以上が当てはまる場合には、その多くは「自然人の権利及び自由に対して高度のリスクを生じさせる可能性が高い場合」に該当するものと考えられるとされている。ただ、注意が必要なのは、「九つの基準のうち一つ当てはまらない＝データ保護影響評価（DPIA）が不要」とは必ずしもいえないという点である。同ガイドラインでは、そのような場合であってもデータ保護影響評価が必要とされる場合があり得るということが明記されている。

①　評価又はスコアリング（Evaluation or scoring）

　典型例として、「とりわけデータ主体の職場での実績、経済的状況、健康、個人的嗜好又は関心、信頼性又は行動、居場所又は移動に関する側面」から行われる「プロファイリング及び予測」（前文第71項及び第91項）が含まれる。

　具体例としては、「信用照会データベース又はマネーロンダリング、テロリストによる資金調達に対する対策若しくは詐欺行為に関するデータベースで消費者を審査する金融機関、病気・健康リスクを評価及び予測するために、遺伝子検査を消費者に直接提供するバイオテクノロジー企業」が挙げられている。

②　法的効果又は同様の重大な影響を伴う自動的な意思決定

　(1)(a)の例示の一部と同じ文言でもある。「法的効果」「同様の重大な影響」の詳細な説明は、Q27 を参照のこと。

　例示として「処理が個人の排除又は差別を生じさせる可能性がある処理」はこの基準に該当する可能性があり、「わずかな影響にとどまる又は全く影響がない処理」は、この基準には該当しない。

189

③ **体系的なモニタリング（Systematic monitoring）**

データ主体の観察、監視又は支配のために使用される処理であり、ネットワーク又は「一般の人々がアクセス可能な空間」（例：広場、ショッピングセンター、街路又は公共の図書館）に関する体系的な監視を通じて収集されたデータが含まれる。

④ **センシティブなデータ又は非常に個人的な性質を有するデータ**

・有罪判決又は犯罪に関連する個人データ（例：民間の調査機関が保有する前科者の記録）

・特別カテゴリの個人データ（例：病院が保有する患者の診療データ）

なお、センシティブデータであっても、以下のような場合は、該当しない。

・企業のイベントを組織するデータ処理者が、訪問者がどのような食事についてアレルギーを有しているか知るために例外的にそれらのセンシティブデータを処理する場合

・医師がセンシティブデータの処理を単独で行う場合。

注意すべきなのは、純粋に個人的又は家庭における活動（例：個人の文書管理のためのクラウド・コンピューティング・サービス、電子メールサービス、日記、メモ帳機能を有する電子書籍リーダー、及び様々なライフログのためのアプリケーション等で、非常に個人的な情報を含む可能性のあるもの）も含まれる点である。

⑤ **大規模に処理されるデータ（Data processed on a large scale）**

大規模であるか否かに関する明確な定義はないものの、29条作業部会は、大規模処理に該当するか否かを判断するに際しては、次の事項を考慮すべきであるとしている（前文第91項参照）。

・関係するデータ主体の数

・処理されるデータの量・範囲

・データ処理活動の期間

・処理活動の地理的範囲

⑥ **データセットのマッチング又は結合（combining）**

例示として、データ主体の合理的な期待を超える方法において、異なる目的及び／又は異なるデータ処理者によって行われる二つ又はそれ以上の

データ処理業務に起因するものが挙げられている（WP203・24頁以下参照）。

⑦ 脆弱なデータ主体に関するデータ

個人が自己のデータの処理に対して同意又は異議を述べることができない可能性があるという意味において、データ主体及びデータ処理者の間において力関係の不均衡が存在する場合が想定される（例：使用者と従業員）。また、精神疾患者、亡命志願者、高齢者、患者等のような人間社会におけるより脆弱なセグメントのデータ主体も該当する可能性がある（前文第75項参照）。

⑧ 新しい技術的若しくは組織的なソリューションの革新的な利用又は適用

例示として、アクセス制御のための指紋及び顔認証を組み合わせて使用すること、いわゆるInternet of Thingsに係る技術の適用が挙げられている（GDPR第35条、前文第89項及び第91項参照）。

⑨ データ主体が権利を行使し、サービス提供を受け、又は契約を締結することを妨げる可能性のあるデータ処理

例示としては、消費者に対して融資を行うか否かを決定するために信用照会データベースにより消費者を審査する銀行が挙げられている（GDPR第22条、前文第91項参照）。

(3) 9基準の当てはめ例

(2)の9基準だけでは当てはめが難しいため、ガイドラインでは具体例を踏まえた当てはめ例をまとめた表が公表されている。

処理の具体例	該当する可能性のある基準	DPIAの要否
患者の遺伝子及び健康データを処理する病院（病院の情報システム）	4、5、7	必要
高速道路上の運転行動を監視するためのカメラシステムの使用。管理者は、情報処理機能のあるビデオ分析システムを車の特定及び車のナンバープレートの自動識別を行うために使用することを想定している。	3、8	必要

Ⅳ　GDPR 下における事業者の義務

処理の具体例	該当する可能性のある基準	DPIA の要否
従業員のオフィス、インターネット上の操作等を含む従業員の活動の体系的な監視を行う企業	3、7	必要
プロフィールを作成するための公のソーシャルメディアのデータの収集	1、4、5、6	必要
国レベルで与信評価又は詐欺行為に関するデータベースを作成する機関	1、2、4、9	必要
研究プロジェクト又は臨床治験における脆弱なデータ主体に関する仮名化されたセンシティブな個人データのアーカイブ目的での保存	4、7、9	必要
医師、その他の医療専門家又は弁護士による患者又は依頼者から提供を受けた個人データの処理（GDPR 前文第91項）	4、7	不要
購読者に対して一般的な日々のダイジェスト版を送付するためにメーリングリストを使用するオンライン・マガジン	5	不要
ウェブサイトの特定の場所において閲覧又は購入された商品に基づく限定的なプロファイリングを伴う自動車部品のための宣伝を表示する e コマースのウェブサイト	1	不要

　管理者が新たにデータ処理を行う際は、これらの具体例も参照したうえで、ガイドラインの9基準を満たすかどうかを検討することが求められる。

2　データ保護影響評価の実施が義務付けられない場合

(1)　実施が義務付けられない五つのパターン

　データ保護影響評価の実施が義務付けられない場合として、以下が定められている。

　①　実施予定の一定のデータ処理が「自然人の権利及び自由に対して高度のリスクを生じさせる可能性が高い」とは認められない場合（第35

どのような場合にデータ保護影響評価（DPIA）が必要になりますか？

条第1項）
② 既にデータ保護影響評価（DPIA）が実施された一定のデータ処理と、処理の性質、範囲、文脈及び目的が非常に類似している場合（第35条第1項）
③ 各加盟国の監督当局が定めるネガティブリストに掲載されている場合（第35条第5項）
④ 処理が法的義務の履行、公的権限の行使に基づくもので、EU法又は加盟国法に根拠を有し、これらの法令で規制され、その枠組において既にDPIAに相当するリスク評価が実施されている場合で、各加盟国の監督当局が処理の前にDPIAの実施を必要であると思慮しない場合（第35条第10項）

(2) ①の場合の留意点

管理者は、①の実施予定のデータ処理が「高度のリスクを生じさせる可能性が高い」とは考えられないという結論に至り、それゆえデータ保護影響評価を実施しない場合、データ保護影響評価を実施しない理由を文書化する必要があるとされている。この文書には、データ保護責任者（DPO）が選任されている場合はデータ保護責任者の見解も含めて記録化しなければならない。また、管理者は、説明責任の原則の一環として、処理の目的、データの種類及びデータ受領者に関する記述、また可能であればGDPR第32条第1項で定める技術的及び組織的な安全措置に関する概要（GDPR第30条第1項）を含む、処理に係る記録を保管し、高度のリスクを生じさせる可能性が高いか否かを評価しなければならない。

(3) ②の場合の留意点

②については、既に実施したデータ保護影響評価の結果を用いることができる（GDPR第35条第1項）という意味で、データ保護影響評価の実施は必須ではないとされている。

このためEUデータ保護指令第20条に従って監督当局のチェックを受けた処理業務で、以前のチェックから変化なく実施されているものについては、データ保護影響評価（DPIA）の実施は必要ないと考えられる。反対に、

193

GDPR下における事業者の義務

前回の監督当局によるチェックの時点から処理業務の実施条件に変化があり、高度のリスクをもたらす可能性がある処理業務については、データ保護影響評価（DPIA）を実施する必要があると考えられる。

3 GDPR適用時点で開始されていたデータ処理の取扱い

(1) EUデータ保護指令下で事前審査を受けていなかった場合

DPIAガイドラインでも、GDPR適用開始時（2018年5月25日）に既に開始されていたデータ処理行為についても、データ保護影響評価の実施義務が課せられる場合があることが明示的に示されている。すなわち、管理者は、たとえGDPR適用開始前に既に開始したデータ処理（すなわち、データ処理開始時には、データ保護影響評価の実施義務を負っていなかった場合の処理）であっても、「自然人の権利及び自由に対して高度のリスクを生じさせる可能性が高い場合」であって、「処理の性質、範囲、状況及び目的を考慮して当該リスクに変化があると認められる場合」には、データ保護影響評価（DPIA）の実施が義務付けられる場合がある。

(2) EUデータ保護指令下で事前審査を受けていた場合

他方、EUデータ保護指令下において、同指令第20条に基づいて、監督当局の事前審査を既に受け、その後、実施方法に変更がないデータ処理に関しては、改めてDPIAを実施する必要はない（前文第171項）。逆に、事前審査を受けていても、実施方法に変更が生じたデータ処理に関しては、(1)と同様の対応が必要となる。

4 実際に実施の必要性を検討するに際しての留意事項

データ保護影響評価（DPIA）の実施義務の有無を判断するためには、会社における具体的な個人データの処理及び移転の内容を調査し、把握するために、まず、データマッピングを行う必要がある（データマッピングの進め方については、Q59参照）。

データマッピング完了後、自社グループにおけるGDPRの適用対象となる個人データの処理行為の上記の基準への該当の有無を確認し、リスク

どのような場合にデータ保護影響評価（DPIA）が必要になりますか？

評価を行うことが必要となる。

5 DPIA の結果の公表の要否

まず、DPIA の結果の公表は法的義務ではない。他方で、DPIA の結果のサマリー、場合によっては実施した事実を公表することによって、社会からの信頼性の獲得につながる場合もあるので、メリットデメリットを比較衡量して、対応するのが望ましい。

> ●コラム06● 従業員のモニタリングと DPIA
>
> 　１で述べたとおり、従業員のモニタリングに関して DPIA の実施が必要とされていることが、実務上大きな問題になりつつある。Q09 及び Q54 で述べているとおり、monitoring という単語が具体的に何を意味しているのか、どこまでの行為を含むのか、明確な指針が示されていない。このことから、たとえば日本本社の IT 部門が欧州グループ会社の従業員のインターネットの履歴を管理するという、比較的一般的にみられる運用を根拠として、第 3 条第 2 項(b)のもとでの域外適用が認められ、その結果、DPIA も実施しなければならないという結論に至ってしまった場合、実務上、相当のインパクトがある状況にもなりかねない。もちろん、現実問題として、現地の監督当局が、当該運用のみに着目して、欧州グループ会社に対して調査・制裁を遂行する可能性がどれだけあるのか、という発想もありうるところだが、リスクがゼロなのかといわれればそれもまた難しいところである。いずれにしても、事業者としてどのように対応すべきか、欧州にグループ会社を展開する事業者にとっては、今後も頭痛の種になるであろう難問である。

データ保護影響評価（DPIA）の実施方法の
ポイントを教えてください。

≪Point≫

データ保護影響評価（DPIA）は、一定のプロセスに基づいて実施することが求められている。また、実施結果の公表は義務ではないが、グッドプラクティスと位置付けられている。

1 実施時期とプロセスの継続性

(1) 実施時期

繰り返し強調してきた点だが、データ保護影響評価（DPIA）の実施時期は、「処理の前」でなければならない（第35条第1項及び第35条第10項、前文第90項及び第93項）。

最終的なデータ処理業務の内容がまだ確定していない場合であっても、処理業務の設計において現実的に可能な限り早期に開始されるべきであるとされている。

(2) プロセスの継続性

(1)で述べたように、早期の実施が求められていることから、データ処理業務の設計から実施に至る段階に沿って、データ保護影響評価（DPIA）のプロセスを、継続的に繰り返すことが必要となる場面も想定される。DPIAガイドラインは、まずデータ保護影響評価（DPIA）は、1回限り実施すれば足りるものではなく、継続的なプロセスであることを強調している。

データ保護影響評価(DPIA)の実施方法のポイントを教えてください。

2 実施主体

データ保護影響評価(DPIA)の実施について最終的な責任を負うのは、管理者(controller)である。他方、管理者が、適切に実施する能力を備えているとは限らないこともあり、管理者が、その実施を外部に委託することは認められている。

なお、処理者がいる場合には、処理者は必要な情報を提供するなど、データ保護影響評価(DPIA)の実施に協力しなければならないとされている。

3 検討項目

GDPRは、データ保護影響評価においては、少なくとも、①予定されている処理作業及び処理の目的の体系的な説明(管理者によって追求される正当な利益を含む)、②目的に関する処理作業の必要性及び比例性の評価、③データ主体の権利及び自由に対するリスクの評価、並びに④リスクに対処するために実施される予定の措置(GDPRを遵守していることを証明するための保護措置などを含む)が検討されなければならないと規定している(GDPR第35条第7項、前文第84項及び第90項)。

4 プロセスの反復性

これらに加えて、ガイドラインは、データ保護影響評価を実施するための一般的な反復プロセスを示している。管理者は、データ保護影響評価の実施において、ガイドラインに示される七つの項目(①実施予定のデータ処理の説明、②必要性・比例性の評価、③既に想定されたリスク対応措置、④(データ主体の)権利及び自由に対するリスクの評価、⑤当該リスクに対応することを予定した措置、⑥文書化、⑦モニタリング・再評価)を反復して実施することを求められている。

5 データ保護影響評価(DPIA)の方法論

データ保護影響評価は、GDPRを遵守して実施される必要がある。DPIAガイドラインの付属書2は、GDPR第35条第7項(a)〜(c)及び利害関

197

係人の関与という項目ごとに、GDPRを遵守しているかを確認するための基準を示している。

　また、行動規範（Codes of conduct）（第40条）の遵守は、データ処理業務の影響を評価する際に考慮されなければならないとされている（第35条第8項）。行動規範とは、管理者又は処理者のカテゴリーを代表する組織又はその他の団体が、特定の分野における企業のニーズを考慮して作成するデータ保護に関する規範を指す。行動規範に従って処理業務が行われているという事実は、データ保護に関する十分な対策が実施されていたことを立証するために有益とされている。GDPRの遵守状況を立証するための認証（Certification）（第42条）及び拘束的企業準則（Binding Corporate Rules (BCR)）（第47条）による対応状況も考慮の対象となる。

　データ保護影響評価の具体的な実施方法については、GDPRは、EU及び世界各国において既に様々な実施方法が存在することや、既存の実務手順との適合性にもかんがみて、柔軟な実施のあり方を認めている。DPIAガイドラインの付属書1に、データ保護影響評価の枠組みに関する既存の具体例がリスト化されている。

＜EUの包括的な枠組みの具体例＞

（ドイツ）

Standard Data Protection Model, V.1.0 – Trial version, 2016.

（スペイン）

Guía para una Evaluación de Impacto en la Protección de Datos Personales (EIPD), Agencia española de protección de datos (AGPD), 2014.

（フランス）

Privacy Impact Assessment (PIA), Commission nationale de l'informatique et des libertés (CNIL), 2015.

（英国）

Conducting privacy impact assessments code of practice, Information Commissioner's Office (ICO), 2014.

＜EUの特定のセクターに関する枠組みの具体例＞

Privacy and Data Protection Impact Assessment Framework for RFID Applications

データ保護影響評価（DPIA）の実施方法のポイントを教えてください。

Data Protection Impact Assessment Template for Smart Grid and Smart Metering systems

6　データ保護責任者のアドバイス、データ主体への意見の聴取

　データ保護影響評価においては、データ保護責任者（DPO）がいる場合にはアドバイスを求めなければならず（GDPR第35条2項）、また適切な場合はデータ主体又はその代理人の意見を求めなければならない（GDPR第35条第9項）。

　DPIAガイドラインは、かかるアドバイスや意見を求めることに関して、いかなる場合に、どのように実施し、何を文書化しなければならないかについても、次の表に整理したように、明確に述べている。

データ保護責任者（DPO）のアドバイスを求める場合	アドバイスの内容及び管理者の最終的な決定をデータ保護影響評価において文書化する必要
データ主体又はその代理人の意見を求めることが適切な場合	意見と管理者の最終決定が異なる場合には、なぜそれらの意見を採用すべきか・すべきでないかを文書化する必要
データ主体又はその代理人の意見を求めることが適切でない場合	意見を求めないことにした判断を正当化する理由も文書化する必要

　事業者として注意しなければならないのは、アドバイス・意見の聴取が、商品・サービスの開発スケジュールに影響する可能性である。たとえば、会社が新技術を導入して新商品・サービスを立ち上げる際にデータ保護影響評価（DPIA）が必要となる場合、データ保護責任者（DPO）のアドバイスの内容によっては、当該新商品・サービスの立ち上げのスケジュールに多大な影響を及ぼす可能性がある。

　データ保護責任者（DPO）が、過度にデータ保護を重視する姿勢でアドバイスした場合、本来不要な、監督当局との事前協議を行わなければならなくなり、8週間（プラス6週間）の回答期間を含め、監督当局からクリアランスを得るまで、ビジネスにストップがかかってしまう可能性もあり得る。

GDPR下における事業者の義務

このように、データ保護責任者（DPO）の選任は、データ保護影響評価（DPIA）とも連動する可能性をかんがみて、進める必要がある。

7　CISO

DPIAガイドラインでは、最高情報セキュリティ責任者（Chief Information Security Officer（CISO））の役割が強化されている。具体的には、CISOが選任されている場合、CISOは、DPOと同様に、データ保護影響評価を実施することを推奨し、実施の方法論について利害関係者を援助し、リスクアセスメントの質及び残存リスクの許容性についての評価、並びに管理者特有の知識を深めることを支援するべきであるとされている。

8　実施結果の公表

データ保護影響評価の実施結果を公表することはGDPR上の義務ではない。しかし、DPIAガイドラインは、説明責任及び透明性の証明の観点から、それを公表することがグッドプラクティスであると位置付けている。その一方で、特に、データ保護影響評価が管理者のセキュリティリスク等の情報や営業秘密等を含む可能性に配慮し、そのような情報が含まれる場合はすべてを公表する必要はなく、その要約や結論など、少なくとも一部を公表することを検討するべきであるとしている。事業者としては、まずは、GDPRの施行後、各セクターの事業者において、どのようにデータ保護影響評価が公表されるのか、その動向を見極めることが必要である。

9　監督当局との事前協議

データ保護影響評価の実施の過程で特定されたリスクを十分に低減することができない（残存リスクが高い）場合は、監督当局との事前協議が義務付けられている（GDPR第36条第1項）。

残存リスクが高い例としては、データ主体が、耐え難い重大又は回復できない結果を被る可能性がある場合（たとえば、データ主体の生活、雇用、資力を脅かすことにつながるデータへの不正アクセス）であって、このようなリスクが発生する蓋然性が高い場合（たとえば、共有、使用等の方法ゆえにアクセス人数を制限することができない）が考えられるとされている。

Q40 データ保護責任者(Data Protection Officer (DPO))とは何ですか？

≪Point≫

データ保護責任者は、事業者によって選任されるが、一定の独立した立場から、個人データ処理を監督し、監督当局とも交渉するポジションである。誰を選定するのかが難問である。

1 概要

データ保護責任者（Data Protection Officer（DPO））は、日本の個人情報保護法にはない概念であり、多くの事業者にとっては、未知の制度である。もちろん、社内の独自のポジションとして、最高情報責任者（Chief Information Officer（CIO））などのポジションを設けている事業者も見られるが、データ保護責任者はそれらとは異なる、法律上の制度であることをまず理解すべきである。

具体的には、データ保護責任者は、GDPRへの遵守を促進するための新しい法的枠組みの中心であり、GDPR全体を通して求められている、説明責任（accountability）の基盤となることが期待されている。

データ保護責任者については、併せて、関係する利害関係者（例：監督当局、データ主体、及び社内の事業部門）間の仲介者としての役割を担うことも期待されている。

GDPRは、データ保護責任者（DPO）を新しいデータガバナンスシステムの主要な役割として1章を設け、後述するように、選任、地位、業務の条件を定めている。そして、これらの詳細が、第29条作業部会が2016年12月13日に公表したガイドラインWP243「データ保護責任者（DPO）に関するガイドライン」（「DPOガイドライン」）によって、定められているため、以下では、DPOガイドラインを踏まえて検討する。

Ⅳ　GDPR下における事業者の義務

2　データ保護責任者（DPO）の地位

　GDPR は管理者及び処理者に対しデータ保護責任者（DPO）の待遇について、以下の(1)～(3)のような地位を最低限与えなければならないと定めている（第38条）。

(1)　個人データ保護問題への関与の確保（第38条第1項）

　管理者及び処理者は、データ保護責任者（DPO）が個人データ保護に関するすべての問題に適切かつ直ちに関与できることを確実にしなければならない。データ保護責任者（DPO）ガイドラインでは、以下のように定められている。

　データ保護責任者（DPO）は当初の時点から情報を与えられ、相談を受けるべきである。設計段階でのデータ保護（Data Protection by Design）のアプローチの確保を、組織内のガバナンスの標準的な手続きとすべきである。さらに、データ保護責任者（DPO）は事業者内のディスカッション相手と位置付けられること及び組織内のデータ処理活動にかかわるワーキンググループの構成員となることが求められる。具体的には、事業者はたとえば以下の事項に留意すべきである。

　・データ保護責任者（DPO）を経営陣等との会議に定期的に参加するよう招待する。
　・データ保護責任者（DPO）の意見を常に重視する。意見の相違がある場合、第29条作業部会はグッド・プラクティスとして、データ保護責任者（DPO）の助言に従わない理由を文書化することを推奨している。
　・データ侵害やその他の事件が発生した場合、速やかにデータ保護責任者（DPO）に相談する。
　・（適切な場合は）データ保護責任者（DPO）への相談が、どのような場面で必要かを規定するデータ保護ガイドライン又はプログラムを作成する。
　・データ保護影響評価におけるデータ保護責任者（DPO）の役割

データ保護責任者（Data Protection Officer（DPO））とは何ですか？

(2) 必要な支援（第38条第2項）

　管理者及び処理者は、GDPR第39条で定める業務遂行においてデータ保護責任者（DPO）を支援しなければならない。その支援は、当該業務の実行、個人データ及び処理作業へのアクセス、及びデータ保護責任者（DPO）の専門知識を維持するのに必要なリソースを提供することによってなされるものとされている。

(3) 独立性の確保（第38条第3項）

　管理者及び処理者は、データ保護責任者（DPO）がその業務の遂行に関してあらゆる指図を受けないことを確実にしなければならないとされている。データ保護責任者（DPO）は管理者及び処理者から、業務遂行に関して解雇又は処罰を受けることがあってはならないとされている。さらに、データ保護責任者（DPO）は管理者又は処理者の最高レベルの経営陣に直接報告する義務を負うとされている。
　GDPR第38条第3項は、データ保護責任者（DPO）が組織内で十分な程度の自立性をもって任務を遂行できることを保証するうえで有用であろう基本的保証を幾つか定めている。
　たとえば、データ保護責任者（DPO）がある特定の処理が高リスクをもたらすと考え、管理者及び処理者にデータ保護影響評価を行うようアドバイスしても、管理者及び処理者が評価に同意しないという事態も想定される。このような状況下においては、データ保護責任者（DPO）はこのアドバイスを提供したことにより解雇されてはならない。

3　データ保護責任者の業務内容

(1)　業務内容

　データ保護責任者の業務内容は、少なくとも以下の①～⑤の業務を行うものとされている（第39条第1項）
　①　管理者又は処理者及び処理を実施する従業員に本規則及びその他EU又は加盟国のデータ保護法制による義務を通知及び勧告すること

203

Ⅳ　GDPR下における事業者の義務

（第39条第1項(a)）。
② 本規則、その他EU又は加盟国のデータ保護条項、及び個人データの保護に関して管理者又は処理者が設定した方針の遵守の監視。責任の割当て、処理方針にかかわる職員の意識の向上及び訓練、並びに関連する監査を含む（第39条第1項(b)）。
③ 要請があれば、第35条によるデータ保護影響評価に関する助言の提供及びその遂行の監視（第39条第1項(c)）。
④ 監督当局との協働（第39条第1項(d)）。
⑤ 処理に関する問題について監督当局との問い合わせ先となること。第36条で定める事前協議、適切な場合、その他事項に関連する協議を含む（第39条第1項(e)）。

(2) 注意義務

データ保護責任者は、業務の遂行において、処理の性質、状況及び目的を考慮し、処理作業に関するリスクに注意を払わなければならない（第39条第2項）。

データ保護責任者は、EU法又は加盟国の国内法に従って、データ保護責任者の業務に関連した秘密又は機密を守らなければならない（第38条第5項）。

Q41 データ保護責任者（Data Protection Officer（DPO））はどのような場合に必要になりますか？

≪Point≫

データ保護責任者（DPO）の選任義務が生じるのは、中心的な業務において大規模にモニタリングやセンシティブデータの処理を行う場合等に限定されるが、ドイツのように義務が拡大されている加盟国もある。

1　義務的選任と任意の選任

(1)　枠組み

データ保護責任者（DPO）の選任は、GDPR の義務として行う場合と、任意に行う場合の二つのパターンが想定される。

(2)　義務的選任

次のいずれかに該当する場合に、管理者及び処理者は、データ保護責任者（Data Protection Officer（DPO））を選任する義務を負う（第37条第1項・第4項）。

① 処理が公的機関又は団体によって行われる場合（ただし、司法上の権限に基づく裁判所の行為を除く）（第37条第1項(a)）

② 管理者又は処理者の中心的業務（core activities）が、その性質、適用範囲及び／又は目的によって、大規模に（on a large scale）データ主体の定期的かつ体系的なモニタリングを必要とする処理作業である場合（第37条第1項(b)）

③ 管理者又は処理者の中心的業務が、GDPR 第9条で言及された特別カテゴリーの個人データ及び GDPR 第10条で定める有罪判決及び犯罪に関する個人データを大規模に処理する場合（第37条第1項(c)）

④　EU法又は加盟国の法律でデータ保護責任者（DPO）選任が要求されている場合（第37条第4項前段）

　上記の四つの要件のうち、①から③の要件については、WP243「データ保護責任者（DPO）ガイドライン」（「DPOガイドライン」）において「中心的業務」、「大規模」及び「定期的かつ体系的なモニタリング」の文言についての29条作業部会の考え方が示されており、詳細は2で説明する。

　他方、④については、現在進められている、加盟国各国のGDPR対応の個人データ保護法制の改正において、データ保護責任者（DPO）の義務的選任についてどのような定めを設けるか（維持するか）を確認する必要がある。ドイツを例として、3で説明する。

(3)　任意的選任

　データ保護責任者（DPO）の選任義務がない場合であっても、事業者が、自主的にデータ保護責任者（DPO）を選任することも可能である。しかし、任意に選任した場合であっても、データ保護責任者（DPO）にまつわる各種負担が生じるため、義務がない状況で選任するかは慎重に検討する必要がある。4で詳しく説明する。

2　GDPR上の選任義務が発生する場合

(1)　中心的業務（core activities）

　DPOガイドラインによれば、「中心的業務」は、管理者又は処理者の目的を達成するための主要な業務をいう、と説明されている。
（該当する事例）
　病院にとって、患者のカルテのような健康に関するデータの処理は、「中心的業務」である。加えて、当該データは特別カテゴリーのデータであるため、病院は、データ保護責任者を選任する義務を負う。
（該当しない事例）
　多くの事業者は、従業員への給与支払いやITサポートなどの活動を行っているが、これらはあくまで補助的な業務であり、「中心的業務」ではない。

データ保護責任者（Data Protection Officer（DPO））はどのような場合に必要になりますか？

(2) 大規模（on a large scale）

　DPO ガイドラインでは、「大規模」については、データ主体の数、データの量、処理されるデータの種類、処理の期間、処理の地理的範囲等のファクターを考慮することが推奨されている。
（該当する事例）
- ・病院で通常業務において患者の個人データを処理する場合
- ・公共交通機関のシステムを利用した個人の乗降履歴の処理
- ・専門的な処理者が統計目的で行う国際的なファストフードチェーンの顧客のリアルタイムな位置情報処理
- ・保険会社又は銀行によって行われる通常業務における顧客情報の処理
- ・検索エンジンによって行われる行動に基づく広告のための、個人データ処理
- ・電話又はインターネットサービス・プロバイダ（ISP）によって行われる、個人データ処理

（該当しない事例）
- ・個別の医師が、患者の個人データを処理する場合
- ・個別の弁護士が、刑事の有罪判決及び犯罪に関する個人データを処理する場合

(3) 定期的かつ体系的なモニタリング（regular and systematic monitoring）

　「定期的（regular）」とは、①一定期間において継続的に、あるいは、一定の間隔をおいて行われる、②定期的に繰り返される、又は③常にあるいは定期的に行われるものをいう。
　「体系的（systematic）」とは、①システムに従って行われる、②予め決められて、組織的に、若しくは秩序だって行われる、③データ収集のための一般的な計画の一部として行われる、又は④戦略の一環として行われるものをいう。
　また、モニタリングは、オンライン、オフラインいずれの場合も含む。

Ⅳ　GDPR下における事業者の義務

（該当する事例）
- インターネット上でのトラッキング、プロファイリング（形態を問わない）
- 行動に基づく広告
- 電気通信サービスの提供
- 信用評価や保険料算定等のリスク評価のためのプロファイリング
- モバイルアプリ等による位置情報の追跡
- ウェアラブル・デバイスによる健康情報等のモニタリング
- ポイントプログラム

3　加盟国法で選任義務が発生する場合

(1)　日本の事業者にとっての位置付け

　多くの日本企業・団体は、2で説明したGDPR上の選任義務よりも、本項で説明する、加盟国法に基づいて、データ保護責任者（DPO）の選任義務を負うことになるケースが多いと考えられる。

　たとえば、ドイツでは、GDPRに対応するための、個人データ保護法制の改正がいち早く進められ、2017年7月には、ドイツ連邦の新データ保護法が成立し、データ保護責任者（DPO）の選任義務に関して独自の義務が定められている。Q04で述べたように、加盟国各国で、個人データ保護法制の改正が進められており、確認が必要である。

(2)　ドイツの新データ保護法における選任義務

　新データ保護法では、以下の要件に該当する組織はドイツ法上のデータ保護責任者（DPO）の選任義務があることになり、その結果、該当する事業者はGDPR上もデータ保護責任者（DPO）の選任義務があることになると考えられる。

　ドイツの拠点において雇用されている10名以上が、以下のいずれかに該当する場合
①　継続的に個人データ処理に従事している場合（例：10名の従業員を抱えるドイツ子会社で、従業員にPCを貸与して、個人データの処理作業

208

を日常的にさせている場合）

② データ保護影響評価が必要となる個人データ処理を実行している場合

③ 移転の目的でデータ処理を行っている場合（例：20名の従業員を抱えるドイツ子会社で、グローバルな雇用管理の目的で、従業員データを日本の本社に移転させている場合）

4　任意的選任のメリット・デメリット

(1)　メリット

DPO ガイドラインでは、選任義務がない場合でも、自主的に選任することを推奨している。さらに、データ保護責任者（DPO）として適任者を選任することで、社内のデータ保護体制の整備・運用、監督当局とのコミュニケーションを、GDPR が期待するようなレベルで実施できる可能性が高まる。また、対外的に、自社の個人データ保護に積極的に取り組む姿勢をアピールすることにつながるというメリットも考えられる。

(2)　デメリット

事業者が自主的にデータ保護責任者（DPO）を選任する場合、選任が義務的である場合と同様に、選任、地位及び任務には第37条から第39条のもとでの同じ要件が適用されることになる。データ保護責任者（DPO）の選任義務がない場合には、上記の、自主的にデータ保護責任者（DPO）を選任することのインパクトについてよく認識したうえで、データ保護責任者（DPO）の選任を行うか否かを決定する必要がある。

　さらに、自主的に選任を行う方針を決定した場合は、さらに、データ保護責任者（DPO）の人選を慎重に行う必要がある。

(3)　データ保護責任者（DPO）の選任と間違えられないために

データ保護責任者（DPO）を自主的に選任することを望まず、データ保護責任者（DPO）を選任することを法的に要求されていない事業者であっても、個人データの保護に関連する任務に従事する職員又は外部コンサル

タントを採用することが制限されるわけではない。他方で、これらの採用によって、データ保護責任者（DPO）を任意に選任したものと間違われないよう、GDPR上のデータ保護責任者（DPO）ではないことを明確にする必要がある。

実務上の留意事項としては、企業内並びにデータ保護の監督当局、データ主体及び一般市民とのやり取りにおいて、これらの職員又は外部コンサルタントの肩書きが「データ保護責任者（DPO）」ではないことを明確にしておく必要がある。一番陥りやすいミスとしては、「データ保護担当者」という肩書の英訳を「Data Protection Officer」とし社内の組織図上も、そのような英訳を採用してしまう、というパターンが想定されるので、予め配慮事項として社内で共有しておくべきである。

Q42 データ保護責任者（Data Protection Officer (DPO)）の選任のポイントを教えてください。

≪Point≫

データ保護責任者（DPO）の選任は、業務及びGDPRに通じた、利益相反のない人物を選任する必要があり、社内の人間だけでなく社外の専門家に目を向けることも考慮すべきである。

1 データ保護責任者（DPO）の満たすべき要件

(1) データ保護責任者（DPO）に求められる専門性及び技能

データ保護責任者（DPO）は「専門家としての資質、特にデータ保護法及びプラクティスの専門知識、並びに第39条に述べられている任務を遂行する能力」に基づいて選任されなければならない（GDPR第37条第5項）。

DPOガイドラインによれば、必要とされる専門知識のレベルは、実行されるデータ処理のオペレーション及び処理される個人データに求められる保護の程度に応じて決定されるべきである、とされている。たとえば、データ処理の態様が特に複雑である場合や、大量のセンシティブデータが処理されている場合は、データ保護責任者の専門知識は、より高いレベルが求められることになる。

また、関係するスキルや専門性としては、①EU加盟国国内及びEUレベルのデータ保護法並びにそれらの実務に関する専門性、②実行される処理のオペレーションに関する理解、③IT及びデータセキュリティに関する理解、④ビジネス部門及び組織に関する知識、⑤組織内においてデータ保護の文化を醸成させる能力が含まれる、とされている。

(2) 利益相反として回避が必要な場面

データ保護責任者（DPO）は他の業務又は義務を遂行することができるものの、管理者又は処理者は、当該業務及び義務が利益相反を招かない状況を確保しなければならない（第38条第6項）。利益相反がないことは、独立性を持って行動するという要件に密接に関連する。

データ保護責任者（DPO）は他の機能を持つことは認められているが、他の作業及び義務が利益相反を引き起こさないという前提条件は維持されなければならない。この前提条件への抵触が問題となりやすい典型的な場面は、データ保護責任者（DPO）が社内で個人データの処理の目的及び手段を決定するような地位に就いている場合である。

データ保護責任者（DPO）ガイドラインは、大体の目安として、相反する地位を以下の通り、例示している。

（例）　最高経営責任者（CEO）、最高執行責任者（COO）、最高財務責任者（CFO）、最高医療責任者、マーケティング部門の責任者、人事部門の責任者、IT部門の責任者等のシニア・マネジメント

さらに、上記の地位よりも、組織構造の中でより低い役割であっても、そのような地位や役割が、処理の目的や手段を決定することにつながる場合も含まれるとされている。

(3) 利益相反を避けるための留意事項

データ保護責任者（DPO）ガイドラインは、データ保護責任者（DPO）に利益相反がないことを確保するため、組織の活動、規模及び構成によって管理者や処理者は次のことを行うのがグッドプラクティスであると述べている。

・データ保護責任者（DPO）の機能と両立しない地位を特定する
・利益相反を避けるためにこの趣旨の内部規則を作成する
・利益相反に関するより一般的な説明を含める
・本要件の認知度を高める方法として、データ保護責任者（DPO）はそのデータ保護責任者（DPO）としての機能に関して利益相反がないことを宣言する

データ保護責任者（Data Protection Officer（DPO））の選任のポイントを教えてください。

・組織の内部規則に保護措置を組み込み、利益相反を避けるためにデータ保護責任者（DPO）の地位に空きがあることの通知又はサービス契約が十分に正確で詳細にわたっていることを保証する

2　社内か社外か？――サービス契約に基づくデータ保護責任者（DPO）

データ保護責任者を選任しようとする場合、必ずしも人材を社内に求める必要はない。

データ保護責任者（DPO）の機能は、個人と、又は管理者・処理者の組織外の組織と締結されたサービス契約に基づいて果たすことも許容されている（第37条第6項）。後者の場合は、データ保護責任者（DPO）の機能を果たす組織の各メンバーがGDPR第38条各項のすべての関連する要件を満たすこと（例：いずれのメンバーについても、利益相反がないこと）が不可欠であるとされている。各メンバーは、GDPRの条項により保護されることも同様に重要であるとされている（例：データ保護責任者（DPO）の活動のサービス契約を不当に終了させないことに加え、データ保護責任者（DPO）としての業務を行う組織の個人メンバーを不当に解雇しない）。同時に、個々のスキルと特徴を組み合わせることによりチーム体制で作業する複数の人がより効果的に顧客にサービスを提供することができるとも考えられる。

3　企業グループで、共通のデータ保護責任者（DPO）を選任する場合

(1)　共通のDPOを選任するメリットと要件

企業グループによっては、グループ単位で統一された方針のもと、データ処理を行っている場合があり、一元的な管理という観点から、グループ各社が、特定の共通の人物を、共通のデータ保護責任者として選任したい、という需要がある。グループ各社で、共通のデータ保護責任者（DPO）を選任することのメリットとしては、先に述べた方針の統一の他、グループ内で探そうとすると適任者が限られてしまい、グループ各社が異なるデータ保護責任者を選任するのが現実的でない場合があるが、この困難を回避

213

できる、という現実的なメリットも挙げられる。

　もっとも、企業グループ内といえども、データ保護責任者の共通化を無制限でできるわけではない。GDPRは、企業グループが、共通したデータ保護責任者を「各拠点から容易にアクセスできる（easily accessible from each establishment）」場合のみ、グループとして、共通のデータ保護責任者を選任することを許容している（第37条第2項）。

(2)　「各拠点から容易にアクセスできる」

　「各拠点から容易にアクセスできる」の「アクセス」は、データ主体、監督当局及び事業者内部の問い合わせ先としてのデータ保護責任者の業務を意味しているとされており、この「アクセス」を確保するためには、内部あるいは外部関係なく、データ保護責任者の連絡先が知り得る状況に置かれていることが重要であるとされている。

4　代理人との関係

　域内に拠点がない事業者は、代理人の選任を原則として義務付けられる。代理人を選任する場合、データ保護責任者（DPO）の選任はもはや義務ではなくなると言えれば、事業者にとっては、大きな負担軽減につながり得る。

　この点、データ保護責任者と代理人の選任は全く別の制度であり、基本的には、両立するシステムと考えることができる。したがって、代理人を選任したからといって、自動的に、データ保護責任者（DPO）の選任が不要になるわけではない。

　両者が兼ねられるかは、データ保護責任者（DPO）の選任要件・利益相反要件に抵触しない限りは可能であると考えられる。

5　実務における留意事項

　ここまで見てきたとおり、データ保護責任者（DPO）の選任に当たって考慮すべき要素は多岐にわたる。もっとも、事業者の頭を悩ませているのは、「データ保護法及びプラクティス」両方の専門知識が求められている点である。一方だけであれば、要件を充足する適任者を発見するのもさほ

データ保護責任者（Data Protection Officer（DPO））の選任のポイントを教えてください。

ど困難ではないと思われるが、両方になると、途端に候補者の枠は狭まってくる。

場合によっては、社外の専門家の任用も検討すべきであるが、社内プラクティスの専門知識をどのように身に付けてもらうかが課題となるだろう。

選任に関連する各種の義務違反は、いずれも制裁金につながりうるものであるため、いずれの考慮事項についても慎重な判断が必要とされる。

DPOの選任義務については、1の通りDPOガイドラインを参照するとともに、企業又は団体が域内の拠点を有する加盟国において加盟国法上DPOの選任が義務付けられるか否かについて検討を行う必要がある。そのうえで、選任義務がある管理者又は処理者において、データ保護責任者（DPO）の地位を与えるのにふさわしい適任者を選ぶ必要がある。データ保護責任者（DPO）の人選を間違ってしまうと、管理者又は処理者とDPOとの間で争いが生じ、DPOに保障される強力な地位との関係で、その争いが制裁金につながりかねない。さらに、3の通り監督当局やデータ主体の言語によるDPOへの連絡を確保する必要がある関係で、欧州言語での対応が可能なDPOを選任することにもハードルがある。また、利益相反の回避義務はIT部門の責任者等をDPOの候補から除外しており、それがさらにDPOの人選を難しくしているのが現状である。

Ⅳ　GDPR下における事業者の義務

●コラム07●　DPOは日本本社の人間でもよいか

　データ保護責任者（DPO）の選任に際して、日本本社の人間を選任してよいか、という点は実務でもよく聞かれる疑問である。DPOのガイドラインでも、わざわざ「EU域内に所在する者である必要は必ずしもない」と明記されていることからすれば、日本を含む域外に所在する者でも、現地の監督当局や現地拠点とのコミュニケーションに問題なく、職責を果たせるのであれば、ルール上は、許容されることが裏付けられているといえるだろう。とすると、日本本社の人間にするか現地の人間にするかは、事業者自身がメリットデメリットをはかりにかけて決断すべき事項だということになる。最終的には、事業者ごとの個別の事情によって検討すべきであるが、典型的には以下のように考えられる。

	現地側に選任	日本側に選任
①監督当局とのコミュニケーション	難易度　低	難易度　高（言語、時差）
②データ主体とのコミュニケーション	難易度　低	難易度　高（言語、時差）
③本社サイドとのコミュニケーション	難易度　高（言語、時差）	難易度　低
④現場の監査の難易度	難易度　低	難易度　高（言語、時差）
⑤データ侵害発生72時間以内の当局への通知の難易度	難易度　低	難易度　高（言語、時差）
⑥親会社の意向に沿わない動きをするリスク	リスク高	リスク低

　このように見ると、日本側に選任することは難易度が高いと考えられるため、現地側での選任をまずは検討すべきだろう。もっとも既述の通り、DPOの権限は非常に大きなものであり、その選任には注意が必要である。

V

監督体制と救済、罰則

Q43 GDPRでは、監督・執行体制はどのようになるのでしょうか？

≪Point≫

GDPRでは、加盟国各国の監督当局の他、その監督及び意見調整を行う組織として、欧州データ保護委員会（European Data Protection Board）が設置される。

1　GDPRの監督・執行体制

EUにおける個人情報保護行政の監督・執行体制については、日本との比較で説明するのがわかりやすいので、まず日本との比較で概要を説明する。

日本は2017年5月に改正個人情報保護法が全面施行されるまで、各業界を所管する官庁が、当該業界の個人情報保護規制の遵守を監督する縦割りの監督・執行体制がとられており、最終的に全権を有するコミッショナーが存在していなかった。このため、諸外国とりわけEU加盟国各国からみると、個人情報保護行政に関して、交渉できる相手が存在しないという状況が長らく続いていた。今般の改正法施行により、個人情報保護委員会が設けられ、権限が同委員会に集中されたことにより、日本の監督・執行体制は、EUの監督・執行体制に近付いた。

それでもなお、日本とEUで大きく異なるのが、①EUではEUレベルと加盟国レベルで、監督・執行機関が設置されている点、②複数の加盟国にまたがって事業を行う事業者は、原理的には、複数の加盟国の監督当局を相手にする必要が生じるという点である。

2018年5月のGDPRの施行により、個人データ保護の監督・執行体制は、大きく変わることとなった。新たに導入されたワン・ストップ・ショップ原則（One stop shop principle）の制度と、29条作業部会に代わる

GDPRでは、監督・執行体制はどのようになるのでしょうか？

独立したEUレベルの監視機関として、欧州データ保護委員会（European Data Protection Board）設置されることとなったことの2点である。

2 ワン・ストップ・ショップ原則——事業者の負担軽減を目指した制度

ワン・ストップ・ショップ（One Stop Shop）は、GDPRの目玉政策の一つである。たとえば、EUデータ保護指令下では、複数の加盟国に拠点を有する事業者が、複数の加盟国にまたがってデータ処理を行う場合に、当該データ処理が法律上問題ないことを確認しようとすると、事業者は該当する加盟国すべての監督当局への照会が必要になってしまう。このように、複数の監督当局に照会を行うこと自体、事業者への大きな負担になるし、それ監督当局によって温度差があることから、当局間で一貫した対応がなされない可能性があって事業者を困惑させていたことから、特定の加盟国の監督当局が主任監督当局として責任をもって統一的な窓口として対応を行う、という原則である。

主任監督当局がどこになるかは、監督当局間で温度差があることを考えると、事業者にとっては重要な問題である。いわゆるフォーラム・ショッピングの問題が生じないよう、GDPRではこれを「主任監督当局（Lead Supervisory Authority）」の問題として定めることとした。主任監督当局についてはガイドラインが出されているので、別途解説する（Q44）。

3 加盟国レベルの監督当局

(1) 主体・数

監督当局は、各加盟国において、最低一つ、場合によっては、複数設置される。一つの加盟国に複数の監督当局が設置された場合は、当該加盟国は、それらを代表する監督当局を指名しなければならない（第51条第3項）。

(2) 独立性

監督当局は、独立性が要求されており、GDPR上、業務遂行及び権限行使をするに際しては、完全に独立して行動しなければならない（第52条第

監督体制と救済、罰則

1項)。監督当局の構成員(日本の個人情報保護委員会の委員に相当する)は、GDPR 上の業務遂行及び権限行使をするに際しては、直接・間接を問わず、外部からの影響を受けることなく、誰かに指示を求めることも、誰かから指示を受けることもしてはならないと定められている(第52条第2項)。また、任期は原則4年以上でなければならない等、一定の身分保障がなされている(第54条1項(d))。

(3) 管轄

各監督当局は、GDPR に従って割り当てられた業務遂行及び権限行使について、当該監督当局の加盟国の領域内で管轄権を有する(第55条第1項)。

(4) 業務

GDPR に基づいて定められている他の業務に影響を及ぼすことなく、各監督当局は、領域内において、GDPR の適用の監視と執行((a))、各国政府その他への法的及び行政的措置についてのアドバイス((c))、データ主体他から申し立てられた不服の処理並びに調査及び調査結果の通知((f))等、多岐にわたる事項について、責任を負う(第57条第1項)。

(5) 権限

(4)の業務を行うため、各監督当局には、以下に挙げる、調査権限、是正権限及び承認・助言権限が付与される(第58条第1項・第2項・第3項)。

＜調査権限＞
① 管理者及び処理者及び、該当する場合、管理者又は処理者の代理人に、監督機関が業務遂行のために必要とするあらゆる情報を提供するように命令すること。
② データ保護監査の形式による調査を実行すること。
③ 第42条第7項により発行される認証の見直しを実行すること。
④ 申し立てられた GDPR 違反の管理者又は処理者へ通知すること。
⑤ 管理者及び処理者から、監督機関の業務遂行に必要なすべての個人データ及びすべての情報へのアクセス手段を取得すること。
⑥ EU 又は加盟国の手続法に従って、管理者及び処理者のあらゆる敷

GDPRでは、監督・執行体制はどのようになるのでしょうか？

地へのアクセス手段を確保すること。この場合、あらゆるデータ処理設備及び処理方法へのアクセスを含む。

＜是正権限＞

① 意図された処理作業が本規則規定違反を起こし得ることの警告を管理者又は処理者に対して発令すること。

② 処理作業が本規則の規定に違反した場合、管理者又は処理者に対して懲戒を発令すること。

③ GDPRによるデータ主体の権利行使要請を遵守するように管理者又は処理者に対して命令すること。

④ GDPRの規定を遵守する形で処理作業を行うように管理者又は処理者に対して命令すること。適切な場合、特定の手段で、特定の期間内に遵守させるように命令すること。

⑤ 個人データ違反をデータ主体へ通知するように管理者へ命令すること。

⑥ 処理の禁止を含めた一時的又は最終的制限を課すこと。

⑦ 第16条、第17条及び第18条による個人データの訂正若しくは消去又は制限、並びに、第17条第2項及び第19条による個人データが開示された取得者に宛てた当該行動の通知を行うように命令すること。

⑧ 第42条及び第43条により、認証を取り下げるか、若しくは発行された認証を取り下げるように認証機関へ命令すること、又は認証に関する要件に合致しない若しくはもはや合致しなくなった場合、認証機関に認証を発行しないように命令すること。

⑨ 第83条による制裁金を科すこと。この制裁金は、各個別事案の状況に応じて、本項で定める措置に加えて科されるか、又はそれに代えて科される。

⑩ 第三国又は国際組織内の取得者へのデータ流通の中止を命令すること。

＜承認・助言権限＞

① 第36条で定める事前協議に従う管理者に助言すること。

② 個人データの保護に関するあらゆる問題に関して、監督機関自身の主導又は要請により、国民議会、加盟国政府に対して意見を表明する

こと。又は加盟国の国内法に従って、その他機関及び団体並びに一般の人々対して意見を表明すること。

③　加盟国の国内法が事前の認可を求めている場合、第36条第5項で定める処理を認可すること。

④　第40条第5項による行動規範案に対する意見を表明及び承認すること。

⑤　第43条による認証機関を認定すること。

⑥　第42条第5項に従って認証を発行すること、及び認証基準を承認すること。

⑦　第28条第8項及び第46条第2項(d)で定める標準データ保護条項を採択すること。

⑧　第46条第3項(a)で定める契約条項を認可すること。

⑨　第46条第3項(b)で定める行政協定を認可すること。

⑩　第47条による拘束的企業準則を承認すること。

4　欧州データ保護会議 (European Data Protection Board)

(1)　29条作業部会から欧州データ保護会議へ

欧州データ保護会議 (European Data Protection Board) は、EU データ保護指令下における29条作業部会 (Article 29 Working Party) に代わる組織として、EU レベルの独立した監督機関として設置されることとなった (GDPR 第68条第1項、第94条第2項)。欧州データ保護会議は、第29条作業部会が担っていた諮問機関としての機能と新しい上級委員会の機能を持つこととなった。

(2)　メンバー

欧州データ保護会議のメンバーは、各加盟国の一つの監督当局のトップ、欧州データ保護監察機関 (European Data Protection Supervisor) のトップ、又はそれらの代理人である (第68条第3項)。

(3) 業務・権限

　欧州データ保護会議の業務は、GDPR の適用及びその監視の確保、GDPR の修正提案を含む、欧州委員会への様々な事項についての助言、プロファイリング・データ侵害通知を含む、様々な事項についての、ガイドライン、提言及びベストプラクティスの公表ほか、多岐にわたる。

(4) 一貫性

　一貫性制度とは、監督当局間に協力構造をつくり、GDPR の一貫した適用を保障する仕組みのことをいう。諮問機関としての欧州データ保護会議は、GDPR 条項の実施に影響を与える判断を監督当局が行う場合、たとえば、監督当局が複数の加盟国における処理行為に関連する行動規範の承認を行う場合などに意見を述べる。

　上級委員会としての欧州データ保護会議は、監督当局の間で決定案に関する意見の相違がある場合や、義務付けられているにもかかわらず監督当局が欧州データ保護会議に意見を求めなかった場合、及びその意見に従わなかった場合に、自ら拘束力のある判断を採択する。

GDPRで導入された主任監督当局とは
どのような制度ですか？
ビジネスにどのような影響がありますか？

≪Point≫

越境的処理は、主任監督当局が管轄を有する。主任監督当局は、原則は、主たる拠点の所在する加盟国の監督当局である。

1　越境的処理と主任監督当局

　主任監督当局（Lead Supervisory Authority）とは、越境的処理（cross-border processing）に関して、主たる責任を負う監督当局を意味する（第56条第1項）。

　「越境的処理」には二つのパターンがあり、GDPRでは、①複数の加盟国にまたがって存在する管理者・処理者の事業所の活動に関連して、個人データの処理が行われる場合、及び、②単一事業者の個人データ処理であるが、複数の加盟国のデータ主体に実質的な影響を及ぼすか、又は影響を及ぼし得るような活動に関連して行われる個人データの処理のいずれかに該当する場合、「越境的処理」に該当する（第4条第23号）。ここでいう「実質的な影響」の判断は、個別事案ごとに行われるが、処理の背景、個人データの種類、処理の目的及びその他のファクターが考慮されることになる。

　また、主任監督当局は、管理者・処理者の唯一の担当窓口（interlocutor）でなければならない、と定められている（第56条第6項）。

　例外として、対象事項が単一加盟国内の拠点のみに関するものである場合又は当該加盟国のデータ主体のみに実質的に影響するにとどまる場合は、主任監督当局に限らず、当該加盟国の監督当局は、不服申立て又はGDPRの違反の可能性の処理についての管轄権を有する（第56条第2項）。

　主任監督当局の決定方法については、GDPRの各条文及びWP244で詳

GDPRで導入された主任監督当局とはどのような制度ですか？
ビジネスにどのような影響がありますか？

細に定められているので、場面に分けて解説する。

2　主任監督当局の決定方法

(1)　管理者・処理者の拠点が複数の加盟国に所在する場合

この場合、「主たる拠点（main establishment）」の所在する加盟国の監督当局が、主任監督当局になる（第56条第1項）。

管理者の「主たる拠点」は、原則的に、事業者の統括拠点（central administration）がある場所であると定められている（第4条第16号(a)）。もっとも、統括拠点以外の拠点がデータ処理の目的及び方法を決定しており、その決定を実行する権限を有している場合には、例外的に、当該拠点が「主たる拠点」になる。

また、域内に統括拠点が存在しない場合は、主たる処理行為が行われている域内の拠点が「主たる拠点」になる（第4条第16号(b)）。

複数の越境的処理を行っており、すべての越境的処理に関する決定が、域内の統括拠点で行われている場合	統括拠点が所在する加盟国の監督当局が、すべての越境的処理に関する主任監督当局と位置付けられる。
複数の越境的処理を行っているが、目的と方法が個々の拠点で決定されている場合	目的及び方法を決定している各拠点が所在する加盟国の監督当局が、それぞれ主任監督当局と位置付けられる。

(2)　管理者・処理者が域内に一つの拠点しか有しない場合

データ処理行為が複数の加盟国のデータ主体に影響を及ぼすか、あるいは、実質的な影響を及ぼし得る場合、当該拠点が所在する加盟国の監督当局が主任監督当局となる。

(3)　管理者・処理者が域内に拠点を有しない場合

この場合、EUに代理人を置いていると考えられるが、それだけでは、ワン・ストップ・ショップの恩恵に与ることはできず、関連する加盟国それぞれの監督当局が、当該管理者の越境的処理について責任を負うことに

なる。処理者においても同様であると考えられる。

(4) 管理者・処理者双方が越境的処理に関係する場合

管理者・処理者の双方が越境的処理に関係している場合は、管理者の主任監督当局が管理者のみならず処理者との関係でも主任監督当局となり、処理者の監督当局は関係する監督当局としてその主任監督当局に協力することになる（前文第36項）。

3 主任監督当局と他の監督当局の関係

(1) 協力義務

主任監督当局は、その他の関係監督当局と協力する義務を負う。また、主任監督当局及び関係監督当局はすべての関連情報をお互いに交換しなければならない（第60条第１項）。第60条では、その他、主任監督当局と関係監督当局間で不和が見られた場合の対応が細かく定められている。

(2) 相互支援

監督当局間では、相互支援することが規定されている。

(3) 監督当局の共同作業

監督当局は、適切な場合は、他の加盟国の監督当局の構成員（日本の個人情報保護委員会でいうところの「委員」に相当）又は職員とともに、共同の調査及び協働の執行措置を含め、共同作業を実施すること（第62条第１項）、管理者・処理者が複数の加盟国に拠点を持つ場合又は複数の加盟国における多数のデータ主体が処理作業によって実質的な影響を受ける可能性がある場合に、当該加盟国の監督当局は共同作業に参加する権利を有すること（第62条第２項）が定められている。

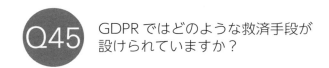

Q45 GDPRではどのような救済手段が設けられていますか？

≪Point≫

GDPRでは、GDPR違反の救済手段として、①監督当局への不服申立て、②違反した管理者・処理者の損害賠償責任、の制度を定めている。

1 監督当局への不服申立て

(1) 不服申立ての権利

すべてのデータ主体は、自身に関する個人データの処理がGDPRに違反していると考える場合には、監督当局に、特にその居住地、勤務地、又は違反を主張する場所の加盟国の監督当局に対して、不服申立てを行う権利を有する。この申立てによって、その他の行政的又は司法的救済を妨げられることはない（GDPR第77条第1項）。

不服申立てを受けた監督当局は、申立人に対して、当該不服申立ての進捗及び結果（GDPR第78条による司法的救済の可能性を含む）を、通知しなければならない（GDPR第77条第2項）。

(2) 監督当局が不服申立てに対処しない場合

GDPR第55条及び第56条に基づき監督権限を有する監督当局が不服申立てに対処しない場合、又は、GDPR第77条に基づく不服申立ての進捗又は結果を、データ主体に対して3か月以内に通知しない場合には、データ主体は、効果的な司法救済を受ける権利を有する（第78条第2項）。

2 監督当局の決定に対する司法救済の権利

すべての自然人又は法人は、監督当局の法的拘束力を有する決定に対し

監督体制と救済、罰則

て、効果的な司法救済の権利を有する（第78条第１項）。手続きとしては、監督当局が置かれている加盟国の裁判所に提訴する必要がある（第78条第３項）。これによって、その他の行政的又は非司法的救済を妨げられることはない。

3　その他の司法救済の権利

データ主体は、GDPR に従わない当該データ主体の個人データ処理の結果として、GDPR において認められる当該データ主体の権利が侵害されたと考えられる場合に、効果的な司法救済を受ける権利を有する（第79条第１項）。手続きとしては、①管理者・処理者が拠点を有する加盟国の裁判所に対して訴訟提起するか、②データ主体が居住する加盟国の裁判所に対して訴訟提起する必要がある（第79条第２項）。これによって、その他の行政的又は非司法的救済（GDPR 第77条に基づく監督当局への不服申立てを行う権利を含む）を妨げられることはない。

4　損害賠償請求権

管理者・処理者による GDPR 違反の結果として、有形的損害又は無形的損害を被った者は、当該損害について、当該管理者・処理者から損害賠償を受ける権利を有する（第82条第１項）。この手続きは、GDPR 第79条第２項で定められる加盟国の国内法に基づく管轄裁判所に対して訴訟提起することになる（第82条第６項）。

5　違反時の損害賠償責任

(1)　管理者の責任

処理に関与した管理者は、GDPR 違反の処理によって発生した損害について賠償責任を負う（GDPR 第82条第２項前段）。

(2)　処理者の責任

処理者は、処理者が GDPR 上直接負う義務を遵守していない場合、又は、管理者の適法な指示の範囲外若しくは当該指示に反する行動をとった場合

にのみ、処理によって発生した損害について責任を負う（GDPR 第82条第2項後段）。

(3) 免責

管理者・処理者は、損害が生じた事由に何ら責任がないことを証明する場合、GDPR 第82条第2項に基づく法的責任を免除される（第82条第3項）。

(4) 複数当事者が関与していた場合の責任

複数の管理者・処理者、又は管理者及び処理者双方が、特定のデータ処理に関与しており、かつ、(1)(2)(3)で述べたルール（第82条第2項・第3項）のもとで、当該データ処理によって生じた損害について一部でも責任がある場合には、各管理者・処理者は、全損害について責任を負う（第82条第4項）。これは、データ主体が損害賠償を効果的に得られるように、という趣旨である。

実際に、管理者・処理者のいずれかが全額の賠償を行った場合、当該管理者・処理者は、当該データ処理に関与した他の管理者・処理者に対して、責任ある部分に対応する部分の賠償額相当額について求償を求めることができる（第82条第5項）。

GDPRでは非常に厳しい制裁金の制度が導入されたとのことですが、どのような違反が制裁金の対象になりますか？制裁金以外に、どのような是正措置を受ける可能性がありますか？

≪Point≫

GDPR下における監督当局による是正手段として、制裁金のみならず、警告・戒告等複数が予定されている。制裁金に関しては、ガイドラインを含め、とりわけ詳しいルールが定められている。

1 是正措置の種類

GDPR違反があった場合の監督当局による是正措置の種類としては、以下が定められている（第58条第2項）。このうち、⑨の制裁金については、①から⑧及び⑩に追加して、あるいはそれらの代わりとして課されるものと定められている（(i)）。

① 意図されたデータ処理がGDPR違反をもたらす可能性がある場合の、警告（(a)）
② 戒告（(b)）
③ データ主体からの権利行使要求への対応命令（(c)）
④ データ処理の際、GDPR遵守を求める命令（(d)）
⑤ データ侵害をデータ主体へ通知するよう求める命令（(e)）
⑥ 処理禁止を含む、一時的又は永続的な制限（(f)）
⑦ GDPR第16条、第17条及び第18条による個人データの訂正若しくは消去又は制限、並びに、第17条第2項及び第19条による個人データが開示された取得者に宛てた当該行動の通知を行うよう求める命令（(g)）
⑧ 第42条及び第43条により、認証を取り下げるか、若しくは発行された認証を取り下げるように認証機関へ命令すること、又は認証に関する要件に合致しない若しくはもはや合致しなくなった場合、認証機関に認証を発行しないように求める命令（(h)）

GDPRでは非常に厳しい制裁金の制度が導入されたとのことですが、どのような違反が制裁金の対象になりますか？制裁金以外に、どのような是正措置を受ける可能性がありますか？

⑨　第83条による制裁金（(i)）
⑩　第三国又は国際組織内の取得者へのデータ流通の中止を求める命令（(j)）

　実際の実務では、監督当局からはまず第58条第1項の調査権限に基づいて、情報提供を行うよう指示があることが一般的である。この段階で、情報提供が正しくなされ、監督当局が問題ないと判断すれば、上記で列挙したような是正措置のステップには進まない。つまり、現実問題としては、事業者は、突然制裁金その他の是正措置を課せられたりするわけではない。

2　制裁金

(1)　制裁金の上限

　GDPR違反を犯した管理者・処理者に対する制裁として、GDPRにおいて新たに導入されたのが、高額な行政制裁金（administrative fine）の制度である。EUデータ保護指令下ではこのような規定は加盟国各国がそれぞれ設けることになっており、各国ごとに異なった制裁金の仕組み・金額となっていた。このようにして各国で設けられていた制裁金の上限額は、GDPRの制裁金の上限額よりもずっと低いものであった。

　現在、世界各国で、様々な個人データ保護規制が施行されている中で、多くの事業者が、GDPR対応に優先的に人手と資金を投入しているのも、この高額な制裁金（①1000万ユーロ以下、又は、事業者である場合は、前会計年度の全世界売上高の2パーセント以下のいずれか高額の方の金額、あるいは、②2000万ユーロ以下、又は、事業者である場合は、前会計年度の全世界売上高の4パーセント以下のいずれか高額の方の金額）が課された場合、GDPRは、事業者にとって、致命的なリスクをもたらすと判断しているためと考えられる。

(2)　売上高にグループ会社の売上高が含まれるか

　(1)で述べたようにGDPRでは、制裁金の上限として「in the case of an undertaking（事業者である場合）」全世界売上高の○パーセント、という定め方をしている。この「事業者（undertaking）」は、一般的な用語では

なく、欧州司法裁判所がEU機能条約101条及び102条に関して示した事業者（undertakings）の概念を参照することが明示的に求められている。ここでいう「事業者（undertakings）」は、「親会社及びすべての関連する子会社によって形成される可能性がある経済単位」を意味する概念であると解されており、場合によっては、グループ会社の売上高が含まれる可能性が示唆されている（前文第150項）。競争法の世界では詳細な判例や議論の積み重ねがあるところであるが、GDPRにそれらがどこまで妥当するかは、不明である。GDPRに関するリスク分析においては重要な事項であるため、十分に留意すべきである。

3　1000万ユーロ以下、又は、前会計年度の全世界売上高の2パーセント以下のいずれか高額の方の金額を上限とする制裁金の事由

GDPR第8条、第11条、第25条ないし第39条、第42条及び第43条に基づく、管理者・処理者の義務に違反した場合は、最大で1000万ユーロ以下、又は、前会計年度の全世界売上高の2パーセント以下のいずれか高額の方の金額を制裁金として課される（第83条第4項）。具体的には以下の各事由である。

根拠条項	管理者	処理者	違反事由
第8条第1項	○	○	児童（16歳未満。加盟国の国内法によっては、15歳、14歳、13歳に変動している可能性がある）に対する直接的な情報社会サービスの提供に関する個人データの処理に際して、子に対する保護責任を負う者による同意又は許可を得なかった場合
第8条第2項	○	○	児童（16歳未満。加盟国の国内法によっては、15歳、14歳、13歳に変動している可能性がある）に対する保護責任を負う者によって同意が与えられた、又は許可されたという状況を証明するための合理的な努力を怠った場合

GDPRでは非常に厳しい制裁金の制度が導入されたとのことですが、どのような違反が制裁金の対象になりますか？制裁金以外に、どのような是正措置を受ける可能性がありますか？

根拠条項	管理者	処理者	違反事由
第11条第2項	○	×	管理者が個人データを処理する目的が、管理者によるデータ主体の識別を要求しないか又はもはや要求しなくなった場合であって、管理者はデータ主体を識別する立場にないことを証明ことができ、かつ、それを通知することが可能であるにもかかわらず、管理者がデータ主体への通知を怠った場合
第25条第1項・第2項	○	○	GDPRの要件（データプロテクション・バイ・デザイン又はデータプロテクション・バイ・デフォルト）を満たす適切な技術的及び組織的措置を実施しなかった場合
第26条第1項	○	×	共同管理者が、管理者間の協定によって、それぞれの責任を決めていなかった場合
第26条第2項前段	○	×	当該管理者間の協定において、共同管理者それぞれの役割及びデータ主体と相対する共同管理者の関係が正しく反映されていなかった場合
第26条第2項後段	○	×	当該管理者間の協定の主要な部分がデータ主体が入手できる状態に置かれていなかった場合
第27条第1項	○	○	義務があるのに代理人を書面によって選任しない場合
第28条第1項	○	×	GDPRの要件を満たす適切な技術的及び組織的措置を実施することを十分に保証しない処理者を利用した場合
第28条第2項	×	○	個別的又は一般的な書面による管理者の事前の許可を得ずに、他の処理者を従事させた場合、及び当該一般的な許可を書面により取得する場合に、必要な事項の通知や異議を唱える機会の提供を怠った場合
第28条第3項・第9項	×	○	所定の事項を定めた契約又はその他法律行為によらずに処理者による処理が行われた場合、又は当該契約又はその他の法律行為が、書面（電子的方式を含む）により行われなかった場合

233

根拠条項	管理者	処理者	違反事由
第28条第4項	×	○	処理者が他の処理者を従事させるにもかかわらず、当該他の処理者に対して、契約又はその他の法律行為により、管理者及び処理者の間の契約又は他の法律行為で定められたものと同一のデータ保護に関する義務を課さなかった場合
第29条	×	○	管理者の指示に基づかずに個人データを処理した場合
第30条第1項〜第3項	○	○	処理活動に関する記録義務を怠った場合（当該記録を書面（電子的方式を含む）により作成しなかった場合を含む）
第30条第4項	○	○	監督当局の要求があったにもかかわらず、監督当局が処理活動に関する記録を利用できる状態にしなかった場合
第31条	○	○	監督当局の要求があったにもかかわらず、それに応じてその業務遂行に協力しない場合
第32条第1項	○	○	リスクに見合った適切な技術的及び組織的な措置を講じなかった場合
第32条第4項	○	○	その権限に基づいて行動するすべての者であって、個人データにアクセスする者が、管理者の指示に基づくものを除き、当該個人データを処理しないことを確保するための手段を講じなかった場合
第33条第1項〜第3項	○	○	個人データ侵害を監督当局に通知する義務を怠った場合
第33条第5項	○	○	個人データ侵害に関する文書による記録義務を怠った場合
第34条第1項・第2項	○	○	個人データ侵害をデータ主体に連絡する義務を怠った場合
第35条第1項・第3項・第7項	○	×	データ保護影響評価を行う義務を怠った場合
第35条第2項	○	×	データ保護影響評価を実施する場合であって、データ保護責任者が指名されているにもかかわらず、データ保護責任者の助力を求めなかった場合

GDPRでは非常に厳しい制裁金の制度が導入されたとのことですが、どのような違反が制裁金の対象になりますか？制裁金以外に、どのような是正措置を受ける可能性がありますか？

根拠条項	管理者	処理者	違反事由
第35条第9項	○	×	データ保護影響評価を実施する場合であって、意見を求める義務が課されているにもかかわらず、データ主体又はその代理人の意見を求めなかった場合
第36条第1項	○	×	データ保護影響評価によって示されていたにもかかわらず、処理の前に監督当局と協議をしなかった場合
第36条第3項	○	×	当該協議において、所定の情報を監督当局に提供しなかった場合
第37条第1項・第4項	○	○	データ保護責任者の選任義務を怠った場合
第37条第7項	○	○	データ保護責任者の連絡先を公開しなかった場合又は監督当局に通知しなかった場合
第38条第1項〜第3項・第6項	○	○	データ保護責任者の関与を確保しなかった場合、必要な支援をしなかった場合、独立性を確保しなかった場合、利益相反を招かない状況を確保しなかった場合

4 2000万ユーロ以下、又は、前会計年度の全世界売上高の4パーセント以下のいずれか高額の方の金額を上限とする制裁金の事由

　GDPR第5条、第6条、第7条、第9条、第12条ないし第22条、第44条ないし第49条、第85条ないし第91条に定められているルール、及び第58条第2項に基づく命令等に違反した場合は、最大で2000万ユーロ以下、又は、前会計年度の全世界売上高の4パーセント以下のいずれか高額の方の金額を制裁金として課される（第83条第4項）。具体的には以下の各事由である。
　① GDPR第5条、第6条、第7条及び第9条による基本的な処理の原則（同意の条件を含む）（GDPR第83条第5項(a)）
　② GDPR第12条から第22条に基づくデータ主体の権利（GDPR第83条5項(b)）
　③ GDPR第44条から第49条に基づく第三国又は国際機関の受領者への個人データ移転（GDPR第83条第5項(c)）

Ⅴ　監督体制と救済、罰則

④　GDPR 第9章（GDPR85条～ 91条）に基づき採択された加盟国の国内法による義務（GDPR 第83条第5項(d)）

⑤　GDPR 第58条第2項に基づく監督当局による処理に関する命令若しくは一時的若しくは確定的限定又はデータ流通の中止の不遵守、又は GDPR 第58条第1項に違反するアクセス提供の不履行（GDPR 第83条第5項(e)）

⑥　GDPR 第58項第2項に基づく監督当局による命令を遵守しなかった場合（GDPR 第83条第6項）

①②のみ、多様な事由が含まれているので、詳細は以下の表を参照のこと。

①について

根拠条項	管理者	処理者	違反事由
第5条第1項 (a)	○	○	個人データの処理について、適法、公正かつ透明性のある手段で処理されなかった場合
第5条第1項 (b)	○	○	個人データの処理について、明確かつ適法な目的のために収集されなかった場合
第5条第1項 (b)	○	○	個人データの処理について、特定された目的と相容れない方法でさらなる処理が行われた場合
第5条第1項 (c)	○	○	個人データの処理について、処理の目的との関係で、必要最小限の範囲に限定されていなかった場合
第5条第1項 (d)	○	○	個人データが不正確、又は、処理される目的に照らして不正確な個人データが遅滞なく消去又は訂正されることを確保するための合理的な手段が講じられていなかった場合
第5条第1項 (e)	○	○	個人データが、処理される目的との関係で必要な期間を超える範囲でデータ主体の識別が可能な状態で保存されていた場合
第5条第1項 (f)	○	○	個人データの処理について、適切な技術的又は組織的措置が講じられていなかった場合
第6条第1項	○	○	GDPR 第6条第1項各号に掲げる要件を満たさずに個人データを処理した場合

GDPRでは非常に厳しい制裁金の制度が導入されたとのことですが、どのような違反が制裁金の対象になりますか？制裁金以外に、どのような是正措置を受ける可能性がありますか？

根拠条項	管理者	処理者	違反事由
第7条第1項	○	○	同意を適法性の根拠として個人データを処理する場合であるにもかかわらず、管理者が同意を証明できるようにしていなかった場合
第7条第2項	○	○	同意を適法性の根拠として個人データを処理する場合であるにもかかわらず、明瞭かつ平易な言葉を用いないなど同意の取得の方法が第7条第2項の定める条件を満たしていない場合
第7条第3項	○	○	同意を適法性の根拠として個人データを処理する場合であるにもかかわらず、同意を撤回する権利について事前にデータ主体に情報提供されていなかった場合
第9条	○	○	適用除外事由がないにもかかわらず、特別カテゴリーの個人データを処理した場合

②について

根拠条項	管理者	処理者	違反事由
第12条第1項	○	×	データ主体に対する情報・連絡を提供するための適切な措置を講じていなかった場合
第12条第2項前段	○	×	データ主体による権利行使を容易にしていなかった場合
第12条第2項後段	○	×	自らがデータ主体を識別する立場にないことを証明しなかったにもかかわらず、GDPR第15条から第22条に基づくデータ主体の権利行使に関する請求を拒んだ場合
第12条第3項	○	×	GDPR第15条から第22条に基づく請求がなされた場合であって、例外事由がないにもかかわらず、その請求を受領してから1か月以内に、データ主体に対して当該請求に基づいてとられた行動に関する情報を提供しなかった場合

根拠条項	管理者	処理者	違反事由
第12条第4項	○	×	データ主体の請求に基づく行動をとらないにもかかわらず、データ主体に対して、その拒否の理由等を1か月以内に通知しなかった場合
第12条第5項	○	×	例外事由がないにもかかわらず、GDPR第13条から第22条及び第34条に基づく情報提供等を有償で提供した場合
第13条第1項・第2項、第14条第1項・第2項	○	×	個人データを収集・取得する場合に、法定の時期までに、データ主体に対して必要な情報を提供しなかった場合
第13条第3項、第14条第4項	○	×	新しい目的での個人データの処理に先立ち、新たな処理の目的等に関する情報をデータ主体に提供しなかった場合
第15条第1項	○	×	データ主体に関する個人データを処理しているかの確認や処理している場合の個人データ等へのアクセスを拒否した場合
第15条第3項	○	×	処理を実施している個人データの写しの提供を拒否した場合
第16条	○	×	データ主体から不正確な個人データの訂正を請求された場合に、不当に遅滞することなく当該訂正を行わなかった場合
第17条第1項	○	×	データ主体から個人データの消去を請求された場合に、不当に遅滞することなく当該消去を行わなかった場合
第17条第2項	○	×	管理者が個人データを公開し、かつ、当該個人データを消去する義務を負っている場合に、当該個人データを処理している他の管理者に対してデータ主体が消去権を行使していることといった所定の事項の通知のための合理的な手段を講じていなかった場合
第18条第1項・第2項	○	×	データ主体から個人データの処理の制限を請求されたにもかかわらず、マーキングせず、又は、保存以外の処理を行った場合

GDPRでは非常に厳しい制裁金の制度が導入されたとのことですが、どのような違反が制裁金の対象になりますか？制裁金以外に、どのような是正措置を受ける可能性がありますか？

根拠条項	管理者	処理者	違反事由
第19条	○	×	個人データの訂正、消去又は処理の制限に関する受領者やデータ主体への通知義務を怠った場合
第20条	○	×	データポータビリティの権利に基づくデータ主体からの請求を拒否した場合
第21条	○	×	個人データの処理、ダイレクトマーケティングのための個人データの処理等についてデータ主体から異議を唱えられたにもかかわらず、それを拒否した場合
第22条第1項・第2項	○	○	自動化された処理のみに基づいてデータ主体に関する法的効果等を決定した場合
第22条第3項	○	×	データ主体の権利及び自由並びに正当な利益の保護措置として適切な措置を実施しなかった場合
第12～第22条	○	○	データ主体の権利及びその行使の手順を尊重しなかった場合

239

Q47 GDPR において、制裁金の金額はどのように
決定されるのでしょうか？

≪Point≫

GDPR では、制裁金決定に際して、4 原則と11個のファクターを考慮することを求めている。

1　制裁金の概要

(1)　他の罰則との関係

制裁金の金額の決定に際しては、効果的、比例的かつ抑止的であるべきとする原則（第83条第 1 項）が遵守されなければならない。

したがって、軽微な違反行為である場合や、自然人に制裁金を課すことが比例的とは言えないような場合においては、制裁金ではなく戒告（reprimands）を行うことができる（GDPR 前文第148項）。もっとも、軽微な違反行為である場合等においても、監督当局は常に戒告を選択しなければならないものではなく、各事案の具体的な事実関係を評価のうえ、制裁金の要否等を判断しなければならない。

(2)　一般的条件と4原則

制裁金の金額の決定に関して、GDPR の本文で定められている一般的条件は、(1)で述べた効果的、比例的かつ抑止的であるべきとする原則（第83条第 1 項）と、第83条第 2 項で定められた11個のファクターを斟酌することであるが、ガイドライン（WP253「制裁金の適用及び設定に関するガイドライン」）では、これらを含めて、4 原則と11個のファクターという形で整理しているので、以下この枠組みで説明する。

240

GDPRにおいて、制裁金の金額はどのように決定されるのでしょうか？

2 4原則

(1) 一貫性（consistency）の確保と同等性

各国の監督当局は独立性を有する一方で、EUデータ保護指令と異なりGDPRは各加盟国で直接適用されることから、一貫性を確保することも重要であるとされている（前文第13項）。ガイドラインでは、この一貫性の確保という観点から、同等性というコンセプトの重要性が強調されている。

具体的には、各監督当局は独立した立場でGDPR第58条第2項が定める是正措置を選択することができるものの、類似の事案において、異なる是正措置を選択するべきではない、としている。さらに、この内容は、制裁金を選択する際にも妥当する、としている。

(2) 効果的、比例的かつ抑止的であること（effective, proportionate and dissuasive）

ガイドラインは、監督当局によるすべての是正措置と同様、制裁金は、違反の性質、重大性及び結果に的確に対応したものであるべきであり、監督当局は各事案のすべての事実を、一貫性を有した客観的に正当化された手法で評価しなければならないとしている。

また、監督当局は、制裁金を課すことが個別の事案において効果的、比例的かつ抑止的であることを確保する義務を負っているが（GDPR第83条第1項）、ガイドラインでは、各事案においていかなる是正措置が効果的、比例的かつ抑止的であるかの評価は、是正措置によって追求される目的（法令遵守の再確立もしくは違法行為の処罰又はこれらの双方）を考慮したものでなければならないとしている。

(3) 管轄監督当局が各個別の事案について評価を行うこと

ガイドラインは、制裁金は、広範な事案に対応する是正措置であることを確認する。そのうえで、ガイドラインは、第83条第4項～第6項は、制裁金の適用対象となる違反事由を列挙のうえ、各カテゴリごとに制裁金の上限額を定める方式をとっているが、これらの違反事由に該当する場合で

241

あっても、監督当局は制裁金に限定することなく、あらゆる是正措置を検討しなければならないとする。

　また、ガイドラインは、制裁金は最終手段ではないのだから、監督当局はその適用を躊躇する必要はなく、監督当局において十分に考慮のうえ、バランスのとれた制裁金の適用を行うことが、違反に対する、効果的、比例的かつ抑止的な対応を実現するうえで望ましい旨を強調している。上記を踏まえれば、GDPR 施行後は、監督当局が、制裁金の適用について必ずしも抑制的な態度をとらず、重大な違反事例については積極的な制裁金の適用をもって対応する可能性も否定できないと考えられる。したがって、GDPR 適用開始後の運用及び事例の蓄積について注視していく必要性は高い。監督当局間で意見の対立があった場合、是正措置について根拠ある異議が唱えられた場合には、監督当局の是正措置が効果的、比例的かつ抑止的であったかについて、EDPB による審査がなされることになるため、EDPB の対応も要注意である。

(4)　調和的アプローチ

　ガイドラインは、いくつかの加盟国の監督当局にとって、GDPR の制裁金に関する権限は、データ保護の分野における未経験の事項であり、リソース、組織及び手続きの観点から様々な問題点を生じさせるだろう、と述べたうえで、特に制裁金に関する権限の行使に関する決定が各加盟国の国内裁判所において上訴の対象となり得ることを強調している。

　監督当局は、相互協力とともに、公式又は非公式の情報交換（例：定期的なワークショップ）の支援を目的とした、GDPR において定められているメカニズムを通じた欧州委員会との協力を行うものとされている。

　制裁金に関する権限行使に関する判例法の展開、及びこれらの積極的な情報共有によって、これらのルール又はガイドラインの見直しを行う際の一助となることが期待されている。

GDPRにおいて、制裁金の金額はどのように決定されるのでしょうか？

3 考慮すべきファクター

(1) ファクター一覧

制裁金を課すか否かの決定及び個別案件において支払われるべき制裁金額の決定に際しては、次に掲げる事項を考慮しなければならない（第83条第2項）。

① 違反の性質、重大性（gravity）及び期間（処理に関する性質の範囲又は目的並びに影響を受けたデータ主体の数及びデータ主体の被った損害の程度を考慮する）（第83条第2項(a)）
② 違反の故意又は過失（第83条第2項(b)）
③ データ主体の被った損害を軽減させるために管理者又は処理者がとった行動（第83条第2項(c)）
④ 管理者及び処理者の責任の程度（管理者又は処理者が第25条及び第32条に基づいて実施した技術的及び組織的措置を考慮する）（第83条第2項(d)）
⑤ 管理者又は処理者による以前の関連する違反行為（第83条第2項(e)）
⑥ 違反の是正及び違反により発生し得る悪影響を軽減するための監督当局との協力の程度（第83条第2項(f)）
⑦ 違反によって影響を受けた個人データの種類（第83条第2項(g)）
⑧ 監督当局が違反を認知するに至った経緯。特に管理者又は処理者が違反を通知したか否か、もし通知した場合はどの程度の通知を行ったか（第83条第2項(h)）
⑨ 同一の対象事項に関してGDPR第58条第2項で定められた措置を講じることが関連する管理者又は処理者に対して以前に命令されていた場合は、当該措置の遵守（第83条第2項(i)）
⑩ GDPR第40条による承認された行動規範又はGDPR第42条による承認された認証メカニズム（データ保護認証）の遵守（第83条第2項(j)）
⑪ 事案の状況に当てはまるその他の加重又は軽減要素。たとえば、違反から直接的又は間接的に得た金銭上の利益又は回避された損失（第83条第2項(k)）

Ⅴ　監督体制と救済、罰則

(2)　各ファクターの解説

①　違反の性質、重要性及び期間

　ガイドラインは、GDPR があくまで違反に対する制裁金の上限を定めているに過ぎず、違反ごとに具体的な制裁金額を定めるものではない以上、監督当局は、各事案の具体的な事実関係を評価して、制裁金の金額を判断すべきである旨を強調している。

　違反の重要性については、①データ主体の数（単発の違反なのか又はより組織的な違反若しくは適切なルーティンの実施を欠いている兆候を示すものか等）、②処理の目的、及び③損害（データ主体が被った損害の程度等）を総合的に評価のうえ、判断されることになる。

　違反の期間については、たとえば、管理者側の故意、適切な予防措置の欠缺、技術的・組織的な措置を講ずる能力の欠如等を示す可能性があるとされる。

②　違反に係る故意又は過失の性質

　本ファクターについては、故意ではない場合に比して、故意の違反はより深刻であり、制裁金が課される可能性が高いとの一般論を示したうえで、双方の具体例が示されている。

＜故意の違反の可能性がある例＞

　・管理者のトップマネジメントが違法な処理を明確に認めていた場合、データ保護責任者（DPO）のアドバイスに反して違法な処理がなされていた場合

　・既存のポリシーに反して違法な処理がなされていた場合等が挙げられている。

　・目標（例：病院において患者が治療を受けられるまでに要する待機日数に関する目標等）の達成の有無を誤認させる目的で個人データの改ざんを行う場合

　・マーケティング目的での個人データの取引（データ主体の意向を確認せず、又は無視したオプトイン方式での個人データの販売）

＜過失による違反を示す例＞

　・人為的なミス

GDPRにおいて、制裁金の金額はどのように決定されるのでしょうか？

・公刊された情報中の個人データの確認漏れ
・適時な技術的アップデートの適用がなされていなかった場合

③ データ主体の被った損害を軽減させるために管理者又は処理者がとった行動

本ファクターは、制裁金の金額の調整に特に適しているが、監督当局が他の基準に基づく評価の結果制裁金の適用に疑念を抱いたような場合には、本ファクターが、適切な是正措置の選択に際して決定的な要因となることもあり得ることが示されている。つまり、制裁金の額のみならず、制裁金の要否の判断にも影響する、重要なファクターである。

＜参考：EUデータ保護指令下における、具体的な損害軽減措置の例＞
・個人データの一部が第三者に共有されてしまった場合に、他の管理者又は処理者にコンタクトすること
・違反行為の継続・拡大を防止するために管理者や処理者によって適時の行為を実施すること

④ 管理者又は処理者がGDPR第25条及び第32条に基づいて実施した技術的及び組織的措置を考慮に入れた管理者及び処理者の責任の程度

ガイドラインは、GDPR第25条及び第32条は、管理者の結果責任を求めるものではなく、管理者に対して、必要な評価を行い、適切な結論を導くことを求めるものであることを確認する。

そのうえで、ガイドラインは、管理者は、個人データの処理の性質、目的又は規模に基づき管理者が期待される対応をどの程度実施したのか説明する義務があるとし、以下の事項が重要であると述べている。

・管理者又は処理者の責任の程度を評価する際には、ベストプラクティスを十分に考慮するとともに、業界標準及び当該分野又は職業における行動規範についても考慮すること
・管理者又は処理者の責任の程度を評価する際には、個別の事案における特別の状況が十分考慮されること

⑤ 管理者又は処理者による以前の関連する違反行為

本ファクターの評価に際して、いかなるGDPRの違反であっても、当該違反者の一般的なデータ保護に関する不十分な知識や無関心を示す可能性があるため、監督当局は過去の違反行為を広範に評価すべきであるとし

245

ている。具体的には、管理者又は処理者への評価のポイントであると述べている。

- ・過去に同様の違反を犯したことがあるか
- ・過去に同様の態様（事業者内の既存のルーティンに対する不十分な認識、不適切なリスクアセスメント、データ主体からの要求に対する適時の対応の欠缺や正当化されない遅延等）でGDPRの違反を犯したことがあるか

⑥　違反の是正及び違反により発生し得る悪影響を軽減するための監督当局との協力の程度

　管理者の介入が、当該介入を行わなかった場合に比べて、データ主体の権利に対して否定的な影響を生じさせない場合には、個別事案における比例的な是正措置の選択に際しても、同様に考慮されるべきファクターであるとされている。つまり、この場合は、制裁金の額のみならず、制裁金の要否の判断にも影響し得るということである。他方、法令によって要求されている行為（たとえば、監督当局による施設へのアクセスの許容）については、義務を果たしたに過ぎないので、プラスの評価の対象とすべきではなく、果たさなかった場合には、逆にマイナス評価に働くので注意である。

⑦　違反によって影響を受けた個人データの種類

　本ファクターに関して監督当局が評価すべき事項として以下の例が挙げられている。

- ・違反が、GDPR第9条又は第10条に定めるデータの処理に関するものか。
- ・当該データは、直接識別可能なものか、間接的に識別可能なものか。
- ・当該処理が、個人に対してただちに損害・苦痛を与える原因となるデータ（GDPR第9条又は第10条のカテゴリには該当しない）の流布を含むか。
- ・当該データについて技術的保護がなされておらず即時利用可能か、暗号化されているか。

⑧　監督当局が違反を認知するに至った経緯

　管理者は、もともと、違反に関して監督当局に通知するGDPR上の義務を負っているため、単に監督当局に違反を通知しただけでは、プラスの

GDPRにおいて、制裁金の金額はどのように決定されるのでしょうか？

評価の対象とはならない。他方で、処理者又は管理者が不注意で通知を行わなかった場合や少なくとも違反の詳細のすべてが通知されなかった場合には、マイナス評価に働き、監督当局によってより重大な措置が課される可能性もある。

⑨ GDPR第58条第2項に基づく措置の遵守状況

⑤と異なり、本ファクターについては、同一の対象事項に関して同一の管理者又は処理者に対して発せられた措置のみが勘案される。

⑩ 行動規範（GDPR第40条）又は認証メカニズム（GDPR第42条）の遵守

管理者又は処理者が承認された行動規範を遵守する場合、当該行動規範に係る団体がその構成員に対して適切な措置を講ずることになる。そのため、監督当局は、当該措置をもって、十分効果的、比例的又は抑止的なものと評価する可能性がある。

他方、そのような場合であっても、監督当局はその権限行使を妨げられるわけではなく、これらの行動規範等の遵守の事実を考慮しないことも可能である。

⑪ その他の加重又は軽減ファクター

違反の結果として得られた利益は、制裁金のような是正措置をとらなければ、当該違反者に賠償させることができないため、このような利益に関する情報は、監督当局にとって非常に重要なものとなり得る。違反の結果として利益を得ている場合には、制裁金を課す方向に影響する。

247

近時のEUのデータ保護当局による違反者への執行はどのような状況でしょうか？
GDPR施行後はどうなるでしょうか？

≪Point≫

　GDPRでは、GDPR違反の救済手段として、①監督当局への不服申立て、②違反した管理者・処理者の損害賠償責任、の制度を定めている。

1　執行事例に多く見られるパターン

　EUデータ保護指令には、GDPRのような制裁金の規定は含まれていない。EUデータ保護指令はGDPRのように、管理者・処理者に直接適用されることが予定されておらず、直接適用される加盟国の国内法に基づいて、制裁金が課されてきた。近時の事例を踏まえると、ハッキングやサイバー攻撃によるデータ漏えいなど外部に起因するトラブルや内部のミスなどによる漏えいを契機として、事業者のこれまでのデータ保護のあり方が問題視されるに至るケースが大半である。ただ、昨今はグローバルなIT大手事業者のデータ処理が問題視されたケース、個人データの越境移転規制違反が問題視されたケースが発生しており、今後はこのようなケースが増加していくものと考えられる。

　以下では、EU内でも比較的データ保護に関して緩やかな姿勢をとっているとされるイギリスの監督当局ICOによる執行事例を中心に紹介する。

2　第三者によるサイバー攻撃・窃盗の被害者となったことが端緒となった事例

(1)　セキュリティホールを放置していた事例

　建築資材をオンライン販売する企業のオンライン販売システムにセキュリティホールがあった。攻撃者はSQLインジェクションの手口で、ユー

近時のEUのデータ保護当局による違反者への執行はどのような状況でしょうか？GDPR施行後はどうなるでしょうか？

ザ名及びパスワード・ハッシュ値にアクセス、最終的には、オンライン販売の支払いページを変更し、顧客数百名分のカード情報（氏名、住所、カード番号、セキュリティコード）を盗取した。

ICOは、被害者企業は、具体的には、定期的な侵入テストを怠り、総当たり攻撃に耐え得る複雑なパスワードを強制しないなど、適切な技術的対策をとらなかったうえ、顧客から通報されるまで事態を把握できていなかったことを問題視して、55,000英ポンドの支払いを命じた。

(2) サーバ・ルームの安全管理措置が十分でないとされた事例

保険サービス提供会社のサーバ・ルームから、従業員又は外注業者によってNASサーバが盗まれ、その後発見されていない。サーバ・ルームの入退室にはセキュリティ・カードが必要だったが、カードを本来必要としない従業員及び外注業者に対しても、カードが貸与されていた。

NASサーバには暗号化されていないままの、約6万人の銀行口座情報を含む顧客個人データ、約2万人のクレジットカード情報が保存されていた。

ICCは、高度のリスクがあったと判断し、相応の安全管理措置の実施が必要であったにもかかわらず、不十分であったと判断した。安全管理措置として本来は、CCTVなどによりNASサーバの物理的盗取を防止する措置、NASの接続状況を常時監視しオフライン時にアラートする対策、サーバ・ルームへの入退室権限を必要最小限に限定する措置、サーバ・ルームへの単独の入退室を認めない措置、サーバ・ルームへの入室を監視する措置が必要であると判断された。

ICOは、最後までNASサーバが盗取された事情の詳細を特定できなかったことを問題視して、150,000英ポンドの制裁金を課した。

3 買収した事業部門のセキュリティ対策が不十分とされた事例

ブロードバンド、モバイルなどの通信事業のグループが、買収した事業部門の保有するウェブサイトのセキュリティ更新を数年間にわたり怠っていたところ、サイトのバックエンドのMySQLがSQLインジェクションを受け、15万人以上の個人データが盗取された。個人データには銀行の口

監督体制と救済、罰則

座番号が含まれていた。具体的には、買収した資産に当該ウェブサイトが含まれることに気付かず放置し、サイバー攻撃を受けるまでの3年半にわたり、利用可能なセキュリティ更新を放置していた。

ICOは、事業者が自らICOに届け出し、ICOの調査にも協力的だったこと、被害者に12か月無料のクレジット監視を提供していたことを一定程度評価したものの、被害の大きさと過失の大きさを踏まえ、400,000英ポンドの制裁金を課した。

4　委託先（処理者）の監督責任が問題視された事例

体外受精治療を提供する病院の経営者が、国外（EU域外）の委託先（処理者）に、医師と体外受精治療患者の会話録音ファイルを暗号化しないままメールで送り、文字起こしさせていたところ、委託先がアクセス認証のかかっていないFTPサーバを利用していたことから、文字起こし済みのファイルが検索エンジン経由で誰でもアクセス可能であることが、患者からの通報により判明した。

ICOは、①病院側が、ファイルの暗号化等の適切なデータ保護措置を講じておらず、②委託先（処理者）にData Protection Act（イギリスの個人データ保護法）遵守を保証する措置（契約、監視等）をとっていなかったこと、③被害者数と漏えいしたデータの内容が体外受精治療に関する非常にセンシティブなものだったことを重視し、200,000英ポンドの制裁金を課した。

5　厳格な基準のもと、有効な同意がなかったと判断された事例

(1)　同意なしにマーケティング目的の利用があったと判断された事例

日系自動車メーカーの欧州子会社が、自社ウェブサイト、オフラインの販促イベント、独立系ディーラー経由で入手していた顧客・見込み客約29万人にマーケティングメールを受け取るかどうかを確認するメールを発信したところ、一部の受信者からICOに苦情が申し立てられた。

ICOによる調査の結果、受信者がマーケティングメールを受信するこ

近時のEUのデータ保護当局による違反者への執行はどのような状況でしょうか？ GDPR施行後はどうなるでしょうか？

とについて同意を与えていることを当該欧州子会社は証明できなかったとして、ICOは、13,000英ポンドの制裁金を課した。

(2) 第三者提供についての同意が無効と判断された事例

消費者ローンのマッチングサービス会社が、アフィリエイト業者によって、同意を取得の手続きが適正に行われていたという前提で、500万通以上の勧誘メールを送信したところ、一部の受信者からICOに苦情が申し立てられた。

ICOが問題視したのは、同意取得の際の説明文言が「当社は、あなたの個人データを貸手又は提携事業者に渡します。」「あなたは当社又は当社が信頼するパートナーがSMSでコンタクトすることに同意しました。」というもので、同意の対象が明確で特定されておらず、同意は無効であると判断し、120,000英ポンドの制裁金を課した。

6 越境移転規制の違反があったと判断された事例

イギリスではなくドイツの事例だが、EU・米国間のセーフハーバーが無効となった後、プライバシーシールドに移行する前の6か月間の期間内に、他の適法化措置を取ることなく、従業員及び顧客に関する個人データが、米国企業のドイツ子会社から米国に向けて越境移転されていたとして、三つの法人に、8,000ユーロ、9,000ユーロ、11,000ユーロの制裁金を課したことが知られている。

制裁金を課したドイツのハンブルク州の監督当局は、制裁金賦課に向けた行政手続きが開始されたのち、3法人が、越境移転を、標準契約条項（SCC）に基づく方法へ変更した点を有利に斟酌したことを明らかにしており、制裁金の金額決定に際して、違反後の事業者側の対応が考慮された事例といえる。

7 今後の執行の見通し

GDPR施行後は、監督当局のよりアグレッシブな動きが見込まれる。その際、どのような事業者が制裁金の対象となりやすいかについて予測するのは困難であるが、より大規模な個人データの処理・移転が行われており、

251

監督体制と救済、罰則

データ侵害の規模・程度がより深刻であろうと考えられている事業分野・事業者がターゲットにされる可能性が高いと考えられる。

　また、上記で見てきたように、制裁金を賦課される事態に至るきっかけは、事業者による不適切なデータ処理による影響を受けた個人データ主体から監督当局への通報が契機となるパターンのみならず、事業者がサイバー攻撃や不法なデータ持ち出しの被害者になってしまい、それを契機として、被害者である事業者のセキュリティ体制の不備が後々になって問題視されるに至るパターンも少なくないことがわかる。

　また、上記の事例には、事業者自身が監督当局に相談したことによって、監督当局が事態を把握するというパターンも含まれている。このように事業者自ら、調査・執行の端緒を作り出す行動も、リスクコントロールという冷静な観点の裏付けがあってこその行動とも考えられる。とりわけ、GDPR の施行後においては、制裁金の上限が非常に高くなり、事業者のビジネスの継続可能性にも影響を及ぼしかねない状況を迎えることになるため、制裁金によるリスクをいかに抑えるかは特に重要な観点になってくる。制裁金の算定において、事業者の調査にどれだけ誠実に協力しているか、違反後の対応等も斟酌されることを考えれば、事業者が自発的に通報するという対応を真剣に検討すべきであるし、72時間以内のデータ侵害の通報義務が導入された以上は、監督当局もそのような対応を期待していると考えるのが妥当だろう。

　少なくとも、事業者自身が黙っていて、対応影響を受けた個人データ主体をはじめとして、事業者以外の第三者による通報を端緒として、監督当局が事態を把握するという流れは、制裁金の算定のみならずその後の監督当局との関係において、決して望ましい事態を招くものではないであろうことは想像に難くない。

VI

GDPRと個人データに関する規制の世界的動向

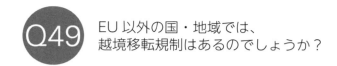

Q49　EU 以外の国・地域では、越境移転規制はあるのでしょうか？

≪Point≫

　EU 以外の国・地域でも、個人データ保護法制の整備が進められており、その中で、越境移転規制のルールを導入する国・地域が急激に増加している。

1　世界各国で進む個人データ保護法制の導入・アップデート

　GDPR が2018年5月に施行されるのに合わせるかのように、世界各国で個人データ保護法制の導入・アップデートが進められている。

　日本では、2005年に個人情報保護法が施行され、長らくアップデートがされない状況が続いていたが、2017年5月に改正個人情報保護法が全面施行され、これに関連して JISQ15001（個人データ保護マネジメントシステム規格）の改正作業が進められている。

　米国においては、現時点で連邦法としての包括的な個人データ保護法制がなく、各州法や特定業種規制の中で個人データの取扱いにかかわる規律を定めているが、2012年にオバマ政権下で消費者プライバシー権利章典が公表されて以降、これを法制化しようとする動きが続けられている。

　アジア各国の動きも盛んである。英語圏である香港・オーストラリアは、日本に先駆けて、個人データ保護法制を導入した。その後、2010年代に入って、台湾、韓国、シンガポール、マレーシア、フィリピン等、続々とアジア各国で個人データ保護法制が導入された。他方、インドネシアのようにまだ導入されていない国も見られる。アジアの規制でも特に注目すべきなのが、2017年6月以降、現地に拠点を有する多数の事業者にとって頭痛の種となっている、中国のサイバーセキュリティ法である。

　EU・アジア以外の地域でも、BRICS 諸国その他でも、個人データ保護

EU以外の国・地域では、越境移転規制はあるのでしょうか？

法制の導入・アップデートが進められている。

2 なぜこのタイミングなのか

こうした個人データ保護法制の導入・アップデートが求められる背景として、個人データを利活用するオンラインサービスやモバイルサービスの普及、オンラインやモバイルで提供されることによるターゲットのグローバル化を指摘することができる。個人データの取得から流通・利用に至るまで、すべてがオンラインで収集・処理され、氏名やメールアドレスのみならず、IDや会員番号などをキーとして、行動履歴・閲覧履歴・購買履歴・乗降履歴等の履歴情報が蓄積・モニタリング・プロファイリングされ、マーケティング等に活用されるのが一般化している。その中には、GPSによる位置情報や、ポイントカードに連動した購買履歴、Cookieを使ったウェブ閲覧履歴など、本人が明確に意識していない状態で個人データが取得されているケースも少なくないが、それらがリアルタイムで、国境を越えて収集されている。オフラインにおいても、メーカーのディストリビューションが世界中に及び、そのフィードバックともいえる情報が世界各国から集まってくる状況が見られる。また、グローバル展開をしているグループ企業においては、特定の国の子会社がグループ全体の給与計算を担当するなど、従業員の情報がグループ内で移転あるいはシェアされるのが一般化している。

このような環境変化を踏まえ、各国の個人データ保護法制では、個人データを取り扱う企業に対し、より厳格な保護措置を講じることや、説明責任を果たすことができるような管理態勢の整備を新たに求めるようになってきているという状況が見られる。

3 越境移転規制の拡大

このような世界各国の個人データ保護法制の導入・アップデートの潮流において、目立つ動向の一つが、個人情報の越境移転規制である。これまでは、越境移転規制を設けている国・地域は、EUとEUから十分性認定を受けた国・地域が主だったが（第1期）、一気に拡大しつつある（第2期）。

255

GDPRと個人データに関する規制の世界的動向

第1期：EU（データ保護指令）（1995）、香港（1996）、オーストラリア（2000）

第2期：韓国（2011）、インド（2011）、台湾（2012）、マレーシア（2013）、ベトナム（2013）、シンガポール（2014）、ブラジル（2014）、インドネシア（2016）、日本（2017）、EU（GDPR）（2018）

日本でも、これまでは越境移転規制がなかったところ、2017年5月の改正法により、新たに導入された。

4　事業者はどのように対応すべきか

このように世界中に一気に拡大した越境移転規制に、事業者はどのように向き合っていくべきなのか。

理想論を言えば、自社の事業において個人データの越境移転を行っている、すべての国・地域に関して、調査を行い、規制があることが判明した場合は、規制に対応するべく手当てを行う、ことが求められる。

しかし、事業展開している国・地域の数が多数であればあるほど、このような対応は難しくなる。調査だけでも、海外の法律事務所等への調査依頼が必要となるため、相当のコスト・時間がかかるのは避け難いためである。とりわけ、情報の少ない国・地域に関しては、その傾向が顕著である。

もう一つ、問題を難しくしているのが、国・地域によって、越境移転を合法的に行うための要件が少しずつ異なっていることである。ほとんどの国・地域では、データ主体の同意取得で対応できるものの、「有効な同意」を取得したと認められるための要件がことなるため、事業者としては、ある特定の手法によって、同意を取得していたつもりだったところが、国・地域によっては、同意を取得できていなかった、つまり、越境移転を合法的にできていなかった、と判断される事態もあり得る。このため、事業者によっては、「有効な同意」を取得したと認められるための要件が最も厳しいと思われるGDPRに合わせて対応することで、他の国・地域についても、「有効な同意」を取得したと認められるであろう、と割り切った対応をとっている事業者もある。

もう一つ、事態をややこしくしているのが、国・地域によっては、同意取得だけでは、規制を遵守したことにならない、あるいは、同意取得に

EU以外の国・地域では、越境移転規制はあるのでしょうか？

よっては、そもそも越境移転が合法にならない規制があることである。前者の代表例としては、中国のサイバーセキュリティ法、後者の代表例としては、インドネシアの条例案が挙げられる。

　これらの問題点をカバーしようとする場合、事業者の対応としては、基本は、GDPRに対応するよう体制を整えるとともに、個人データの越境移転を高頻度であるいは大量に行っている国・地域については別途、法規制の調査を行ったうえで、規制に対応するよう手当てを行う、といった対応が考えられる。

データーローカライゼーションとは何ですか？
越境移転規制とはどのような関係ですか？

≪Point≫

EU以外の国・地域でも、個人データ保護法制の整備が進められており、その中で、越境移転規制のルールを導入する国・地域が急激に増加している。

1 データローカライゼーション

海外のビッグデータ、IoTデータを活用する際に、パーソナルデータの越境移転規制と並んで、もう一つ気を付けなければならないのが、世界的なデータローカライゼーションの潮流である。

データローカライゼーションは、明確な定義はないものの、おおむね、データの国内保存義務を課す規制である。対象は、個人情報に限定されない。政府・公的機関、情報通信、金融、ヘルスケア等、国・法域により異なってくるところである。

データローカライゼーションは、スノーデン事件後、急速に拡大した規制で、EU、東アジア（中国、韓国）、東南アジア（ベトナム）、中南米（ブラジル）、ロシアほか、地域を問わない。

その目的も、個人情報保護、プライバシー保護にとどまらず、セキュリティ保護、国家安全保障、監視活動対策、産業育成等、多岐にわたる。

目的が個人の権利保護に限られないことから、データ主体の同意があっても、規制をクリアできない場合もあるのは、個人情報の越境移転規制との大きな相違といえるだろう。

加えて、現在も引き続き規制が拡大傾向にあるため、最新の規制の調査が必要とされている。

データローカライゼーションとは何ですか？越境移転規制とはどのような関係ですか？

越境移転規制	データローカライゼーション
1990年代から。2010年代に一気に増加。	2010年代に急速に拡大。
対象は個人データ	対象は個人データに限定されず。政府・公的機関、情報通信、金融、ヘルスケア情報を含む。
プライバシー保護	プライバシー保護の他、セキュリティ、産業育成、監視活動対策等、多岐にわたる。
データ主体の同意があれば、移転可能。	データ主体の同意だけでは不足の可能性。そもそも「データ主体の同意」が観念できない可能性も。
世界中で共通の対応策をとることが容易。	国・法域により、個別の対策をとる必要。

2　データローカライゼーションは多岐の分野にわたる

　データローカライゼーション規制が様々な分野でありうることを示す例としては、韓国（一定の場合を除き、韓国発行のクレジットカード番号の海外保存を禁止し、また、マッピングデータの海外保存を禁止する）、ルーマニア（オンライン・ギャンブリングに関し、プレイヤー自身のデータ、ギャンブル行為のデータの国内保存を義務付ける）等を挙げることができる。自社が予定する事業分野に、その国独特のデータローカライゼーション規制がないかは、事前に確認が必要である。

　また、連邦制国家の中には、ドイツのように、州レベルで、データローカライゼーション規制を定めているケースも見られるので、より注意深い調査が必要である。

韓国	「クレジット分野の金融ビジネス監督規制」では、韓国発行のクレジットカード番号の海外保存を禁止　→　2013年に緩和し、5か国以上でサービスを提供する海外事業者については、例外的に許容。
	「Act on the Establishment, Management, Etc. of Spatial Data」(2014)：世界唯一、マッピングデータを規制。
	「Act on Promotion of Cloud Computing and Protection of Users」(2015)：あくまで推奨だが、韓国の事業者は遵守。

GDPRと個人データに関する規制の世界的動向

インドネシア	「電子システムと取引の提供に関する政府規制」(Regulation No.82)(2012): Electronic System Operation for Public Service は、データセンター及びディザスターリカバリーセンターを国内に設置しなければならない。
	インドネシア中央銀行は、電子マネー事業者に、データの国内保存を義務付けた (2014)。
	Over-the-top service 事業者に、データの国内保存義務 (2016)。
ベトナム	「インターネットサービスとオンライン情報の管理・提供・利用に関する法令」(Decree72)(2013):SNS、オンラインゲーム、モバイルコンテンツ事業者等は、国内に「少なくとも一つ以上のサーバシステム」を設置することを義務付け。
	Over-the-top service 事業者を規制する草案を公表 (2014)。
	公開情報に関する越境移転規制条項の通達案 (2015)
ロシア	2016年、電気通信のデータに関し、広範なローカライゼーション規制を制定。
	メタデータのみならず、通信内容（音声データ、テキストメッセージ、映像、音楽、動画等）そのものについて、6か月の保存義務を課す。
	電気通信事業者が、法執行機関からのユーザーの身元確認要請に対応できない場合、サービス提供を停止させる。

3 中国のサイバーセキュリティ法

　2017年前半、データローカライゼーションで注目を集めたのが、サイバーセキュリティ法（ネット安全法）を2017年6月1日より施行した中国である。同法では、「重要情報インフラの運営者が国内での運営過程で収集し、発生する個人情報及び重要データは、国内で保存しなければならない」として、個人情報及び重要データの国外持ち出しを規制しているが（第37条）、その実施は2018年まで猶予するものとされた。

個人情報	自然人の氏名、生年月日、本人証明書番号、個人生体認証情報、住所、電話番号などを含むがこれらに限られない。

データローカライゼーションとは何ですか？越境移転規制とはどのような関係ですか？

| 重要データ | 国の安全、経済の発展、及び社会公共の利益と密接に関係するデータを指すが、その範囲は曖昧。 |

　この文言通りであれば、対象事業者は「重要情報インフラ運営者」に限られるはずだが、ネット安全法と国家安全法の詳細を定めるものとして、公表された「個人情報及び重要データ国外持ち出し安全評価弁法（意見募集稿）」では、対象事業者が「ネットワーク運営者」とされていたことから、いざ実施された場合の影響が大きいのでは、と危惧されている。とりわけ、一定の場合には、業界の主管・監督部門組織又は国家ネット情報部門組織による安全評価を受けなければならないことが事業者にとっては負担となる可能性が指摘されている。

| 重要情報インフラ運営者 | 「公共通信・情報サービス、エネルギー、交通、水利、金融、公共サービス、電子政府等の重要な産業及び分野並びに、ひとたび機能破壊、喪失、データ漏えいが生じた場合に、国家の安全、国民経済と民生、公共の利益に重大な危害を与えうる、その他の重要情報インフラ」を運営する者 |
| ネットワーク運営者 | 「ネットワークを構築、運営する、又はネットワークを通じてサービスを提供する」者 |

　そして、次のいずれかに該当する場合は、業界の主管・監督部門組織又は国家ネット情報部門組織による安全評価を受けなければならないと定められた。これに該当する場合、事業者の負担は相当重くなることが予想されるため、事業者にとっては、重要なポイントである。
① 50万人以上の個人情報を含む場合
② データが1000GBを超える場合
③ 核施設、化学生物、国防軍事、人口健康等の分野のデータや、大型プロジェクト、海洋地理及びセンシティブ地理情報データ等
④ キー情報インフラのシステムのセキュリティホールや、安全防護等のネット安全情報を含む場合
⑤ キー情報インフラの運営者が国外に向けて個人情報及び重要データを提供する場合

Ⅵ　GDPRと個人データに関する規制の世界的動向

⑥　その他の国家安全及び公共利益に影響しうる場合で、業界の主管・監督部門が評価をすべきと判断した場合

4　EUの動向

　EU加盟国は、実は、多くの国において、データローカライゼーション規制を設けている。しかし、このような規制があると、域内のデータ流通の促進というEUの政策的観点からは望ましくない。EUは、デジタル経済を大きく成長させるために、域内市場においてデジタルサービスやコンテンツが自由に流通される「デジタル単一市場（Digital Single Market）」を目指しているが、各国の個別の規制は、この政策を阻害しかねない。このため、これらの規制の撤廃に向けた規則の準備が進められている。

フランス	「病人の権利及び健康システムの品質法」（2002）：健康情報のホスティングをできるのを、認証を受けたホスティング・サービス・プロバイダに限定。
	「クラウドコンピューティングに関する通達」（2016）。
ドイツ	「改正電気通信法」（2016年成立）：電気通信にかかわるメタデータ（発着信情報、電話番号、位置情報、IPアドレス、ネット利用時間・データ、課金情報）について、法執行・セキュリティを目的として、国内に保存することを義務付け。
	州レベルの規制についても要確認。
	例）ブランデンブルグ州では、住民情報のクラウドサービス保存を州内に義務付け。
	会計データ及び文書の保存規制。
ルーマニア	2015年、オンライン・ギャンブリングに関し、プレイヤー自身のデータ、ギャンブル行為のデータの保存は、国内でなければならないとする立法。
ルクセンブルク	「金融分野監視委員会通達12/552」（2012年）：金融機関が取り扱う顧客の機密個人情報や企業のセンシティブ情報について、明示的な同意が得られた場合や十分な暗号化措置が施された場合を除いては、国外へのオフショアを行ってはならない。

データローカライゼーションとは何ですか？越境移転規制とはどのような関係ですか？

5　事業者に求められる対応

　GDPR に比べ、データローカライゼーションの規制は、そもそも事業者は認識されていないのが現状である（総務省平成29年度情報通信白書）。事業者としては、まず、ビジネスで関係する国・地域について、データローカライゼーション規制の概要を簡単に調査し、何らかの抵触があり得ると考えた場合は、海外法律事務所等への調査依頼を検討すべきである。

Q51 e-Privacy Regulation とは何ですか？
GDPR とはどのような関係ですか？

≪Point≫

e-Privacy Regulation は、GDPR の適用開始とタイミングを合わせるべく、EU において進められている、オンラインに焦点を当てた、プライバシー規制の新たな規則である。

1 e-Privacy Regulation と GDPR

(1) 審議状況

e-Privacy Regulation（電子通信におけるプライバシーの尊重及び個人データの保護に関する規則）は、執筆時点ではまだ成立しておらず、規則案にとどまるため、本書では、2017年１月10に公表された規則案を前提として説明する。最終的に成立する規則は、規則案から内容が大きく変更されている可能性もあるため、事業者として実際の対応を検討するに際しては、最新の情報を確認していただきたい。

(2) GDPR との関係

e-Privacy Regulation は、現行の e-Privacy Directive に代わるものであり、GDPR との整合性を確保し、これを補完するものと位置付けられている。このため、欧州委員会は、GDPR の適用が開始される2018年５月25日までに、採択を確実にするよう求めてきた。

データ保護全般	オンラインに焦点を当てたデータ保護
Data Protection Directive (1995採択)	e-Privacy Directive（2002採択、2009修正）

264

e-Privacy Regulation とは何ですか？ GDPR とはどのような関係ですか？

General Data Protection Regulation（2016採択）	e-Privacy Regulation（2017年1月ドラフト公表）

(3) GDPR の適用開始までに採択されるか

　しかし、業界団体からは、e-Privacy Regulation は GDPR と重複する可能性があり、事実上、データ処理を禁じるアプローチを探すものになりかねない、との危惧が示されている。2017年5月15日付の報告書においても、多くの関連団体から、e-Privacy Regulation と GDPR の重複・矛盾点の解消を求める声が上がっている。とりわけ、電子通信データの処理の規定があまりにも制限的であるとして、規制緩和を求める声が強く、GDPR の適用開始までの採択は現実的でないとも指摘されている。

2　e-Privacy Directive と e-Privacy Regulation

(1)　e-Privacy Directive のポイント

　e-Privacy Directive の目的は、①基本的権利として、電子通信分野におけるプライバシーと個人データの処理に関する機密性に関し、EU 域内で同水準を確保すること、②データ保護の基本的権利を保護するために、電子通信分野における個人データの処理に関して同等の保護レベルを確保すること、③域内市場に関連し、電子通信分野で処理される個人データの自由な移動と端末機器及びサービスの自由な移動を確保することである。
　しかし、GDPR について説明したのと同様に、「Directive（指令）」である以上、各国の国内法化のステップが必要となり、同一水準の規制の確保が難しく、また、技術、特に IoT の発展に追いついていない、という問題が生じていた。

(2)　e-Privacy Regulation における変更点

　e-Privacy Regulation では、有償無償を問わず、域内の消費者に対する電子通信サービスの提供、利用、域内のエンドユーザの端末機器の保護について、適用されることが想定されている。e-Privacy Directive からの変

GDPRと個人データに関する規制の世界的動向

更点は以下の通りまとめることができる。

e-Privacy Directive	e-Privacy Regulation（2017年1月当時の案）
「Directive（指令）」のため、各加盟国において国内法化のステップが必要。	「Regulation（規則）」として、直接適用される。
電子通信サービスが対象。	およそ通信機能を有するあらゆるサービスが対象（OTTサービス、M2M通信等も対象に含まれる）。
機密保持すべき電子データのうち、メタデータは、課金関連に限定される。	機密保持すべき電子データとして、通信内容に加え、課金の有無に関係なく、通信日時や通信機器の場所といったメタデータが含まれる。

3　e-Privacy Regulationの主な内容

(1)　適用範囲の拡大

　従来の電子通信サービスから範囲が拡大されることが予定されている。具体的には、WhatsAppやFacebook Messengerのようなメッセージングサービス、Gmailをはじめとするメールサービス、Skype、Viber、iMessageのような無料通話サービス等の、いわゆるOTTサービスへの適用が予定されている。

　もう一つ注目されているのが、IoTで利用されているM2M通信への適用が示唆されている点である。機械のリモートコントロールや運転等のために通信機能が組み込まれた様々な製品・サービスも適用対象となる可能性がある。

　これに対して、事業者団体からは、これらを適用対象としてしまうと、M2Mに関連するプラットフォームから、顧客へのデータ提供及びデータ分析機能の提供等、IoTにおいて核となる機能の利用が難しくなる、として適用対象に含めるべきでない、との声が上がっている。

e-Privacy Regulationとは何ですか？ GDPRとはどのような関係ですか？

(2) 機密保持の対象の拡大

電子通信データは、テキスト、音声、画像、動画、サウンド等の通信内容と、通信先、通信機器の使用場所、通信日時・種類等のメタデータを指す。通信当事者以外の者が、電子通信データを記録、傍受、監視、処理することは、原則として禁止される。

これまでも、課金のためのトラフィックデータは、通信内容とともに、機密保持義務の対象とされてきたが、e-Privacy Regulationでは、適用される事業者に、無課金でサービス提供している事業者が多く含まれていることを踏まえ、課金の有無を問わず、メタデータも、機密保持義務の対象とすることが予定されている。

(3) 電子通信データの処理

e-Privacy Regulation第6条は、電子通信サービス事業者は、以下のいずれかであれば、電子通信データの処理が認められるとする。

＜電子ネットワークや電子通信データの処理＞

a）通信を伝達するために必要な場合（ただし、その目的のために必要な期間に限る）。

b）電子通信ネットワークや電子通信サービスのセキュリティを維持、復元するため、又は、電子通信の伝達における技術的な欠陥やエラーを発見する（ただし、その目的のために必要な期間に限る）。

＜電子通信メタデータの処理＞

a）ネット中立性に関する規則9等に従って、サービスの義務的な品質要件に適合することが必要な場合（ただし、その目的のために必要な期間に限る）。

b）相互接続に関する支払の計算や請求書
作成に必要な場合。又は電子通信サービスの盗用、濫用を発見し、防止するために必要な場合。

c）関連するエンドユーザが、一つあるいは複数の特定の目的のため、自己の電子通信メタデータを処理することに同意した場合。特定の目的には、かかるエンドユーザに特定のサービスを提供するという

GDPRと個人データに関する規制の世界的動向

目的も含まれる（ただし、関係する目的が、匿名化されたデータの処理では達成できない場合に限る）。

＜電子通信コンテンツの処理＞
a）エンドユーザに特定のサービスを提供する目的の場合のみ許容される（ただし、サービスの提供がかかるコンテンツの処理なしでは達成できない場合に限る）。
b）関連するエンドユーザ全員が、匿名化されたデータの処理では達成できない一つあるいは複数の特定の目的のために、電子通信コンテンツを処理することに同意し、事業者が監督当局に相談した場合。

これら以外に、エンドユーザに特定のサービスを提供する目的等のため、匿名化した電子通信メタデータでは目的が達成できず、電子通信データを処理する必要がある場合は、エンドユーザの同意を取得しなければならない。

逆に言えば、エンドユーザの同意を得ることによって、電子通信サービス事業者は、電子通信データを新たなサービスの提供に利用することができる。

(4) 電子通信データの保存と消去

電子通信サービス事業者は、通信の相手先が受信した後は、電子通信コンテンツを消去又は匿名化し、電子通信メタデータについても、送信に必要がなくなった時点で消去又は匿名化をしなければならない。

(5) Cookie 等の保護

EU に拠点を置く事業者のウェブサイトを閲覧しようとすると、Cookieについての同意を求めるメッセージが表示される経験をした読者は多いと思う。これはいわゆる「Cookie 条項」による EU 域内のインターネットウェブサイトに対する事前同意の義務付け規制が根拠になっている。ところが、現行の規制では、同一のウェブサイトについて繰り返し同意を求められる場面が生じてしまい、エンドユーザにとっても不必要に煩雑な規制となっているという問題があった。このため、e-Privacy Regulation では、許諾するか否かを簡易に設定できることとし、そもそもプライバシーを侵

害しないと考えられるもの（例：ログイン情報や電子商取引におけるショッピングカートの履歴保存、ウェブサイトの閲覧数をカウントするためのCookie）については同意不要とした。

⑹　スパムの禁止

本人の同意がない限り、電子メール、SNS、電話等による、勧誘を目的とした電子通信は禁止される。日本の迷惑メール防止法及び特定商取引法による規制では、規制対象が、電子メール及びSMS（ショートメッセージサービス）に限定されているのと比較して、SNSや電話等が広く規制対象とされているのが特徴的である。

商品や役務の販売時に顧客の連絡先を入手し、これを類似の商品・役務の宣伝等に用いる場合は、顧客本人が当該情報の使用を容易に拒絶できるようにする必要がある。

ビジネスとGDPR

企業活動と GDPR の関連は
どのように整理するのがよいでしょうか？

≪Point≫

企業活動と GDPR の関連を考える場合、営業部門とバックオフィス部門ごとに分けて検討すべきである。

1　企業活動と GDPR

企業活動が、GDPR によって規律される場面は、企業内の営業業務とバックオフィス業務でまず分けることができる。他方、越境移転規制は、営業業務であろうとバックオフィス業務であろうと、規律されること自体は変わらず、例外的な許容措置が該当するか否かに影響してくるものと考えられる。

2　営業業務

(1)　域外適用

営業業務に関しては、対顧客で、商品・サービスを提供する場合もあれば、あるいは、域内の個人の活動をモニタリングする場合もあるため、域外適用の要件に該当する場面があり得る。具体的には、域内に「拠点」を有しない管理者・処理者であっても、以下のいずれかに該当すれば、GDPR が域外適用される（第3条第2項）。
　① 「EU 域内に所在するデータ主体に対する商品又は役務の提供（有償・無償を問わない）」((a))
　② 「EU 域内で行われるデータ主体の行動のモニタリング」((b))
　　のいずれかに関連する個人データの処理
　日本の本社の業務の一部を、現地子会社が代行している場合は、第3条

企業活動とGDPRの関連はどのように整理するのがよいでしょうか？

第1項の適用可能性も検討すべきであるとの指摘もある。

(2) 処理の適法性の確保

これまでも何度か述べているが、GDPRのもとで個人情報を処理するためには、第6条第1項に記載されている適法性の確保を行う必要がある（Q18）。ビジネスのコンテクストにおいては一般的には同意（第6条第1項(a)）、契約の履行に必要(第6条第1項(b))、又は正当な利益の追求(第6条第1項(f)) に依拠して、適法性が確保されることが一般的である。特にグループ会社間などでの管理を目的とした顧客の情報の移転は、正当な利益の追求で適法性が確保されるために、このために同意を顧客などから得ることは必要ない。ただし次の(3)の越境移転規制への対応は別途必要となる。

(3) 越境移転規制

取引先の担当者の氏名、連絡先等、あるいは、取引関係がなくとも、営業目的で訪問した訪問先の担当者の氏名、連絡先等を集め、域内の子会社から日本の本社に報告する場合珍しくない。

越境移転規制への対応としては、標準契約条項（SCC）（GDPR下では、標準データ保護条項（SDPC））を締結することが考えられるが、これは、個人データの移転元が無数にある、あるいは予め特定できないという場合には、あまり現実的な対応とはいえない。そのため、以下のいずれかの措置に該当しないかの検討が必要になる場合が出てくる。

データ主体の明示的同意が得られた場合（第49条第1項前段(a)）	
データ移転に関して特定の必要性が認められた場合	データ主体と管理者間の契約の履行に必要な場合（前段(b)）
	データ主体の利益に帰する、第三者と管理者間の契約の履行に必要な場合（前段(c)）
	公共の利益の重大な事由のために必要な場合（前段(d)）

273

	法的主張時の立証、行使又は抗弁に必要な場合（前段(e)）
	データ主体が物理的又は法的に同意を与えることができない場合において、データ主体又は他者の重要な利益を保護するために必要な場合（前段(f)）
EU 法又は加盟国の国内法により、一般の人々に対して情報を提供することが意図された記録であり、一般の人々又は正当な利益を証明することのできる人による協議に対して公開される記録からの移転（前段(g)）	
限定された数のデータ主体に関して、やむにやまれぬ正当な利益に基づいた、反復的ではない移転（後段）	

3 バックオフィス業務

(1) 域外適用

バックオフィス業務は、一見、第 3 条第 2 項のいずれにも抵触しないように見えるが、早計である。GDPR 第 3 条第 2 項(b)は、「域内で行われるデータ主体の行動のモニタリング」((b)) に関連する個人データの処理は、GDPR 域外適用の根拠となる。このモニタリングの典型例としては、オンライン・トラッキングがよく挙げられるが、CCTV（closed-circuit television）を事例として挙げる議論も少なくない。

CCTV の典型例は、職場の監視カメラで、従業員の働きぶりを監視する場合、これは、監視カメラの規制や、職場における従業員の個人データ処理の規制の問題もあるが、モニタリングと評価される可能性がある、という問題もある。仮にモニタリングと評価され、かつ、それが、域外から域内の職場の従業員の働きぶりを監視するという形態で行われる場合は、域外適用の根拠となり得る。

(2) 越境移転規制

グローバルに雇用管理を行う場合、域内の子会社の従業員の雇用管理上

企業活動とGDPRの関連はどのように整理するのがよいでしょうか？

の情報を日本本社に提供する場合も見られるが、これは越境移転規制に該当するため、2(3)で検討したような対応を取る必要がある。支店・子会社の従業員全員の同意を取得するのは、従業員が多数の場合はおよそ現実的ではないこと、同意にのみ依拠することは、将来的に同意が撤回される事態が現実的にも想定されること等を踏まえると、リスクが高い対応手法といわざるを得ないことを踏まえると、第46条第2号各号のいずれか、具体的には、標準契約条項（SCC）（GDPR下では標準データ保護条項（SDPC））、あるいは、拘束的企業準則（BCR）、行動規範（Codes of conduct）、データ保護認証（Certification）によって、越境移転が適法化することが望ましい。

日本の本社の運営するメールシステムで、EEA域内の支店・子会社の従業員が使用するメールアドレスを運用する場合、まず、支店・子会社の従業員のメールアドレスが、日本側のメールシステムから発効されることになるが、この際、従業員の氏名・連絡先等が、日本の本社に提供されることになる。これらの個人データの提供は、越境移転としての規律の適用を受ける。

このため、上記のように、標準契約条項（SCC）（GDPR下では標準データ保護条項（SDPC））をグループ内で締結して対応することが多い。

また、グループ内でイントラネット上で、従業員名簿を共有する場合も、越境移転としての規律の適用を受ける可能性があり、同様の対応が必要となると考えられる。

Q53 企業内の人事情報の取扱いを教えてください。
（入社前、入社後の業績評価・成果物、退社後）

≪Point≫

GDPRでは、従業員の情報の取扱いは、慎重な対応が必要である。BtoC企業だけでなく、BtoB企業においても問題となる。

1　採用時（入社前）の取扱い

　日本企業の域内子会社が現地従業員を採用する場合に、日本の本社の判断を仰ぐために、履歴書を日本の本社に送付することは、さほど珍しくない事象だが、この手法も、実は、EUデータ保護指令及びGDPRによる規律を受けるので、注意が必要である。

　採用応募者や従業員の履歴書の記載内容は、個人を特定識別する情報が含まれており、これをPDFなりWORDファイルなりでEEA域内子会社から日本の本社に送付することは、個人データの越境移転に該当するためである。

　子会社は、①個人データの処理に関する対応及び②越境移転に関する対応を行う必要がある。

　①は、GDPR第6条第1項(b)の契約前に必要となる処理、又は(f)の正当な利益の追求をもとに自社での処理及び本社との情報の共有の合法性を確保することができる。

　②は、GDPR第46条に定める適切な保護措置のいずれかで手当てするか、明示的な同意を取得することが考えられる。

　一般論として、従業員の個人データについては、使用者と従業員間のパワーバランスの偏りから、同意の任意性が認められず、同意が有効ではなかったと判断される可能性を否定できないという問題が指摘されている。しかし、この指摘は、採用時（入社前）には当てはまらず、採用時（入社

企業内の人事情報の取扱いを教えてください。（入社前、入社後の業績評価・成果物、退社後）

前）は、採用応募者はもし会社のデータ処理に対して同意できないようであれば、サインをする必要はないため、任意性が認められる可能性が高い。

ただし、万が一任意性が否定され、同意の有効性が否定される事態に備えるために、通常は①に関しては、上述の通り第6条第1項各号のいずれかによって、処理が適法化されるものと整理すべきである。具体的には、第6条第1項(b)「契約の締結前のデータ主体の求めに応じて手続きを履践するためにデータ処理が必要な場合」又は(f)「管理者又は第三者によって追求される正当な利益のために取扱いが必要な場合」に位置付けられる可能性を検討すべきである。②に関しては、第46条第2項各号のいずれか、具体的には、データ保護標準条項（SDPC）、あるいは、拘束的企業準則（BCR）、行動規範（Codes of conduct）、データ保護認証（Certification）によって、越境移転を適法化することが望ましい。

2　入社後の勤務評定

日本企業の域内子会社の現地従業員の勤務評定は、子会社サイドで完結する場合も少なくないが、場合によっては、現地でいったん、直属の上司に勤務評定させた後、その内容を、日本の本社に集約させ、日本の本社サイドで改めて一括して評価し、給与・賞与に反映させる場合もある。

この場合、域内子会社から日本の本社に、勤務評定が送付される、あるいは、子会社サイドからグループ内のデータベースにアップロードして、日本サイドからアクセスすることになる。勤務評定は、個人を特定識別する情報が含まれる個人データであり、これをPDFなりWORDファイルなりで域内子会社から日本の本社に送付する、アクセスさせることは、個人データの越境移転に該当するため、1と同じく、子会社は、①個人データの処理に関する対応及び②越境移転に関する対応を行う必要がある。

限られた数である採用応募者と異なり、従業員数の多い子会社にあっては、全従業員から同意を取得するのは現実的ではなく、1と同様、同意以外の適法化措置に依拠する必要性がある。ただし、処理する情報に従業員に関する特別なカテゴリのデータが含まれる場合には第9条に記載されている条件を満たさなければならないために、注意が必要である。

3 社内のイントラネット

　グローバル展開している企業では、本社、各支店及び子会社各社の従業員の氏名・所属部署・担当業務・連絡先等を、イントラネット上に集約して、スムーズに連絡が取れるようにしている場合も少なくない。

　この場合、イントラネットのサーバが域内にあるか域外にあるかを問わず、EEA 域内の支店・子会社の従業員の個人データについて、域外からアクセスできることになるため、越境移転規制の適用対象となり、2で検討したような対応が必要となる。

4 退職者の取扱い

　一部の企業では、現地従業員の給与や業績、採用時に提出された履歴書など個人データを、日本本社の人事部門で保管・管理している事例が見られる。

　これらの個人データの越境移転は、すでに完了しており、新たに越境移転規制の適用を受けることはないが、個人データを継続して保管・管理している場合は、GDPR による規律の対象となる可能性がある。

　このような情報の保持は、GDPR 第 6 条第 1 項(f)によって、適法化され得るが、第 6 条の他の条文のもとでの義務は求められるために、退職者の情報が必要なくなった場合には速やかに削除をすることが求められる。

5 日本からの出向者

　域内子会社の勤務者は、現地採用だけでなく、日本から出向する場合も少なくない。日本からの出向者についても、出向後は、GDPR の保護対象となるため、2、3、4の取扱いが該当する。

6 死者

　従業員が既に死亡している場合は、GDPR の保護対象である「個人データ」には該当しないため、GDPR による規律は原則適用されないと考えられる。

　注意が必要なのは、加盟国によっては、死者の個人データの処理に関す

企業内の人事情報の取扱いを教えてください。(入社前、入社後の業績評価・成果物、退社後)

る規制が導入されている可能性があることであり、慎重を期すならば確認すべきである。

日本側のメールシステムで、域内の支店・子会社のメールシステムを運用する場合、どのような規制が適用されるでしょうか？

≪Point≫

日本の本社の運営するメールシステムで、域内の支店・子会社の従業員が使用するメールアドレスを運用する場合、越境移転規制の他、運用形態によっては、処理者（processor）としての規制の適用及びモニタリング（monitoring）に基づく域外適用の可能性がある。

1　越境移転規制

(1)　メールアドレスの発行

日本の本社の運営するメールシステムで、EEA域内の支店・子会社の従業員が使用するメールアドレスを運用する場合、まず、支店・子会社の従業員のメールアドレスが、日本側のメールシステムから発行されることになるが、この際、従業員の氏名・連絡先等が、日本の本社に提供されることになる。これらの個人データの提供は、越境移転としての規律の適用を受ける。

このため、Q53の2で検討したような対応を取る必要がある。支店・子会社の従業員全員の同意を取得するのは、従業員が多数の場合はおよそ現実的ではないこと、同意にのみ依拠することは、将来的に同意が撤回される事態が現実的にも想定されること等を踏まえると、リスクが高い対応手法といわざるを得ない。したがって、同意に依拠することは避け、第46条第2項各号のいずれか、具体的には、データ保護標準条項（SDPC）、あるいは、拘束的企業準則（BCR）、行動規範（Codes of Conduct）、データ保護認証（Certification）によって、越境移転を適法化させることが望ましい。

日本側のメールシステムで、域内の支店・子会社のメールシステムを
運用する場合、どのような規制が適用されるでしょうか？

(2) メールアドレスの運用

次に、実際に、メールアドレスの運用が開始されると、多数のメールが支店・子会社にいる従業員から発信されることになる。これらは、いったん、日本側のメールシステムを司る日本国内のメールサーバを通ることになる。

一般に、業務用のメールには、発信者・受信者の氏名・連絡先のみならず、文面にも多数の個人データが含まれることが想定されるため、基本的には、個人データとして取り扱うべきである。

すると、日々のメールアドレスの運用は、EEA域内の支店・子会社から日本の本社への、個人データの越境移転として規律される可能性が生じる。このため、(1)で述べたような、越境移転の適法化を検討すべきである。

(3) 標準契約条項・標準データ保護条項のフォームの選択

標準データ保護条項（SDPC）はまだフォームが公開されていないため、ここでは標準契約条項（SCC）のフォームを前提に、フォームの選択を検討する。

現在、公式に提供されている標準契約条項のフォームは3パターンあり、管理者（移転元）・管理者（移転先）間と、管理者（移転元）・処理者（移転先）間に分けられる。本件の事例でいえば、日本の本社が管理者なのか処理者なのか、という問題である。

これは、日本の本社が、純粋にメールサービス・プロバイダとして機能するにとどまるか、それ以上に、日本の本社側でサーバ上のメールを別途利用する目的があるかによって、異なると考えられる。前者であれば、処理者として位置付けられる可能性が高いのに対し、後者の場合は、管理者として位置付けられる可能性が出てくるため、どのフォームを用いるかについては、慎重に検討すべきである。

2 モニタリング（monitoring）であるとして域外適用されないか

GDPR第3条第2項(b)は、「域内で行われるデータ主体の行動のモニタ

リング」（(b)）に関連する個人データの処理は、GDPR 域外適用の根拠となる。このモニタリングの典型例としては、オンライン・トラッキングがよく挙げられるが、CCTV（closed-circuit television）を事例として挙げる議論も少なくない。

CCTV の典型例は、職場の監視カメラで、従業員の働きぶりを監視する場合、これは、監視カメラの規制や、職場における従業員の個人データ処理の規制の問題もあるが、モニタリングと評価される可能性がある、という問題もある。仮にモニタリングと評価され、かつ、それが、域外から域内の職場の従業員の働きぶりを監視するという形態で行われる場合は、域外適用の根拠となり得る。もっとも、このような運用は、時差の問題もあるので、それほど一般的に想定される事態とまでは言えないかもしれない。

より、現実的に生じる可能性が高い状況としては、域内の支店・子会社の従業員のメールに関して、不正が行われていないか、自動プログラムでリアルタイムに監視を行い、リスクにつながりそうなキーワードを含むメールが発見された場合は、IT 管理者にアラートを飛ばすようなシステムが想定される。この場合、自動プログラムでチェックするオペレーションが、モニタリングと評価される可能性がある。そして、モニタリングと評価される場合は、域外適用の根拠となる可能性がある。

このモニタリングという用語にどこまでのオペレーションが含まれるのか、という点に関しては、現時点では、詳細な議論がまだなされておらず、議論の進展によっては、上記のようなメールチェックはそもそもモニタリングには含まれない、という方向で議論が落ち着く可能性もある。したがって、この点に関しては、議論の動向を見ながら、対応の要否を検討するのが、現実的な対応と考えられる。

Q55 GDPR は内部通報にどのように
影響するでしょうか？

≪Point≫

内部通報はその仕組みによっては、データ処理の合法化や越境移転の合法化が問題となり得る。外部を通報先とする場合は、第28条との関係も考慮する必要が生じる。

1　GDPR と内部通報

グローバル展開している日本企業をみると、欧州子会社の内部通報の受付窓口を、日本の本社（あるいは日本の本社が委託した日本国内の法律事務所）としている事業者は少なくない。このように、欧州子会社に所在する欧州域内に所在するデータ主体の個人データを、内部通報制度を通じてEU 域外に移転させる場合、EU データ保護指令及び GDPR における越境移転規制の適用対象となる。このため、越境移転規制をクリアする理屈付けを検討する必要がある。

2　個人データの処理の適法化

越境移転規制のクリアの検討に入る前に、まず、個人データの処理としてどうして許容されるのかを確認しておく必要がある。

通報に含まれる個人データのデータ主体は、必ずしも従業員であるとは限られず、元従業員、取引先の担当者や従業員の親族・友人等が含まれる可能性があり、これらからの同意取得は現実的ではない。

仮に、該当するデータ主体が現在の従業員のみである場合についても、内部通報の性質上、それらの同意を取得するのは現実的ではなく、それ以外の適法化事由が該当しないかを検討すべきである（第6条第1項）。違法行為・問題行為をしている当人であるデータ主体の同意を取得しようとす

283

ると、その時点で内部通報の事実が当人に察知されてしまい、調査のスムーズな進行が阻害されかねないためである。

同意以外の適法化事由は、具体的には、「管理者が従うべき法的義務を遵守するためにデータ処理が必要な場合」（第6条第1項(c)）あるいは「データ主体又は他の自然人の重大な利益を保護するためにデータ処理が必要な場合」（第6条第1項(d)）他の適用可能性を検討することが考えられる。

3　越境移転の適法化

(1)　適切な保護措置（第46条）

越境移転規制をクリアするための措置としてわかりやすいのは、Q12で紹介した、拘束的企業準則（BCR）、標準契約条項（SCC）（GDPR下では、標準データ保護条項（SDPC））、行動規範（Codes of Conduct）やデータ保護認証（Certification）が挙げられる。

このうち、行動規範とデータ保護認証については、詳細が不明なため、現実にどれだけ利用しやすいかは未知数である。

また、拘束的企業準則（BCR）を申請するためのハードルは非常に高く、かつ、現時点においては、審査を担当する当局が手いっぱいで、審査がスムーズに行われることは期待できない。

グループ内、それも、欧州子会社と日本の本社（法律事務所）という、固定された当事者同士での移転が予定されているため、標準契約条項（SCC）（GDPR下では、標準データ保護条項（SDPC））が、現時点では、最も現実的な選択肢といえるだろう。

(2)　第49条第1項前段

個人データの域外移転が、標準データ保護条項（SDPC）等の適切な保護措置に基づく移転とは認められない場合であっても、内部通報の対象事実の内容によっては、「公共の利益の重大な事由のために移転が必要な場合」（第49条第1項前段(d)）に該当する場合があると考えられる。

また、不祥事を起こした人物について訴訟提起を予定している場合等に

おいては、「法的主張の証明、行使または抗弁に移転が必要な場合」（第49条第1項前段(e)）に該当する場合があり得ると思われる。これらの場合には、個人データの域外移転が許容される。

(3) 第49条第1項後段

さらに、データ移転が繰り返されず、また、限られた数のデータ主体に関するものであり、かつ、管理者がデータ移転に関するすべての状況を評価し、その評価に基づいて個人データ保護に関する適切な保護措置を規定している場合であって、管理者によって追求される、やむにやまれぬ正当な利益の目的にとって必要であり、その正当な利益がデータ主体の正当な利益又は権利及び自由よりも優越するものでないとき（第49条第1項後段）は、個人データの域外移転が許容されると考えられる。

もっとも、内部通報の場面において、この適法化根拠を利用するには、二つのハードルがある。

一つは、手続面で、管理者は当該移転について監督当局に通知する必要がある。

もう一つは、この適法化根拠に依拠しようとすると、管理者は、データ主体に対して、第13条及び第14条で定められている情報の提供に加えて、当該移転及び管理者によって追求される正当な法的利益について通知しなければならない、という規制である。内部通報の性質上、初期段階では、秘密裏に調査を遂行しなければならないところ、データ主体に対してこのような通知を行えば、何らかの調査を行っていることが筒抜けになってしまい、スムーズな調査の進行が阻害されることが容易に想定される。この意味で、高いハードルがあるといえる。なお、通知に関しては、通常は内部通報に関するポリシーの中で通知を事前に行うことで解消可能なものと考えられる。

(4) データ主体の同意に依拠する場合の困難性

通報に含まれる個人データのデータ主体から同意を取得することによって、越境移転規制をクリアしようとするのは、かなり問題がある。

2で検討したように、通報に含まれる個人データのデータ主体は、必ず

しも従業員であるとは限られず、元従業員、取引先の担当者や従業員の親族・友人等が含まれる可能性があり、これらからの同意取得は現実的ではない、という点である。

また、仮に、該当するデータ主体が現在の従業員のみである場合であっても、内部通報の性質上、同意取得が困難である可能性が高い。

使用者と従業員との間のパワーバランスにかんがみると、そもそも従業員から同意を取得する場合、任意性に疑義が生じると考えられていることに加えて、内部通報という事柄の性質からすると、従業員から個人データの移転に関する任意の同意を取得したと認められるハードルはより高くなると思われること、さらには、適法にEU域外へ個人データを移転するための同意があったと認められるためには、処理を適法に行うための同意よりも厳格に判断されること等からすると、一般的には、移転の適法性を担保する「明示的な同意」の取得と認められるためのハードルはかなり高いと考えられる。

4　検討

3(2)(3)(4)の適用根拠であるGDPR第49条については、これと実質的に同一の規定であるデータ保護指令第26条に関して、29条作業部会より、その適用範囲は、厳格に判断すべきであり、事後的に、第49条の適法化事由に実は該当していなかったとして、適法化の根拠が失われる可能性を踏まえれば、第46条第1項の適法化措置（標準契約条項（SCC）等）を講じることができない場合にのみ、その利用が検討されるべきものであるという考え方が示されている。

上記の29条作業部会の見解を踏まえれば、社内の体制整備の一環として、平時に、内部通報制度を構築する場合、移転の適法性を担保する手段として、違反のリスクを最小化できる手段を選択するためには、標準契約条項（SCC）（GDPR下においては標準データ保護条項（SDPC））等に依拠する方向で整理するのが、現実的な対応といえるだろう。

5　加盟国の国内法

なお、従業員の個人データの処理については、GDPRのみならず、EU

加盟国各国が国内法を定めることができ（GDPR 第88条第1項）、EU 加盟国の国内法が適用される可能性があるため、その検討も必要である。

そのため、実際に、欧州子会社の内部通報の枠組みを検討するに際しては、GDPR の他、各国の個人データ保護法制、労働者保護法制、内部通報の法制についても、現地の法律事務所への照会を含め、よく検討しておくべきである。

6　外部事務所を通報先とする場合

外部事務所を通報先とする場合、上記のポイントに加えて、日本の連絡先となる法律事務所との間との委託契約に第28条のもとで必要とされる条文を含めて EU 加盟国法のもとで締結すること、及び法律事務所が域外適用の対象になる可能性（第3条第1項のもとで、欧州における拠点に関する情報処理）から法律事務所における GDPR の遵守が問題となる。そのような理由から現実的には EU にまずは連絡先（欧州の法律事務所など）を設けることが通常の対応とされている。

●コラム08●　**先端技術による監視やデータ処理は許容されるか**

　職場の従業員の働きぶりを監視する技術は急速に発展しており、使用者からすれば便利なツール・技術が数多く実用化されてきているが、これは反面、裏返して言えば、従業員にとってはいくら職場とはいえ踏み込みすぎでは、という反発が出てくるのも避けがたいところではある。29条作業部会はこの問題について正面から意見を示している。それが、WP249「職場におけるデータ処理に関する意見」である。

　同意見では、この問題を、個人データの合法的な処理（第6条）として許容されるか、という切り口から検討している。具体的には、第6条の「正当な利益（legitimate interest）」の有無を、「必要性のテスト」「補完性のテスト」「比例性のテスト」「透明性」という各ファクターの観点から検討している。ただし、内容的には、かなりコンサバティブなスタンスが取られているので、実務への反映については改めて検討すべきだろう。

採用選考において、応募者のプロフィールをSNSでチェックし、選考過程で利用する行為	あらかじめ求人広告等で、SNSのチェックについても周知しておくべき。
退職後の競業避止義務を遵守しているか確認するためにLinkedInをチェックする行為	元従業員に対し、チェックしていることを周知しておくべき。
TLSインスペクション装置を導入して、従業員が社内ネットワーク上で行うあらゆる活動を記録・分析する行為	従業員の私的なコミュニケーションを含むあらゆるオンライン活動を監視することは通信の秘密との関係で許容しがたい、過剰な行為である。さらにDPIAの実施義務を招く可能性がある。
DLPツールによって、従業員による社用アカウントからの送信メールを自動的に監査し、データ侵害の可能性ありと判断されたメールについては、詳細な監査が実施される	データ侵害の可能性ありと判断するルールを従業員に周知し、かつ、侵害軽減措置として、詳細な監査の実施前に、当初のメール送信をキャンセルする機会を与えることで、正当性が認められる可能性が生じる。
在宅勤務者の監視目的での、キーストローク、マウスの動作の記録、スクリーンキャプチャ、アプリケーションの使用状況の記録等	とりわけキーストロークの記録は、正当な利益の追求と認められる可能性は非常に低い。
職場のビデオカメラによる監視（予め定義した行動パターンからの逸脱や顔の表情を分析）	第9条の特別カテゴリのデータ処理としての規制、第20条の「自動化された意思決定」としての規制の可能性。一般的に適法とは言えないと指摘。

GDPRでは名刺他取引先担当者の個人データの取扱いはどのようになりますか？

≪Point≫

名刺や担当者の連絡先についても注意が必要である。

1　域内の取引先の担当者の連絡先

(1)　域内に支店・子会社がある場合

通常のビジネス業務においては、取引先の担当者の氏名・役職・連絡先のリストを作成し、担当部署レベルで共有することは一般的に行われている。

このようなリスト化・共有に関しては、取引先担当者の氏名・連絡先も、GDPRの保護対象である個人データに含まれるため、域内の支店・子会社が、個人データの処理の適法化根拠を備えているといえるかの検討が必要である。

(2)　域内に支店・子会社がない場合

海外の取引先との取引においても、取引先の担当者の氏名・役職・連絡先のリストを作成し、担当部署レベルで共有することは一般的に行われている。

このようなリスト化・共有に関しては、(1)で述べた通り、個人データの処理の合法化根拠を備えているといえるかの検討が必要であるのに加えて、越境移転の適法化の根拠を備えているといえるかの検討が必要である。

2　契約書の署名者

契約書の署名欄には、契約署名者の氏名・役職が記載されているのが一

般的である。もっとも、GDPR が規律する対象は、第2条1項に定められている条件、すなわち、完全に自動的な方法又はファイリングシステムの一部を構成する等に該当していることが前提となるところ、契約書の署名欄の個人情報に関しては、必ずしも、第2条第1項の条件を充足しているとは限らない。仮に、それらの個人情報が、データベース化されたりしている場合は、これらは、契約担当者個人の個人データとして取り扱う必要が生じることとなるため、GDPR 対応を検討する必要が生じてくる。

日本の事業者が、EEA 域内の取引先との契約において、契約書をやり取りすれば、EEA 域内の個人データが EEA 域内から域外に移転されることになるため、個人データの処理の適法化根拠及び越境移転の適法化の根拠を備えているといえるかの検討が必要である。

　この検討において、注意が必要なのは、取引先と、その従業員である担当者は異なる存在であり、担当者は「データ主体」ではないので、「データ主体が当事者である契約の履行のために当該データ処理が必要な場合、又は契約締結前のデータ主体の求めに応じて手続きをとるために当該データ処理が必要な場合」（第6条第1項(b)）も、「データ主体と管理者間の契約の履行に必要な場合」（第49条第1項前段(b)）も該当しない、ということである。そのため一般的には第6条第1項(f)を適法化の理由としてデータ処理が行われるものと整理することが可能である。

3　名刺

(1)　域内の支店・子会社が見本市に出展する場合

　見本市で交換した名刺に記載されている担当者の氏名・役職・連絡先のリストを作成し、担当部署レベルで共有することは一般的に行われている。

　このようなリスト化・共有に関しては、取引先担当者の氏名・連絡先も、GDPR の保護対象である個人データに含まれるため、域内の支店・子会社が、個人データの処理の適法化根拠を備えているといえるかの検討が必要である。

　この場合、名刺の交換相手は無数にいることから、標準契約条項（SCC）及び標準データ保護条項（SDPC）等の締結等の、第46条第1項に定める

GDPRでは名刺他取引先担当者の個人データの取扱いはどのようになりますか？

適法化の措置を取るのは現実には不可能であり、第49条第１項各号のいずれかの適法化事由に該当しないかを検討することが必要である。

一つの議論としては、「データ主体が、一つ又は複数の特定の目的のために、自身の個人データ処理に同意した場合」（第６条第１項(a)）が適用できないか、という議論である。見本市の出展者との名刺交換という行為自体から、見本市来訪に対する御礼目的や出展していたものと関連する新製品・新サービス紹介目的で、電子メールを送信する、といった、出展者による個人データ処理に同意した、とみるという解釈は成立する余地がある。もっとも、同意の範囲については拡張的に解釈しないよう注意が必要である。たとえば、出店していた者とは無関係の商品・サービスの宣伝目的の電子メール送信については、同意の範囲外ではないかと指摘される可能性はあり得る。

上記の解釈論を補強するために、自社の名刺中に「名刺交換をさせて頂いた方には、当社より当社の商品やサービスに関する御案内を差し上げることがございます」といった記載を行うといった工夫をしている事例も見られる。

(2) 見本市に出展した域内の支店・子会社から日本本社にデータ移転する場合

この場合、域内の支店・子会社から日本本社へのデータ移転が越境移転規制によって規律されるため、適法化の根拠を検討する必要がある。

越境移転規制の適法化根拠としてデータ主体の同意に依拠する場合は、「明示的な同意（explicit consent）」でなければならない。このため、(1)で述べたような解釈論によって、同意があったと認定することはできない。そのため、標準契約条項（SCC）（GDPR下では、標準データ保護条項（SDPC））をはじめとする、第46条第１項に基づく措置を検討すべきである。

(3) 日本企業が直接見本市に出展する場合

それでは、日本企業が、EEA域内で開催される見本市に直接出展し、見本市で交換した名刺を日本に持ち帰って、担当者の氏名・役職・連絡先のリストを作成し、担当部署レベルで共有する場合は、越境移転規制の規

律が適用されるだろうか。

　個別の事案によって異なるが、データベース化のタイミングや、移転に関与する当事者をどのようにとらえるかがポイントとなるだろう。

(4)　通知義務への対応

　名刺に関する、もう一つの実務的な悩みどころは、名刺交換の相手方に対して、第13条又は第14条に定められている通知をいかにして行うかである。実際の名刺交換の場面を想定するに、名刺交換のその場で通知をすべて行うことは現実的ではないので、考えられる対策としては、①メールの最後にポリシーへのリンクを貼る、②ウェブサイトにそのような通知を載せるという施策が考えられるだろう。

Q57 GDPR下で、インターネット経由の取引・メールマガジン配信・アンケートの実施・セミナー参加者募集はどのような規律を受けますか？

≪Point≫

EEA域内の消費者への商品・サービスの提供に該当する場合は、有償・無償を問わず、域外適用の対象となる可能性がある。また、越境移転の規律を受ける可能性も検討すべきである。

1 インターネット取引

インターネット上のウェブサイト経由で、EEA域内の消費者をターゲットとして、商品・サービスを提供する場合、域外適用の可能性がある（第3条第2項(a)）。域外適用がされるか否かの判断に際しては、ウェブサイトの言語や、決済通貨、ウェブサイト上の宣伝文句等が考慮される。

この場合、事業者間で個人データが移転されるわけではなく、直接にデータ主体本人から日本の事業者が個人データを取得するので、越境移転規制による規律は適用されないが、域外適用によってGDPRの管理者としての義務を負わされる可能性がある。

GDPRの管理者としての義務のうち、第6条の求める適法な処理の要件が問題となる。ウェブサイト経由で商品・サービスを提供する事業者とその顧客となるデータ主体との間では商品・サービスに関する契約が締結されるのが通常と考えられる。この場合、「データ主体が当事者となっている契約の履行のために処理が必要な場合、又は、契約締結前にデータ主体の求めに応じて手続きを履践するために処理が必要な場合」（第6条第1項(a)）に該当するものとして、上記個人データの直接取得については処理の合法性が認められると考えられる。

加えて、EEA域内所在者の個人データを処理することから発生するGDPR上の義務（例：個人データ侵害の場合における監督機関に対する 72時

間以内の通知義務など）の遵守が必要となるので、注意が必要である。

2　メールマガジンの配信

　EEA 域内所在者に宛ててのメールマガジンの配信は、配信先のメールアドレス、場合によっては氏名を、配信に利用することになるため、個人データの処理を伴うことになる。この場合も、越境移転規制の適用はないが、EEA 域内の消費者をターゲットとして、商品・サービスを提供するものとして、EEA 域内に拠点がなくとも、GDPR が域外適用される可能性がある（第3条第2項(a)）。この域外適用の要件は、有償・無償を問われないため、無償のサービス提供も域外適用の範囲とされているためである。

　仮に、域外適用の対象と判断される場合は、GDPR の管理者としての義務を負わされる可能性がある。

　この場合、1と異なり、契約関係はないことから、企業として、データ主体の同意の取得を確実にする必要がある。また、メールマガジンの登録において、データ主体は、同意を撤回し、メールマガジンを受け取らないようにするなどの権利について通知される必要がある。

　メールマガジンが Direct Marketing と看做されるかどうかという観点もあるが、この点は e-Privacy Directive（Q51）の文脈で分析すべき問題である。すなわち、メールによるコンタクトが情報主体者が以前購入した商品やサービスに関わるものなどである場合には同意は必要ないものの、そうでない場合には同意が必要となる。

3　アンケート調査の回答記載の個人データ

　EEA 域内の企業に対して、日本企業がアンケートを行う場合、アンケートに回答する担当者個人の氏名・メールアドレス・電話番号などの個人データを登録させる場合がある。この場合、EEA 域内の企業から、日本企業への担当者個人の個人データの越境移転として、GDPR により規律を受ける可能性がある。

　個人データの EEA 域外への移転についての同意は「十分性の決定及び適切な保護措置がないことによってデータ主体に関する当該移転から生じ得るリスクについての情報が提供された後、データ主体がその提案された

移転に明示的に同意」することが要件となるので、「明示的な同意」があったことを確実にできるような文言を準備する必要がある。併せて、GDPR第13条に定められる事項を含む、プライバシー・ノーティス又はプライバシー・ポリシーを準備する必要がある。

4 セミナー参加者

　EEA域内の子会社を通して、EEA域内の顧客事業者向けの投資セミナーを開催する際、参加希望者の登録に際して、出席予定者の氏名・所属・役職・メールアドレス・事前質問などの個人データを登録させる。登録の完了後、受講票を電子メールで送付する。これらの登録手続きは、日本の本社のサーバを経由して行う場合、どのような規律を受けるか。

　セミナーというサービスを提供しているのは、EEA域内の子会社であって、日本本社ではないため、域外適用の問題となる可能性は低い。他方で、氏名・所属・役職・メールアドレスなどの「個人データ」が、域内子会社から日本へ越境移転しているとみられる可能性がある。

　越境移転規制をクリアするための現実的な対応としては、参加希望者が登録画面上で「個人データ」を入力しセミナーの受講申込を完了させる時点で、セミナー受講希望者から「個人データ」の処理とEEA域外である日本への移転について明示的な同意を取得しておくことが考えられる。具体的には、移転のための明示的な同意を取得するためのフォームを準備しておくことが考えられる。

　「個人データ」の処理に関しては、第6条第1項(f)の正当な利益の追求に依拠することも考えられる。

VIII

リスク低減に向けた
GDPR対策

Q58 GDPR 適用開始までに求められるアクションについて、どのような枠組みで考えればよいのでしょうか？

≪ Point ≫

GDPR 対応のためのアクションは、「現状調査→ギャップ分析→体制整備等」の流れが基本だが、GDPR 施行が直近に迫っている場合は、一工夫の必要がある。

1　GDPR 適用開始までに求められるアクションの考え方

GDPR 対応のため事業者に求められるアクションは、大枠、「①現況の確認→②規制の調査→③規制と現状のギャップ分析→④規制遵守するための対応」の流れで進めることになる。一連のアクションの究極の目的は、GDPR 下において違反状態に陥らないことにある。そのためには、現況を把握し、それを前提に GDPR 下での規律の内容を確認する必要があるため、①→②→③→④という流れになる。

理想的な進め方は、④までを GDPR の適用開始日である2018年5月25日までに完結することであるが、事業者の規模によっては、2～3か月を要する場合もあるため、既に上記のような流れでの対応は難しい時期に入っているといわざるを得ない。この目的と現在のスケジュールを踏まえた、現実的なアクションのあり方についても併せて紹介する。

2　現況の確認（データマッピング）

現況の確認（データマッピング）については Q59 で詳しく説明するが、一言でいえば、「社内（グループ内）に散在する、EU・EEA 領域のデータ主体に関する個人データの所在の特定及びデータの処理状況の棚卸し」の作業である。その対象は、日本国内・国外（特に EU・EEA の領域）をカバーする必要がある。

GDPR 適用開始までに求められるアクションについて、どのような枠組みで考えればよいのでしょうか？

　データマッピングは、一から始めると、意外に時間とコストがかかる作業であるが、事業者ごとにその負担感が大きく変わるのもまた事実である。具体的には、当該事業者のビジネスに関連するものとして、①事業分野（個人データを多く取り扱う分野を多数抱えているか等）、②事業規模（大規模人数のデータ主体にするサービスを提供しているか等）、③EU加盟国・EEA加盟国との関連等のファクターと、これは日本の事業者特有の事情であるが、④改正個人情報保護法対応の際に、類似の作業を既に完了しているかというファクターによって、変わってくるところではある。

　ただ、日本の改正個人情報保護対応の際、現況の確認に注力した事業者も、多くの場合、本格的調査の対象としたのは、日本国内あるいは日本国内から国外への越境移転までであり、日本国外で完結しているようなこと、あるいは、日本国外から国内への越境移転については、それほど真剣に時間をかけて把握する作業をしていないとみられるため、④のファクターはそれほど大きくは影響しないかもしれない。いずれにせよ、手元に確認済みのデータがあるのであれば、最大限、それらを有効活用することが重要である。

　つい忘れがちになることだが、忘れてはならないのは、これはギャップ分析のために必要な情報を集める作業にすぎず、EU・EEA領域内のデータ主体に関する個人データの処理の現況に関連するものでなければならないということである。

3　規制調査

　ひととおり、国内外の現況を把握し終わったら、次は、事業者が、GDPR下でどのような規律を受けるか、規制を調査する必要がある。EEA域内に拠点がない日本の事業者は、まず、GDPRへの対応を行う必要があるかを確認する必要がある。GDPRへの対応の必要性を確認する場合、対応すべき規律が、域外適用による管理者としての義務なのか、越境移転規制なのかが重要なポイントである。

　GDPRの適用を前提として調査を行う際、注意が必要なのは、調査対象の範囲である。GDPR下の規制は、GDPRそのものの規制に加えて、EU加盟国各国の国内法で定められる部分もあるため、その内容も併せて確認

リスク低減に向けたGDPR対策

しなければならない点である。よく指摘される事項であるが、ドイツはGDPRよりも広範なケースにおいて、事業者は、データ保護責任者（DPO）を選任しなければならないと定めているし、未成年の年齢基準も加盟国によって、13歳から16歳の範囲内であるが、異なっている。

4　ギャップ分析

　ギャップ分析とは、3で調査した規制の求める規律を、事業者が遵守できているか、2で確認した現況情報に基づいて、分析する作業である。分析の結果、規律が遵守できていると確認できれば、それ以上の作業は発生しない。問題は規律が遵守できていると確認できなかった場合で、それらについては5で対応することになる。

5　規制遵守のための対応

　規制遵守のための対応は、プライバシーポリシーやプライバシーノーティス、社内規則の整備にはじまり、個別具体的なビジネスの場面における同意取得や告知のあり方、越境移転規制対応、管理者・処理者間の契約のアップデート、データ保護責任者（DPO）や代理人（representative）の選任、データ保護影響評価（DPIA）の実施、データ侵害の発生後72時間以内の当局への通知を行うための体制整備と多岐に渡る。これらの対応を2018年5月25日を目標に進めていくことになる。

　GDPRが適用される場合、自社が管理者に当たるか処理者に当たるかを検討する必要がある。管理者と処理者の義務は異なるからである。

6　GDPR適用開始が直近であることを踏まえた緊急対応

　①→②→③→④の流れを順に進めていこうとすると、どんなに急いでも、一般的には3～4か月はかかるため、今から着手しても、2018年5月までに、①→②→③→④の流れをすべて完了するのは、現実的ではない。一番よくないのは、④までに至らず、何も対応が進まないまま、2018年5月25日を迎えることである。現実的な対応としては、①→②→③→④の流れにこだわることなく、必要最小限の現況確認・規制を行い、早々に③④のフェーズに移行することが重要である。

300

GDPR 適用開始までに求められるアクションについて、どのような枠組みで考えればよいのでしょうか？

　①②に関しては、むしろ、GDPR で求められている規律内容は比較的明確であるため、その実現に向けて必要な作業を洗い出し、それに必要な情報を集める方が効率は良いだろう。具体的には、情報管理台帳を基礎付ける、現在処理されている個人データの洗い出しと、基本的な質問への回答に絞ることが考えられる。

　④に関しては、外から指摘を受けやすい部分、あるいは、事業者単独で、さほど時間とコストを要せずに対応できる部分を、緊急対応として、優先して進めていくのが現実的な対応と考えられる。具体的には、①プライバシー・ノーティスの準備（Q22、Q60）、②越境移転規制をクリアするための措置の実施（Q11〜Q16）、③データ保護責任者（DPO）・代理人（Representative）の選任、④社内の個人データ保護のルールのアップデートについては、いずれも、外から指摘を受けやすい、あるいは、事業者単独で、さほど時間とコストを要せずに対応できる部分であるため、2018年5月25日までに絶対に手当てをしておくべき事項といえるだろう。逆に、IT システムの改修などは、システムベンダーの協力が不可欠な場合も多く、相当な準備期間をおいて慎重に対応していくべきである。そもそも GDPR 対応のために IT システムの改修がどこまで必要なのかは不明な部分も多いことを考えれば、力技で押し曲げてまで2018年5月25日までに対応することまでは必ずしも必須とまでは言えない場合もあると思われる。むしろ、GDPR 対策のみにとらわれることなく、近年激化しているサイバー攻撃対策を含んだ総合的な IT セキュリティ対策に GDPR 対策を組み込むべく検討を進めることが考えられる。

Q59 データマッピングとは何ですか？GDPR対応における必要性と進め方を教えてください。

≪ Point ≫

　データマッピングは、GDPR対応を決定するための前提となる事実確認の必要な事項を調査する作業であるが、数か月を要する場合もある。GDPRの施行が間近に迫っている場合は、あたりをつけて並行して調査することも考えられる。

1　「データマッピング」とは何か

　GDPR対策において「データマッピング」という言葉が「社内（グループ内）に散在する域内のデータ主体の個人データの所在の特定及びデータの処理状況の棚卸し」くらいの意味で用いられている状況がよくみられる。ところで「データマッピング」という言葉は、これまでIT業界で「データ変換（マッピング）の定義：変換元（マッピング元）の値を変換先（マッピング先）の値に対応付けること」という意味で用いられることが多く、この意味で「データマッピング」という言葉を使ってきた人々には、GDPR対策における使われ方は違和感が残るかもしれないが、本書では、近時の傾向を踏まえて、GDPR対策としての現況確認を指す意味で「データマッピング」を用いている。

2　データマッピングの必要性

　多くの事業者では、社内の各部門が各々、個人データを含む情報を業務で取り扱っているのが一般的であり、全社横断的にその状況を把握している人などいない、ということも少なくない。このような状況では、そもそも自社の個人データの取り扱いの有無がそもそも不明であり、法規制が適用されるか否かの調査に着手する以前の問題である。まず、個人データの

データマッピングとは何ですか？ GDPR対応における必要性と進め方を教えてください。

有無・所在を確認し、取扱いの状況を確認する必要がある。

3 グループ会社の特殊性

　グループ会社の場合、さらに問題は深刻化・複雑化する。グループを構成する支店間・会社間でも、個人データの取扱いに関するルールや醸成されてきた意識には大きな違いがあったりして、状況の把握はさらに困難になる。とりわけ、支店・グループ会社が国外にもある場合、本社とのギャップは大きく、問題意識に隔たりがあるため、状況把握は困難を極める。

4 調査対象とすべき事項とポイント

　社内（グループ内）の個人データの所在・取扱状況の調査では、以下の事項について調査することが考えられる。

(1) 域内の個人データを取り扱う業務の洗い出し

　部門横断的に洗い出しを行う必要があるが、相当の時間と手間を要する。一見遠回りに見えるかもしれないが、そもそも社内にどのような業務があるかをまずリストアップし、その後に、それぞれの業務が、域内の個人データを取り扱うことがあるのか（可能性、有無、頻度、取扱量等を含む）を確認する、といった流れにする方が、見落としの発生を抑えることができる。

(2) (1)でリストアップした業務についての調査

　ここでは、取り扱っているEEA域内の個人データ事態に関する事項（データの種類、項目、データ主体の種類・属性・傾向等）と、処理の目的を調査する。併せて、具体的なデータの取扱状況も確認する必要がある。具体的には、①EEA域内の個人データの取得の経緯・場面・手法、②取得したEEA域内の個人データの保管場所・保管システム、③当初の保管場所・保管システムと、実際の処理を行う場所・システムが異なる場合は、その場所・システム、④実際の処理を行う場所・システムの移転の手法、⑤実際の処理の手法・目的、⑥処理後の保管場所・保管システム、⑦廃棄のタイミング・手法、⑧①から⑦の事項について、データ主体にはどのよ

リスク低減に向けたGDPR対策

うに伝達していたか、についても、調査が必要である。

(3) 内部の処理担当者・責任者、外部の処理業者

実際の処理に、だれが関与しているのかを早期の段階で確定することも重要である。とりわけ、外部に処理を依頼している場合は、契約書等のドキュメントの確認が重要になる。管理者－処理者間の契約は、一定の事項を盛り込まなければならない等の規制を受けるため（第28条）、どこかの段階で、ドキュメントがこれらの規制に適合しているのかを確認し、不適合な部分があれば、改訂を行わなければならないからである。

5　実務上の留意事項

データマッピングを行う手法は、規模の小さい事業者であれば、集中して全社的にヒアリングを実行するという手法がある一方で、一定程度以上の規模がある、あるいは、支店・子会社がある事業者であれば、調査票を準備して各部門、各支店、各グループ会社に送付するという手法もある。

前者が丁寧で見落としが少なくて済む可能性が高いものの、現実にこの手法を実行できるのは、相当小規模な事業者か、普段から全社的な情報共有に成功している事業者に限られるだろう。

後者は調査票の記入については、各部門、各支店、各グループ会社の理解度と真剣度によらざるを得ない。この理解度と真剣度については、本社とズレが大きく、なかなか回答が返ってこず、また、返ってきても分析を行うには回答が十分でなく、調査票の往復を招き、結果、数か月を要したケースも実務では見られる。

6　GDPRへの緊急対応が必要な場合

GDPRの施行までの期間が短い場合、データマッピングに時間を取られているうちに、GDPRの適用がスタートしてしまう、といった事態は現実的にも起こりかねない。その意味では、時間をかけてデータマッピングを網羅的に行うのではなく、先に規制内容から逆算して、社内のデータ処理の状況におおよそのあたりをつけて調査するのが望ましい場面も出てくるだろう。

Q60 2018年5月までの現実的な対応と優先順位付けの考え方を教えてください。

≪Point≫

　GDPRの適用開始（2018年5月25日）までに残された期間、GDPRに沿うための対応をすべて完了できない場合、優先順位はどのように付けるべきか。

1　対応の優先順位付け

　2018年5月25日までに、GDPRを遵守するためのすべての対応を完了するのは現実的ではないという場合、現実問題として、対応の優先順位付けを行う必要が生じる。もちろん、最終的にはすべての対応を行う必要があるのは言うまでもないのであって、あくまで対応の順番の考え方である。

　順番については、個々の事業者の置かれた状況によっても異なるところだが、たとえば、①外部から見えやすい事項か、②比較的時間とコストを要せずに対応できる事項か、③ITベンダーなど第三者の協力が必要な事項か（第三者のスケジュールを考慮する必要があるか）、④重大なデータ侵害のリスクをもたらす事項か（リスクベースド・アプローチの観点からは、重大なリスクであればあるほど早期の対応が求められる）等の視点が考えられる。③④は事業者個別の事情（業種、処理対象のデータ主体・データ項目、処理目的、規模等）によるところが大きいので、①②に絞って選んだのが2の、全事業者において緊急性の高い項目である。3項目はあくまで公約数的に選んだものであり、決してそれ以外の対応を先延ばしにすることが正当化されるものではない。

リスク低減に向けたGDPR対策

2　緊急性の高い対応（全事業者共通）

(1)　プライバシー・ノーティスの準備

　プライバシー・ノーティスは、第13条・第14条で定められている個人データ取得時にデータ主体に通知しなければならない事項をまとめたものである（Q22）。GDPRを貫く概念である、公平性（Fairness）、透明性（Transparency）のうち、透明性の体現化の一部である。

　適切なプライバシー・ノーティスを行うためには、データマッピングの段階で、列挙項目（Q59）を確認する必要がある。

(2)　越境移転規制対応

　越境移転規制対応は、Q11～Q16で紹介したような適法化根拠があるので、越境移転に関与する当事者の顔ぶれが一定であり、数が多すぎなければ、標準契約条項（SCC）（GDPR下ではデータ標準保護条項（SDPC））等第46条に定める措置が、安定性・簡便性からみて、バランスのとれた対応措置といえるだろう。第46条に定める事項に該当しない場合にはじめて、第49条第1項を検討すべきである。データマッピングの段階で、個人データの越境移転の状況と、その合法化根拠の有無を調査する必要がある。

(3)　社内の個人データ保護ルール

　社内の個人データ保護のルールをアップデートし、GDPRに沿った内容にする必要がある。事業者ごとに、アップデートの出発点は異なるので、アップデートすべき内容は、個別に検討することになる。

(4)　データ保護責任者（DPO）、代理人の選任

　これらの選任義務は、厳密には、適格者を選任できているか等の問題もあるが、少なくとも、選任しているか否かは、監督当局からは非常に見えやすい部分である。したがって、これらの選任義務が発生しているにもかかわらず、2018年5月まで、選任を完了していないのは、避けるべき事態である。

2018年5月までの現実的な対応と優先順位付けの考え方を教えてください。

3 優先すべき対応（事業者による）

(1) 個別具体的なビジネスの場面における同意取得のあり方

同意取得のあり方（Q19）は、多くの場合、フォームの改善やシステムの改修を伴うため、対応に一定の時間を要する。このため、GDPR適用開始までに完了できないおそれがある。他方で、同意取得がGDPRに対応していない場合は、同意なしで個人データ処理をしていたことになってしまい、重大なGDPR違反に直結する。また、外部から見えやすく、監督当局や第三者からの指摘を受ける可能性も高まってくる。その意味では、決して先延ばししてはいけない部分である。事業者としては、改善に向けての問題点の分析と着手はできる限り早期に行うべきであり、2018年5月までに対応が間に合わないことが判明した場合は、リスクコントロールの観点から、当該データ処理を一時停止する等の対応も検討すべきである。

(2) 管理者・処理者間の契約のアップデート

GDPRでは、管理者・処理者間の契約についてかなり細かい対応を要求している（Q30）。これらはデータ侵害発生後の72時間以内の監督当局への通知義務にも重大な影響を与えるため、管理者として対応の必要性自体は非常に高い。他方で、処理者という相手方のある話であり、場合によっては、交渉に時間を要するといった事態も十分に考えられるところである。その意味では、処理者への申し入れ自体は、できる限り早期に行うべきである。

(3) データ侵害の発生後72時間以内の当局への通知を行うための体制整備

データ侵害の発生後72時間以内の当局への通知を行うための体制整備は、管理者・処理者間の契約を除けば、基本的には、事業者の社内で完結する事項である。このため、体制整備を先延ばしにしているうちに、データ侵害が発生して72時間を過ぎてしまった場合、厳しく責任追及されるおそれは否定できない。GDPRに限らず、トラブルなど発生しないだろうとたか

リスク低減に向けたGDPR対策

をくくっていた事業者が、トラブル発生時に十分に対応できず、被害拡大に拍車をかけてしまい、厳しい批判を受ける事態は珍しくない。違反時の制裁金と風評リスク、サイバー攻撃の活発化などデータ侵害が発生する可能性が上昇していることを考えれば、本項の体制整備についても優先順位は高いと考えるべきである。

(4) データ主体の権利行使への対応

データ主体による消去権（第17条）やデータポータビリティ権（第20条）等の権利行使に対して、適切なタイミングで対応するためには、ITシステムのアップデートが必要になる事態も想定される。システムのアップデートには、外部ベンダーの協力が不可欠の場合も少なくないが、他方で、GDPR対応で、多くのベンダーの対応に時間がかかっているという状況が見られ、アップデートには相当の時間を要する可能性が高い。このような状況を踏まえ、Q58で述べた観点を交えて検討すべきである。

(5) データ保護影響評価（DPIA）の準備

第35条のデータ保護影響評価（DPIA）が必要になるのは、一定の場合に限られるが（Q38）、そもそも、これから自社が行おうとしているデータ処理がDPIAを必要とする場合なのか。その判断基準を社内で事前に用意しておく必要がある。その意味で、DPIA対応の必要性は、事業者によって差が出てくるところともいえる。ビジネスの性質上、DPIAが必要になる事態は想定し難い、という事業者であれば早急に対応する必要性は低いのに対して、DPIAが必要になりそうなビジネスを多く手掛ける事業者は、できる限り早期に対応する必要があるだろう。

(6) 記録義務

第30条の記録義務が発生するのは一定の場合に限られるが（Q31）、義務が発生する場合は、個々の担当者が記録を行うよりも、システムによって一括的に対応する方が望ましいと考えられる状況も想定される。

ビジネスの性質上、記録義務が発生する可能性が高い事業者は、できる限り早期に対応する必要がある。

2018年5月までの現実的な対応と優先順位付けの考え方を教えてください。

　記録義務が発生するものと判断されるケースが想定外に広範なものにわたる可能性は否定できないので、注意が必要である。

IX

モデルケース別
GDPRリスクと
その対応

Q61 EU 子会社の不祥事へ対処する場合、
どのような GDPR 対応が必要でしょうか？

≪Point≫

不祥事対応に関しては、第5条のもとでの義務をどうクリアするか、第6条のもとでの合法性をどう確保するか、域外移転についての問題をどうクリアするか、という3点に集約される。

1 海外子会社の不祥事が発見された際の対応

海外子会社の不祥事が発見された場合の対応は、大きく二つのパターンに分けられる。一つは、現地に任せて、報告させるパターン、もう一つは、現地の協力を得つつ、日本本社の人間が現地まで乗り込んで調査を行うパターンである。それぞれのパターンにおいて、どのような GDPR 対応が必要になるかを検討する。

なお、不祥事発見のきっかけとなることが多い内部通報に関しては、Q55 を参照のこと。また、欧州での調査を実施する際に必要となる現地の労働者保護法制上の問題点についてはここでは検討しないが、適切な手続きに則って情報収集がなされていない場合には調査自体が無効とされる可能性もあるために、その点については別途現地専門家に相談をする必要があることには注意が必要である。

2 両パターンのいずれにも登場する場面

(1) 従業員からの事情聴取

不祥事の調査は多方面から進める必要があるが、最も大事なのは、関与が疑われる、あるいはその周辺にいる従業員からの事情聴取である。その聴取内容には現地のデータ主体の個人データが大量に含まれてくるため、

EU子会社の不祥事へ対処する場合、どのようなGDPR対応が必要でしょうか？

GDPRによる規律の対象となる。

GDPRの手続きに違反して取得した個人データは消去権（第17条）の対象となる可能性があり、不祥事の原因解明・再発防止の障害になりかねない。加えて、後日、不祥事を理由に何らかの懲戒処分を下そうとした際に、当該従業員が反撃材料として、事情聴取においてGDPR違反があったことを主張してくる可能性もある。このような反論が、法的に見て必ずしも正当な反論材料であるとは限らないものの、従業員との紛争に至る場面で、先方のカードになるような材料はできるだけつぶしておきたいところであるから、GDPRの規律に沿った対応が必要となる。

もちろん、従業員の権利保護に関しては、労働者保護法制等の適用も想定されるから、そちらの規律内容の確認も必須である。

現地サイドに任せるにしても、日本本社からの一定程度のコントロールはすべきである。不祥事の原因が、EU子会社全体にはびこる悪習慣・文化ということも大いにあり得る話で、その場合、EU子会社に任せきりでは適切な原因解明と再発防止策の検討を望むのは困難と言えるためである。

授業員からの事情聴取を、個人データの処理ととらえた場合、処理の合法性を確保する必要が生じる。

この点、第6条第1項には六つの合法化事由が定められているが、このうち、従業員の同意（(a)）のみに依拠することは、使用者・従業員間のパワーバランスの偏りにかんがみて、任意性に欠けるとして、同意の有効性が否定されるリスクが現実にそれなりにあることを考えると、まず避けるべき選択肢である。最終的には、個別具体的な事案ごとの判断によらざるを得ないものの、「データ主体又は他の自然人の重大な利益を保護するためにデータ処理が必要な場合（(d)）」「公共の利益又は管理者に与えられた公的権限の行使のために行われる業務の遂行においてデータ処理が必要な場合（(e)）」「管理者又は第三者によって追求される正当な利益のために処理が必要な場合（(f)）」のいずれかに当てはまる可能性があり、これらの事由への依拠を検討すべきである。

(2) 電子メールのチェック

従業員関連の不祥事調査のもう一つの柱となるのが、会社から従業員に

Ⅸ モデルケース別GDPRリスクとその対応

付与された電子メールアカウントの調査である。

電子メールアカウント調査についても、(1)と同じく、処理の合法性を確保する必要がある。電子メールのチェックについては、EUデータ保護指令のもとで、GDPRの「管理者又は第三者によって追求される正当な利益のために処理が必要な場合（((f))」に実質的に相当する合法化事由（EUデータ保護指令第7条(f)）が適用されると述べている（29条作業部会WP55「職場における電子コミュニケーションの監視に関する意見」）。2017年に29条作業部会より出されたWP249「職場におけるデータ処理に関する意見書」は、現時点でもWP55の検討は有効であるとしており、GDPR下でも「管理者又は第三者によって追求される正当な利益のために処理が必要な場合（((f))」が適用される場合が多いと考えられる。

3　現地からの報告

事情聴取の結果を含む現地からの調査結果の報告は、多くのEU・EEA域内のデータ主体の個人データを含むことが想定されるため、これを現地子会社から日本本社に報告させることは、越境移転規制の対象となると考えられる。

越境移転規制を合法化するための手当てはいくつか用意されているが、まず、同意については、報告書に登場するデータ主体すべての同意を得ることは現実的でない場合が多いし、そもそも同意に依拠すること自体避けるべきである。報告という名の越境移転に携わる当事者は現地子会社及び日本本社に限られることから、平時から、標準契約条項（SCC）（GDPR下では標準データ保護条項（SDPC））を締結しておき、このような事態に備えておくのが一番望ましい。

とはいっても、なかなか不祥事のことまで視野に入れて、平時から準備しておくのは難しい、あるいは準備が間に合わなかった、という事例も実務ではよく聞かれるところである。そのような場合に以下の合法化の事由が当てはまるかを検討すべきである。

- 「公共の利益の重大な事由のために必要な場合（第49条第1項前段(d)）」
- 「法的主張時の立証、行使又は抗弁に必要な場合（第49条第1項前段(e)）」
- 「データ主体が物理的又は法的に同意を与えることができない場合に

EU子会社の不祥事へ対処する場合、どのようなGDPR対応が必要でしょうか？

おいて、データ主体又は他者の重要な利益を保護するために必要な場合（第49条第1項前段(f)）」
・「第45条、第46条、第49条第1項前段各号があてはまらず、かつ、限定された数のデータ主体に関して、やむにやまれぬ正当な利益に基づいた、反復的ではない移転で、その正当な利益がデータ主体の正当な利益又は権利及び自由よりも優越するものではない場合（第49条第1項後段）」

4　現地での調査

　日本の本社が調査の中心的役割を果たすべく、日本の本社の人間が現地に出張し直接調査を行い、その結果を日本に持ち帰る場合もある。
　この場合も、現地子会社から日本の本社への個人データ移転が起きるものと考えられるので、3と同様の検討が必要である。
　日本本社が調査に主体的に関与する場合に、特に注意が必要なのは、制裁金リスクである。リスクが想定されるシナリオとしては、たとえば、日本本社が調査を主導し、現地子会社を完全にコントロールして調査を進めていたところ、GDPRの手続きに明るくない担当者が強硬的な調査を現地従業員に対して行ってしまっていたのが事後的に発覚し、重大なGDPR違反であると認定されてしまった場合、日本本社と現地子会社が一体として捉えられ、売上高基準に親会社の売上高も勘案される可能性が理論的には生じ得る。したがって、GDPR違反のないよう、慎重な対応が不可欠である。

5　まとめ

　第5条については粛々と対応すると共に権利をきちんと通知する（これは雇用法の関係からも調査の最初のタイミングで何らかの通知を行うことも多いのでそこで対処することが多い）、第6条のもとでの合法性は第6条第1項(f)で、域外移転はSCC又は第49条第1項(e)で解決されることが多いので、どれもあまり問題にはなりにくいと考えられる。事業者としては、これらの義務がGDPRの下であることをきちんと理解して、労働者保護法制のもとでの手続きをきちんと踏んで対応することが求められる。

Q62　IoT 製品を EU で販売する場合は どのような点に留意すべきでしょうか？

≪Point≫

スマートスピーカーやネットワーク機能の付いた家電製品は、リモートで、個人データの処理・移転が行われる場合があり、この場合、域外適用あるいは越境移転規制の適用を検討する必要が生じる。

1　IoT 製品に対する GDPR の適用

IoT 製品は、個人データの処理が予定されていることから、GDPR の適用のあり方が問題となる。たとえば、日本企業が、ネットワーク機能を備えたぬいぐるみや家電製品、スマートスピーカーのような、IoT 製品をEEA 域内の子会社等を通じて EEA 域内所在の消費者に販売し、当該 IoT 製品を通じて、購入者である消費者から個人データを取得している場合やこれを日本国内に移転している場合、GDPR は適用されるか。

まず、EEA 域内の子会社等を通じての販売の場合、商品を EEA 域内に所在する消費者に販売することを根拠とする域外適用はされないと考えられる。

他方、ネットワーク機能を備えたぬいぐるみや、スマートスピーカーは、機能によっては、サービスを直接 EEA 域内所在の消費者に提供していると判断される可能性があり、この場合は、域外適用の可能性が生じる（第3条第2項(b)）

また、ネットワーク経由で、商品ユーザである EEA 域内のデータ主体の個人データを継続的に取得することが考えられるが、場合によっては、EEA 域内の消費者から、EEA 域内の事業者を経由して、日本に個人データが移転していると捉えられる可能性もある。この場合、越境移転規制の適用を検討することが必要となる。

316

IoT 製品を EU で販売する場合はどのような点に留意すべきでしょうか？

2　域外適用への対応

(1)　29条作業部会のガイダンス

　IoT 製品による個人データの取得や処理に関して、EU データ保護指令のもとにおいては、29条作業部会より「IoT の近年の発展に関する意見」が公表されている。当該意見では、IoT の例として、ウェアラブル・コンピューティング、ホーム・オートメーション、クウォンティファイド・セルフ（Quantified self）（睡眠記録、歩行距離記録等、テクノロジーを利用して自己の習慣やライフスタイルに関する情報を記録すること）が、具体例として示されている。

　そのうえで、同意見は IoT に関しては、①ユーザと事業者の間に情報格差が生じやすく、ユーザによるコントロールが効きにくいこと、②行動パターンの分析やプロファイリング等により、ユーザが予想していない、プライバシー侵害等につながるリスクがあることを指摘している。そして、個人データを適法に処理するための要件（個人データがセンシティブデータである場合の要件を含む）、個人データの処理に関する基本原則の適用や、データ主体の有する権利、IoT 事業者に課される義務等について説明している。たとえば、個人データ処理の適法化事由としては、IoT との関係では、同意の取得がファーストチョイスとなるとしている。もちろん、データ主体が当事者となっている契約の履行のために処理が必要である場合や、管理者又は第三者によって追求される正当な利益のために処理が必要な場合に該当する場合もあるはずだが、その該当性については、IoT 特有のプライバシー侵害の潜在的なリスクにかんがみて、厳しく判断されるべきである旨の見解が同意見では既に示されている。

(2)　実務的な対応

　このため、IoT 製品によってなされる個人データの処理は、IoT 製品のユーザーとの関係では、「データ主体が当事者となっている契約の履行のために処理が必要な場合、又は契約の締結前にデータ主体の求めに応じて手続きをとるために処理が必要な場合」（GDPR 第6条第1項(b)）、又は、

317

モデルケース別GDPRリスクとその対応

「管理者又は第三者によって追求される正当な利益のために処理が必要な場合」（GDPR第6条第1項(f)）に該当することにより、適法性が担保できる場合もあり得ると思われるが、実務的には、データ主体の明示的な同意を取得するというステップを踏む方が望ましいといえる。

(3) 同意に依拠する場合の留意事項

GDPRにおいては、同意は、自由に与えられ（freely given）、特定の（specific）、情報提供を受けたうえで（informed）、かつ、不明瞭ではないもの（unambiguous）であることを証明するために、明らかに積極的な行為（clear affirmative act）により与えられるべきものとされている（GDPR第4条第11号）。

事業者は、個人データの処理目的を示したうえで、データ主体から上記の要件を満たす形で同意を取得しなければならない。また、明白で積極的な行為により同意を得たといえるためには、たとえば、同意を示すボタンに予めチェックが入れてある設定を用いる場合のように、データ主体の同意が黙示的に示唆されるだけでは不十分であり、データ主体が同意を示すボタンに能動的にチェックを入れる設定が用いられるべきとされている（前文第32項）。

画面を有するIoT製品の場合には、通常、具体的な利用の開始のタイミングで、当該画面を用いて、個人データの処理及び移転に関する同意の取得を行うことが多いと思われるが、たとえば、冷蔵庫やトースターのように、画面のない機器の場合には、そのようなタイミングで同意を取得することは困難である。そこで、販売時において予め同意を取得しておく等、同意の取得の方法を工夫する必要があると考えられる。

3　越境移転規制への対応

越境移転がEU域内のサーバを経由して行われる場合には、標準契約条項（SCC）（GDPR下では、標準データ保護条項（SDPC））の活用をまず検討すべきである。それが、EEA域内の子会社から日本本社への移転というように、企業グループ内における移転であれば、拘束的企業準則（BCR）も選択肢となると考えられる。

IoT 製品を EU で販売する場合はどのような点に留意すべきでしょうか？

4　匿名化による負担軽減

　なお、データ主体が特定できないように不可逆的に個人データを加工して匿名化することが可能である場合、これらの措置を実行することで、当該データは GDPR の規制対象となる「個人データ」には該当せず、規制の対象から外れることが可能となるはずである（前文第26項）。

　しかしながら、IoT 製品は、当該製品のユーザー向けにより最適なカスタマイズを行うことを目的としているものが多く、まさに、こうした機能により、IoT 製品がユーザーに対して付加価値を提供することを可能としている。こうした IoT 製品の性質を前提とすると、IoT 製品に関して、取得した個人データを匿名化することにより GDPR 上の規制に対応するという選択肢をとることは、基本的には困難である場合が多いと思われる。

　上記の29条作業部会の意見においても、IoT の場合には、大量のデータが自動的に処理されることにより、再度識別可能となるリスクが存在することを理由に、個人データ該当性をなくすことは難しいであろうという認識が示されており、上記の問題意識が裏付けられていると言える。

　なお、GDPR の規制対象であるかという点とは直接関係がないものの、IoT 製品によって情報取得を行う場合には、Q51で紹介した e-Privacy Directive 上の規制についても確認し、対応する必要がある。

319

Q63 日本企業が、域内所在の消費者を対象として、スマートフォン・アプリやオンラインゲームを提供する場合、GDPR下ではどのような規律を受けますか？

≪Point≫

　域内に拠点がなくとも、域外適用される場合は代理人の設置義務が発生するほか、個人データ処理の適法性の根拠事由の検討、越境移転規制への対応、アプリやゲームの内容によっては児童への対応が問題となり得る。

1　スマートフォン・アプリ／オンラインゲームの特色

　スマートフォン・アプリ／オンラインゲームのマーケットとして海外を想定することが一般化している。その結果、欧州の個人データをマーケット情報として分析・活用し、あるいは、料金の決済を一括して行うために、域内から域外に個人データの移転を行うことが想定される。本項では、多くのスマートフォン・アプリ／オンラインゲームの配信事業者が該当すると思われる、域内に何ら拠点を有しない日本企業が、スマートフォン・アプリ／オンラインゲームを通じて域内に所在する消費者の個人データを取得し、国境を越えてその移転を行う場合の注意点を解説する。

2　域外適用

(1)　想定されるデータ処理・移転

　スマートフォン・アプリ／オンラインゲームを通じて個人データを取得・移転するケースでは、①EEA域内のサーバを経由する場合だけでなく、②域内のサーバを経由することなく、スマートフォン等から直接的に域外に個人データが移転する場合も想定される。GDPRは、現地所在の個人に商品又は役務を提供するEEA域外にのみ拠点を置く企業にも適用されるところ（GDPR第3条第2項(a)）、日本企業が欧州のマーケットに向け

日本企業が、域内所在の消費者を対象として、スマートフォン・アプリやオンラインゲームを提供する場合、GDPR下ではどのような規律を受けますか？

てオンラインでスマートフォン・アプリ／オンラインゲームを提供する場合には、①・②のいずれの場合であるにせよ、GDPRの適用対象となると考えられる。そこで、このケースでは、GDPRを遵守する形で、個人データの処理及び移転を行う必要がある。

(2) 代理人の設置義務

まず、当該日本企業は域内に拠点を有していないため、例外事由に該当しない限り域内に代理人を設置する義務を負うことになる（GDPR第27条）。代理人の設置義務を負っているにもかかわらず、同義務を履行しなかった場合、GDPRのもとにおいては、最大で1千万ユーロ又は年間世界売上高の2パーセントのいずれか高額な方の金額を上限として、制裁金を課される可能性が生じる（GDPR第83条第4項(a)）。

域内に拠点のないスマートフォン・アプリ／オンラインゲームの配信事業者にとって、代理人制度のためだけに人間を派遣するのは負担が大きすぎるため、現実的な対応策としては、域内の業者にアウトソーシングすることを検討すべきだろう。既に域内では、データ保護責任者（DPO）と同じく、代理人サービスを提供することをうたった事業者（その多くは法律事務所が関与している）が登場している。

(3) 同意の取得

まず、アプリの使用自体に個人データが必要な限りにおいては、そのデータ処理は第6条第1項(b)の契約の履行で正当化できるものと考えられる。他方、アプリの使用自体に必ずしも必要ではない目的での利用や、センシティブデータが処理対象に含まれている場合は、データ主体の同意に依拠する必要が生じると考えられる。

スマートフォン・アプリ／オンラインゲームの配信では、アプリの起動やオンラインゲームへのログインの操作が発生するため、実務的には、データ主体の明示的な同意を取得するというステップを踏むことが想定される。この同意の有効性が認められれば、第6条のデータ処理の適法化要件をクリアすることができる。

29条作業部会は、EUデータ保護指令のもとにおいて、「スマート・デバ

イスのアプリに関する意見」を公表している。同意見は、ユーザがアプリをインストールする前に個人情報の処理について明示的な同意を得ることが、EU 法上の適法性を確保するための主要な方法となる旨を述べている。

他方、Q19で述べた通り、GDPR では、同意は、任意性（freely given）、特定性（specific）、明白性（unambiguous）、そして、情報提供を受けたうえでなされた（informed）意思表示であることが要求され、そのことを示すために、同意は、陳述（statement）又は明らかに積極的な行為（clear affirmative action）により与えられるべきものとされている（GDPR 第 4 条第11号）。この、「明らかに積極的な行為によって同意を得た」といえるためには、かつてオンラインの世界でよくみられたように、同意ボタンに予めチェックが入れてある方式は、不十分と判断される。この方式では、データ主体の同意が黙示的に示唆されているだけにとどまっているためである。そのような方式ではなく、データ主体の操作によって、同意ボタンに能動的にチェックを入れさせる方式が要求されている点（前文第32項）。

なお、事前に適切な同意を取得した場合、その後に行われるマーケティングなどを含む個人データの処理については、「管理者又は第三者によって追求される正当な利益のために処理が必要である場合」（GDPR 第 6 条第 1 項(f)）に該当することにより適法性が担保できることが通常であると考えられる。

3 越境移転規制

(1) 規制適用が想定されるケース

次に、個人データの移転との関係では、まず、域内のサーバーを経由して、取得した個人データを域外に移転する場合には、同意に依拠することのデメリットを避ける観点を踏まえると、まずは、標準契約条項（SCC）（GDPR 下では、標準データ保護条項（SDPC））の活用を検討すべきだろう。それが企業グループ内における移転であれば、拘束的企業準則（BCR）を既に準備済みであれば、その活用も選択肢となるが、BCR の準備の困難性にかんがみると、ほとんどの事業者にとって現実的な選択肢ではない。

一方、ユーザの個人データを直接域外で取得する場合は、標準契約条項

日本企業が、域内所在の消費者を対象として、スマートフォン・アプリやオンラインゲームを提供する場合、GDPR下ではどのような規律を受けますか？

(SCC)（GDPR下では、標準データ保護条項（SDPC））や拘束的企業準則（BCR）に拠ることはできないことから、GDPRに適合するための方法としては、データ主体の同意に依拠せざるを得ない場合が多くなる。実務上、このような同意は、スマートフォン・アプリ／オンラインゲームをダウンロードする際に、オンライン上で、ユーザから取得することが多いが、同意取得によってGDPRの域外移転規制の適合性を確保するためには、上述のGDPR第4条第11号及び前文第32項の要件に則した同意を取得する必要がある。

(2) 児童ユーザへの対応

GDPRにおいては、16歳未満（又は各加盟国が設定する年齢を下回る）の児童の個人データを同意に基づいて処理するためには、保護者の同意が必要であり、また、管理者は、保護者の同意が得られたかどうかを確認するための合理的な努力をしなければならないとされている（GDPR第8条）(Q19)。

スマートフォン・アプリ／オンラインゲームは、性質上児童がユーザとなることも多い。他方、オンライン上での同意取得では、真に保護者の同意が得られているかを確認することが難しい、という問題がつきまとう。

事業者には、同意取得によってGDPRの域外移転規制の適合性を確保する場合には、保護者の同意が得られたことを確認するための合理的な努力をしたと認められる工夫をしておくことが求められるため、実務上の課題となるだろう。

4 負担軽減の可能性

スマートフォン・アプリ／オンラインゲームを通じて取得したユーザの利用履歴をマーケット情報として域外に集積して活用しようとする場面では、個人データのデータ主体を特定するデータは不要で、特定の地域におけるユーザーの利用頻度や支払金額といった利用情報のみで目的が達成できる場合も少なくない。この観点から、収集するデータにそもそも個人データが含まれないようにすることも検討すべきだろう。

Q64 クラウドサービスの利用の際、GDPRの関係ではどのような点に留意すべきでしょうか？

≪ Point ≫

越境移転規制の適用の有無を中心に検討すべきである。その際、サーバの所在等がポイントとなる。

1 検討の枠組み

(1) 検討の枠組み

クラウドサービスをユーザの立場で利用する場合、GDPRとの関係で検討が必要とされるのは、越境移転に関する規制の適用の有無である。同規制の適用のあり方を判断するためには、サービス提供の開始時及びサービス提供中に、当該クラウドサービスの提供事業者及びその下請業者が、どこに設置したサーバを経由して、どのように個人データを移転するかを確認することが重要である。

現実に提供されているクラウドサービスを見ると、クラウドサービスの提供方法は数多くあることがわかる。必ずしも表沙汰にされているわけではないものの、多くの場合、クラウドサービス提供事業者が下請業者を利用するなどして、コストを削減しているといわれている。この場合、個人データ処理の過程に多数の事業者が関与することになる。

検討を煩雑にする事情を除くために、シンプルなモデルとして、欧州の子会社や支店で収集された個人データが、クラウドサービス提供事業者のEU域内におけるサーバを経由して、EU域外に移転するケースを検討する。

クラウドサービスの利用の際、GDPR の関係ではどのような点に留意すべきでしょうか？

(2) 欧州子会社等のサーバのみを経由する場合

たとえば、日本企業の EU 加盟国 A 国の子会社から域外にあるクラウドサービス提供事業者のサーバに個人データが移転する場合を想定する。

この場合、個人データの越境移転に係る規制の適用があることは当然である。

(3) 欧州子会社等のサーバから直接的には EU 域外に個人データが移転することなく、EU 域内のクラウドサービス提供事業者のサーバを経由して、EU 域外に移転する場合

たとえば、日本企業の EU 加盟国の A 国子会社から EU 加盟国 B 国にあるクラウドサービス提供事業者のサーバに個人データが移転し、そこから域外に所在する下請事業者のサーバに個人データが移転する場合を想定する。

この場合、欧州子会社等は、自身は直接には越境移転を実行しているわけではない。しかし、個人データの越境移転に係る規制が適用され得る点には注意が必要である。これは、規制の遵守については管理者が責任を負っており、処理者が規制に違反した場合にも、その責任は管理者が負うためである。クラウドサービスの利用者が管理者、クラウドサービス提供事業者が処理者と判断される場合、前者は後者の法令遵守について責任を負うことになる。なお、GDPR のもとでは、管理者のみならず、処理者も一定の法的義務を負うことになっている（GDPR 第28条、第82条第 2 項、第83条第 4 項(a)及び同条第 5 項(c)参照）（Q30）。

2　実務的な対応

個人データの越境移転に係る規制が適用される場合には、域内から域外にあるクラウドサービス提供事業者のサーバに個人データを適法に移転するために、欧州子会社等と当該クラウドサービス提供事業者との間で標準契約条項（SCC）を用いた契約を締結することが通常である。クラウドサービスでは無数のデータ主体の個人データ移転を伴う場合が少なくなく、顧客や従業員を含むデータ主体のすべてから個別の同意を取得することは

現実的ではないことによる。GDPRのもとにおいては、標準データ保護条項（SDPC）の利用に関して、当局への通知又は当局からの承認が一律に不要となることが予定されており、企業にとっての利便性が高まるため、クラウドサービスを利用する際に標準データ保護条項（SDPC）が利用される傾向は続くものと考えられる。

また、現時点では詳細不明ではあるが、新設された行動規範及びデータ保護認証の制度が標準データ保護条項（SDPC）よりも使い勝手がよいようであれば、それらの制度が活用されることも予想される。

さらには、グループ企業内でクラウドを利用する場合には、現状よりも迅速かつ低コストで活用できることが見込まれる拘束的企業準則（BCR）が活用される可能性もある。

なお、少し難しい問題として、欧州にあるクラウドサービスプロバイダーから域外の下請けにデータが移転されるとすると、欧州のプロバイダーが processor、下請が subprocessor となるが、これに対応する SCC のフォームが用意されていないため、一定の工夫が必要になるという問題が指摘されている。

3　米国のクラウドサービスを利用する場合

EU 域内から米国のクラウドサービス提供事業者に個人データを移転する場合には、プライバシーシールドの利用が有力な選択肢となる。もっとも、プライバシーシールドに基づいて EU 域内から米国に移転された個人データをさらに第三国に越境移転（「onward transfer」）する場合、当該移転は、プライバシーシールドに基づく一定の制限に服するので、注意が必要である。

プライバシーシールドにおいて、onward transfer が許容される条件は、個人データの移転先が管理者と処理者のいずれとして取り扱われるかによって異なってくる。

クラウドサービスの利用の際、GDPRの関係ではどのような点に留意すべきでしょうか？

移転先が管理者の場合	移転先が処理者の場合
・移転先が少なくとも、移転元が負うプライバシーシールドに基づく義務と同レベルの義務を負うこと。	・移転先が少なくとも、移転元が負うプライバシーシールドに基づく義務と同レベルの義務を負うこと。
	・移転元はプライバシーシールドに基づく義務を免れることができない。

Q65 行動ターゲティング広告は GDPR 下では どのような規制を受けるでしょうか？

≪Point≫

行動ターゲティング広告は、個人データの処理として GDPR の規制を受け、また、域外適用が典型的に想定されている。さらにプロファイリング規制の可能性もあることから、事業者としては、GDPR 対応をよく検討する必要がある。

1　行動ターゲティング広告は、個人データの処理か

行動ターゲティング広告に関して、EU の監督当局は早い段階から問題意識を有しており、EU データ保護指令のもとにおいて、2010年には、既に、29条作業部会から、WP171「行動ターゲティング広告に関する意見」が公表されている。同意見では、①行動ターゲティング広告を実施する際、通常、IP アドレスの収集やクッキー等による情報処理を伴うため、仮に利用者であるデータ主体の氏名等を収集していないとしても、データ主体の選び出し（single out）が可能となること、また、②行動ターゲティングの手法を用いた広告活動の際に収集されるのは、個人の日常行動に関連した情報であり、行動ターゲティング広告は、個人データの処理を伴うことが通常であると結論付けている。このため、個人データの処理がなされることを前提に、GDPR の適用によってどのような影響がもたらされるのか、検討する必要が生じる。

2　域外適用

GDPR では、EU 域内に拠点がない場合であっても、「EU 域内で行われるデータ主体の行動のモニタリング」に関連する個人データの処理は、GDPR によって規律されると定めている（第3条第2項(b)）。行動ターゲ

行動ターゲティング広告はGDPR下ではどのような規制を受けるでしょうか？

ティングの手法を用いて広告活動を行っている場合は、「データ主体の行動のモニタリング」の典型例であると考えられるため、域内に拠点がなくとも、当該データ処理には、GDPRが適用されると考えられる。

上記の29条作業部会の意見では、クッキー等による情報収集は、ユーザーの事前の同意（インフォームドコンセント）が存在する場合に限り許されるとし、また、テーラーメイドの広告を配信するために、クッキー等による識別及びこれを利用して閲覧行動をモニタリングすることについて、事前に、オプトイン形式で、ユーザの同意を得ることを求めている。もっとも、この意見は、適法に個人データの処理を行うための要件について定めるEUデータ保護指令の第7条（GDPRでは第6条に相当する）は、クッキー等を利用したコミュニケーションの秘密の保護について規律するe-Privacy Directive（Q51）第5条第3号に基づく規制と基本的に重複すると整理しているもので、上記の解釈も、e-Privacy Directive 第5条第3号の解釈に関して述べたものである。

3　プロファイリング

(1)　規制の概要

域外適用される場合、GDPRの規律が適用されプロファイリング規制（Q27）が適用されないかについても、検討する必要がある。

GDPRのもとにおいては、データ主体は、法的効果又は同様の重大な影響をもたらすプロファイリング等の自動化された処理のみに基づいた決定の適用を受けない権利を有しており（GDPR第22条第1項）、プロファイリングが法的効果又は同様の重大な影響をもたらす場合には、①データ主体と管理者間の契約締結、又は履行に必要である場合、②データ主体の明示的な同意（explicit consent）がある場合、③EU法又は加盟国の国内法によって許容されている場合に限り、適法にこれを行うことができることとされている（GDPR第22条第2項）。

(2)　行動ターゲティング広告への規制適用

行動ターゲティング広告を実施するために行われる情報処理は、通常、

消費者の日常行動を評価し、個人的な趣味嗜好等を分析・予測するために行われる個人データの自動的な処理であると考えられる。したがって、行動ターゲティング広告は、GDPRが規制対象とするプロファイリング（GDPR第4条第4号）に該当すると解される。

行動ターゲティング広告のために行われる個人データの収集、分析が、データ主体に法的な影響をもたらす場合には、同行動ターゲティング広告を行う事業者は、個人データの収集、分析に先立ち、(1)で述べた適法化事由の①ないし③のいずれかを充足する必要があると考えられる。これらのうち実務的には、②の要件を満たす、すなわちデータ主体の明示的な同意を得るようにすることが現実的な対応となる場合が多いものと思われる。最終的には個別の事例ごとに、プロファイリング等のガイドライン（WP251）を踏まえた検討が必要である。

(3) ダイレクトマーケティング規制

行動ターゲティングの手法による広告活動は、特定の、識別された消費者に直接アプローチするダイレクトマーケティングであると解されるところ、GDPR上は、個人データがダイレクトマーケティングのために処理される場合、データ主体は、当該マーケティングのための当該データ主体に関する個人データの処理に対して、いつでも異議を唱える権利を持ち、ダイレクトマーケティング目的の処理に関して当該異議が唱えられた場合、データ管理者は、個人データを当該目的で処理してはならないとされる（GDPR第21条第2項及び第3項）（Q27）。また、当該異議を唱える権利は、遅くともデータ主体にはじめて連絡する時点までに、明確にデータ主体の注意を喚起し、明示的に、かつ、他の情報とは分離されて提示されなければならない（GDPR第21条第4項）。

4 越境移転

域内所在の個人に商品又はサービスを提供する上記の日本企業が行動ターゲティングの手法による広告活動を実施しており、そのプロセスにおいて、域外にクッキー等の個人データの移転が行われている場合には、GDPRの域外移転に関する規制の適用があり、これに適合するためには、

行動ターゲティング広告はGDPR下ではどのような規制を受けるでしょうか？

標準データ保護条項（SDPC）や拘束的企業準則（BCR）等の適切な保護措置（GDPR第46条）に基づくか、又は、同意の取得等の法令上の特例（GDPR第49条）を充足するものとして当該移転を行うことが必要であると考えられる。

Q66 ディスカバリ対応はGDPRの適用を受けますか？

≪Point≫

ディスカバリ対応も、GDPRによる規律を受けるが、多くの場合、例外的な規制適用除外場面として取り扱われる。

1 ディスカバリと個人データ

ディスカバリで開示を要求される文書は、個人データを含むことが多いため、ディスカバリによる情報開示を行った場合には、GDPRの規律を受ける場合があり得る。たとえば、欧州に拠点を置く日本企業の子会社が、米国の民事訴訟において被告となり、原告より、GDPRに定められた「個人データ」を含む文書の開示請求をされた場合には、当該日本企業の子会社は、米国法に基づく文書の開示義務等と、GDPRに基づく義務の双方の義務を負う可能性がある。そこで、このように連邦民事訴訟規則とGDPRが衝突する場面において、事業者は、どのように対応すべきかが問題となる。

2 29条作業部会の意見

(1) 検討の枠組み

この問題はEUデータ保護指令の時代から常に議論をまき起こしてきた。このような状況を踏まえて、2009年には29条作業部会より「クロスボーダー民事訴訟のためのトライアル前ディスカバリに関する意見」（WP159）が公表された。同意見は、ディスカバリの手続きがEU法上適法に行われるためには、EUデータ保護指令第7条の事由（個人データの処理の適法性が担保される場合）の充足及びデータ保護指令第26条の事由（個人データの

ディスカバリ対応は GDPR の適用を受けますか？

移転の適法性が担保される場合）の充足が必要であるとする。

(2) 同意による対応の是非

29条作業部会は、同意による処理の適法性の担保（データ保護指令第7条(c)）については、データ主体が訴訟を認識し、又は訴訟に関係している場合には、例外的に、同意に依拠して個人データを処理することも適当であるとしつつも、原則として、同意は、ディスカバリに際してなされる個人データの処理の根拠として十分ではないという考えを示している。他方、正当な利益の存在による適法性の担保（データ保護指令第7条(f)。GDPRにおいては第6条第1項(f)が実質的に同一の条項である）については、データ主体の個人データの保護に関する基本的権利及び自由を求める利益が、データ管理者の正当な利益を上回る場合には認められないことになるとして、検討すべきファクターとして、データ主体の訴訟との関連性や、処理によるデータ主体への影響、処理されるデータが訴訟に必要な限度となっているか等を列挙している。

(3) 越境移転規制への対応

29条作業部会は、ディスカバリに際してなされる個人データの EU 域外への移転については、「法的主張時の証明、行使又は抗弁のために、移転が必要か法的に要求される場合」（データ保護指令第26条第1項(d)。GDPR では、第49条第1項前段(e)が実質的に同一の条文である）に該当し得るとする。もっとも、29条作業部会は、膨大な量の個人データが移転される場合には、拘束的企業準則（BCR）や、セーフハーバー（現在で言えば、プライバシーシールド）に基づき行うことを検討すべきであるとし、また、過大な量のデータの移転はそもそも正当化されないとしている。

3 実務的対応

GDPR のもとでのディスカバリ対応についてはまだ明らかにされていないことから、実務では上記意見を参考に対応を検討していくことになる。

具体的には、ディスカバリにより「個人データ」を含む文書の開示を要求された場合、対象文書が、問題となっている米国訴訟において真に開示

義務のある文書であるかという点の検討を十分に行うべきである。そして、いざ開示の方針を決した場合でも、対象となる個人データを、必要最小限にするよう留意すべきである。また、標準データ保護条項（SDPC）、拘束的企業準則（BCR）やプライバシーシールドを利用した移転方法の可否についても検討すべきだろう。

4 GDPR で新設された第48条の射程距離

　GDPR においては、域外の第三国の裁判所等や行政機関の判決決定等が、個人データの移転や開示を要求する場合において、一定の要件を充足する場合には、個人データの移転を適法化する規定が新設されたが、当該規定による適法化の対象は、国際合意に基づく個人データの移転に限られている（GDPR 第48条）。同規定は新設の規定であり、また、解釈上の指針も示されていないことから、今後、域内の監督当局がどのように同規定を解釈・運用するかは明らかでない。この点、現時点においては、ハーグ証拠収集条約に基づく個人データの域外への移転であれば同規定によって適法化されると考えられる。他方、ディスカバリに伴い米国の裁判所から開示命令が発令されたというのみでは、「国際合意に基づく」という、GDPR 第48条の要件は充足されず、このような移転を行うためには、GDPR 所定のその他の越境移転に関する適法化措置を講じる必要があると考えられる。

　このような見解を前提とした場合、米国のディスカバリに関連して個人データの域外への移転を行う必要がある場合、実務的には、依然として、GDPR 所定のその他の越境移転に関する適法化措置を講じる必要があると考えられる。

ディスカバリ対応はGDPRの適用を受けますか？

●コラム09● AIとGDPR

「AIとGDPR」、何が問題なのかと思われがちだが、実は、AIの本質とGDPRを貫く概念とが衝突する可能性が指摘されている。すなわち、マシンラーニングと自動化決定（第20条）の問題である。マシンラーニングで、大量の個人データを学習させる場面を考えてほしい。

GDPR第20条は、自動化された意思決定が許容されるのは、①契約上の必要性がある場合、②十分な保護措置を含む法律に基づいて認められている場合、③明示的な同意がある場合と、定めている。①②は限定されるので、③がどこまで認められるかが重要になってくる。

マシンラーニングは、ブラックボックスと説明されることが多いが、実際のところ、アルゴリズムを開発したはずの専門家自身であっても、ブラックボックスの中でデータがどのように学習されているか詳細を把握することはできないし、ましてやデータ主体にそのような利用目的を正確に理解させるのは相当な困難を伴う。このような状況は、同意について厳格な基準を求めるGDPRと整合性を取るのは難しい。

加えて、GDPRは、データは最小限であるべき、という基本原則をもっているが、マシンラーニングの世界ではデータは大規模であればあるほど高い学習効果が望める、という発想があり、この点でも両者は相容れない可能性がある。

このトピックに関しては、早期のうちに、充実した議論が望まれるところである。

X 最新動向

Brexit（英国のEU離脱）は、GDPRにどのような影響をもたらすと考えられますか？

≪Point≫

Brexitによって、英国に所在する企業は、これまで享受していた、越境移転規制や、監督当局の選択、データ保護責任者（DPO）等様々な場面におけるメリットを失うことが危惧されている。

1 Brexitに向けた動き

2016年6月の国民投票によって決定されたBrexitについて、英国政府は、2017年3月にリスボン条約第50条を発動し、Brexitに向けた正式な手続きを開始した。目下、EU・英国政府間で、Brexitに向けた離脱交渉が進められ、離脱合意書のドラフトが進められている。2019年3月29日には、正式に離脱するが、その後、2020年12月31日までを移行期間とすることが予定されている。

2 GDPRとの関係

(1) GDPRの適用期間

GDPRは、英国を含むEU加盟国で一斉に、2018年5月25日から、適用が開始されるため、Brexitを待たずして、適用が開始する。その後、2019年3月29日をもって、正式に離脱するため、離脱の時点で、GDPRは適用されなくなる。このため、離脱までの約10か月余りは、GDPRの適用が継続される。

また、EUデータ保護指令は、各国で国内法を制定する必要があったが、英国では個人データ保護法（Data Protection Act）が制定され、施行されてきた。GDPRの施行後も、加盟国各国の国内法が廃止されるわけではな

Brexit（英国のEU離脱）は、GDPRにどのような影響をもたらすと考えられますか？

い。GDPRの内容に沿うよう、Data Protection Actの改正が進められている。

～2018年5月25日	2018年5月25日～2019年3月29日	2019年3月29日～
Data Protection Act	GDPR及びData Protection Act	Data Protection Act

(2) 離脱後の動向予測

　英国のEU離脱後は、EU Withdrawal Bill（EU離脱に関する法案）に基づいて、EUの法律が自動的に英国国内法に変換・適用されることが想定されているために、GDPRもその内容がそのまま継続的に国内で適用されることが想定されている。加えて、英国は個人データの域外移転を容易にするためにEUからの適切性認定を確保したいと考えているために（詳細は以下参照）、GDPRと異なった法制をすぐに制定することになることは考えにくい。ただし、EU離脱以降は、EU／EEAにおけるGDPRの解釈・適用とは異なった英国独自の法令の解釈・適用が行われる可能性も否定できない。

(3) 越境移転規制への影響

　英国のEU離脱（ブレグジット）後に生じる可能性が高い、もう一つの変化は、越境移転規制の傘から出てしまう事態である。

　Q11で述べたとおり、越境移転規制の傘は現状、EEAの域内か域外であるかが基準である。EU離脱後も、英国がEEAに加入する場合は、引き続きEEAの域内であることに変わりがない。他方、EEAに加入しない場合は、EEAの域外に出てしまうため、これまでEU／EEA域内の移転として、越境移転規制の対象でなかった、英国への移転が、越境移転規制の対象となってしまい、大きな制約を受けることになる。この場合、英国は、日本と同じ立場になるので、Q11～Q16で述べたような措置が必要になる。上述の通り英国は十分性の認定を求めることになるうえに、移

行期間の間に認定が得られればよいために、現実的には問題となる可能性は低いと考えられる。しかし、英国が十分性認定を得られないという最悪の事態を想定して、EEA 域内から英国への個人データ移転について適切な保護措置を取ること、すなわち 個人データ保護条項（SDPC）や BCR 等を使用することが必要となる事態を念頭に置いて行動すべきである。

(4) 監督当局への影響

複数の EU 加盟国に展開する事業者は、Q43で述べた、ワンストップショップ制度のもと、主任監督当局と位置付けられる特定の加盟国の監督当局への照会で基本的には足りることになっている。どの加盟国の監督当局が主任監督当局となるかについては、原則、事業者の主たる事業所が所在する加盟国の当局であると定められている（Q44）。そして、主たる事業所は EU ／ EEA 域内で個人情報の管理業務が集中的に行われている場所に所在するとものと定義されている。そして、管理者の主たる事業所については個人情報の処理に関する目的や手段が決定されている場所が別にあればその場所、処理者の主たる事業所については集中的な管理が行われている場所がなければ、主たる処理業務が行われている場所とされている。

日本企業の欧州子会社が複数の EU 加盟国に点在していて、英国の子会社で EU ／ EEA 加盟国で勤務する従業員全員の人事情報の処理の目的や手段を決定している場合には、英国子会社が管理者の主たる事業所になると考えられる。この場合、英国の監督当局である Information Commissioner's Office（ICO）が主任監督当局となり、当該日系企業は、EU ／ EEA 加盟国全域におけるデータ主体の個人情報の処理に関して、原則、ICO を相手とすることで足りることになる。これは、他のより個人データ保護に厳しい加盟国の監督当局を相手にするより、企業にとっては、メリットであるといえるだろう。

しかしながら、英国の EU 離脱後は、ICO は、もはや EU 域内の監督当局ではなくなり、主任監督当局でもなくなるので、企業は、もちろん英国の個人データ処理に関しては、ICO を相手にすることで事足りるのは変わらないものの、EU 加盟国における個人データ処理に関しては、ICO とやり取りすることで事足りる、というわけにはいかなくなる。新たに、

Brexit（英国のEU離脱）は、GDPRにどのような影響をもたらすと考えられますか？

EU加盟国の監督当局の中から、どこが主任監督当局に当たるか検討しなおす必要がある。

(5) データ保護責任者（DPO）

GDPR上、管理者・処理者の主たる事業が、データ主体の定期的、組織的、大規模な監視や特殊な情報の処理である場合等、一定の場合には、データ保護責任者（Data Protection Officer）を任命する義務が発生する（第37条）。Q42で検討したように、データ保護責任者は、必ずしも、EU／EEA加盟国域内に所在する必要はないものの、域内に所在する方が、監督当局との交渉等の遂行を考えれば、効率的な面があるのは確かだろう。そのため、データ保護責任者の任命を求められる企業が、EU／EEA加盟国でビジネスを行っている場合は、英国のEU離脱後は、英国ではなく、他のEU／EEA加盟国に所在するデータ保護責任者を任命する方が、制度の趣旨にかなう、あるいは効率的な当局対応を図れることも考えられ、企業としては考慮すべきファクターに影響を与えるといえるだろう。

(6) 代理人

GDPR上、EU／EEA域外で設立されている事業者がデータ主体者の個人データの処理を大規模かつ頻繁に行っている場合等、一定の場合は、データ主体が所在するEU／EEA加盟国のいずれかにおいて、管轄当局やデータ主体とのコミュニケーションや情報処理の記録の保持を行う代理人（representative）を書面にて選任する必要がある。そのため、上記に該当する企業のEU／EEA域内の事業所が英国のみにある場合は、英国のEU離脱後は他のEU／EEA加盟国に所在する代理人の選任を求められる可能性がある。この点については、英国のEU離脱前に既に代理人を選任している企業であっても、それが英国に所在する代理人である場合には、英国のEU離脱後はEU／EEA加盟国で新たに代理人を選任しなければならなくなる可能性が高い。

(7) データ侵害の報告先

GDPRのもとでは、データ侵害の発生時、管理者は当該侵害を認識

Ⅹ 最新動向

（aware）してから、72時間以内に監督当局に届けることが求められている
ところ（Q34）、現状ではたとえば英国とドイツに居住するデータ主体に
関するデータ侵害が起こった場合、英国に主たる事業所がある企業は、
ICO にだけ報告すれば足りていたところが、英国の EU 離脱後は ICO に
加えて、フランスの監督当局とも自発的にやり取りをすることが GDPR
上の義務として求められることになるだろう。

(8)　その他

　上記以外にも、①処理者との契約は EU 加盟国法でなければならないと
する第28条のもとで、英国法で結ばれている処理者との契約を見直さなけ
ればならない可能性や、②英国の監督当局である ICO によって承認され
ている BCR に関しては、再承認を求めなければならない可能性があるの
ではないか、等々が Brexit との関係では指摘されているところである。
いずれも今後も注視が必要と思われる。

Q68 十分性認定をめぐる動向を教えてください。十分性認定がなされた場合、GDPR対応は無駄になってしまうのでしょうか？

≪Point≫

　本書執筆時現在、十分性認定の時期は不透明になっている。加えて、十分性認定によりカバーされるのは越境移転規制のみであり、かつ、EUと日本の相互間の越境移転に限定される点は要注意である。

1　十分性認定に向けたこれまでの経緯

　Q11で述べた通り、日本、EU間では相互の十分性認定を目指して交渉が続けられてきたが、本書執筆時現在、その時期は不透明である。十分性認定が行われるには、日本・EU間の個人データ保護の規律内容は依然として隔たりがあり、これを埋める必要があるのは、争いのないところである。2017年12月の当局者の会談において、法改正を行わず、ガイドラインで対応することが合意され、2018年2月には、個人情報保護委員会より「EU域内から十分性認定により移転を受けた個人データの取扱いに関するガイドラインの方向性について」が公表された。概略を以下に示す。日本・EU間の越境移転にかかわる事業者は、これらの点については、GDPRと同レベルの規律に対応できるよう、対応を整えておく必要がある。

(1)　要配慮個人情報の範囲

　EUではセンシティブデータとして扱われる「性生活」・「性的嗜好」・「労働組合」に関する情報は、日本では要配慮個人情報に該当しないところ、要配慮個人情報と同様の取扱いとする。

(2)　保有個人データの範囲

　EUでは保有期間にかかわらずすべての個人情報について開示・訂正・

最新動向

利用停止等の請求権が認められるが、日本では6か月以内に消去することとなる個人データについては開示等の請求権が認められない。

EUから移転された個人データについては、6か月以内に消去することとなる個人データについても保有個人データとして扱うこととする。

(3) 利用目的の特定

EUから移転された個人データについて、確認記録義務を通じて確認した利用目的の範囲内で利用目的を特定し、その範囲内で当該個人データを利用することとする。

(4) 日本から外国への個人データの再移転

EUから移転された個人データについて、本人同意に基づき再移転する場合は、本人が同意するために必要な移転先の状況についての情報を提供し、提供先の体制整備をもって再移転する場合は、契約等により、個人情報保護法と同水準の保護措置を実施することとする。

(5) 匿名加工情報

EUから移転された個人データについて、個人情報保護法上の匿名加工情報として扱おうとする場合は、加工方法に関する情報を削除し、再識別を不可能なものとすることとする。

上記の方向性を踏まえたガイドラインによって、両者の隔たりが解消されるのを待って、日本・EUは相互認証することが見込まれている。

2　十分性認定で何が変わるのか、変わらないのか

まず、越境移転規制以外の規律は、十分性認定による影響を受けない。さらに、注意すべきは、越境移転規制の中でも、EU・日本間の十分性認定によりカバーされるのは、EUと日本の相互間の越境移転に限定される点である。たとえば、EUだけでなく、東南アジアにも展開している事業者であれば、EUからの個人データの移転先は日本の本社だけとは限らず、東南アジア各国にも移転している可能性があるが、日本・EUの相互認証

十分性認定をめぐる動向を教えてください。十分性認定がなされた場合、GDPR対応は無駄になってしまうのでしょうか？

によっては、EUから東南アジア各国への移転はカバーされず、依然として越境移転規制の対象となる。

3 十分性認定によりGDPR対応は無駄になるのか

　この十分性認定の動向を踏まえて、GDPR対応が無駄になってしまうのではという発想からか、様子見しておきたい、という反応が時折聞かれるが、そのような姿勢は正しいだろうか。

　まず、越境移転規制以外の規律が適用されることが想定される場合、それらは十分性認定ではカバーされないから、その対応は決して無駄にはならないことは言うまでもない。

　次に、GDPR対応に着手する際、多くの事業者は、取引先との、個人データのフローやグループ内の個人データの取扱いを確認する、いわゆるデータマッピングの作業を行っている。どのようなデータ・フローが生じているか把握していないと、そもそも越境移転規制が適用されるのか、どのような対応が必要なのか、検討しようにも材料がないためである。

　2で述べたとおり、EU・日本間の相互認証でカバーされるのは、越境移転の中でもEU・日本間の移転のみだから、EU・日本間以外の越境移転の有無・状況を把握しておかないと、容易に越境移転規制に抵触することになりかねない。その意味で、データマッピングの作業は全く無駄にはならない。

　事業者に求められる対応は、十分性認定の帰趨を待ち続けて様子見することではなく、データマッピングを始め、準備作業にすぐさま着手することである。

345

Ｑ＆Ａで学ぶＧＤＰＲのリスクと対応策

2018年4月25日　初版第1刷発行

著　者　中　崎　　　尚

発行者　塚　原　秀　夫

発行所　㈱　商　事　法　務
〒103-0025 東京都中央区日本橋茅場町 3-9-10
TEL 03-5614-5643・FAX 03-3664-8844〔営業部〕
TEL 03-5614-5649〔書籍出版部〕
http://www.shojihomu.co.jp/

落丁・乱丁本はお取り替えいたします。　　　　　印刷／㈲シンカイシャ
©2018 Takashi Nakazaki　　　　　　　　　　 Printed in Japan
Shojihomu Co., Ltd.
ISBN978-4-7857-2631-7
＊定価はカバーに表示してあります。

JCOPY ＜出版者著作権管理機構 委託出版物＞
本書の無断複製は著作権法上での例外を除き禁じられています。
複製される場合は、そのつど事前に、出版者著作権管理機構
（電話 03-3513-6969、FAX 03-3513-6979、e-mail: info@jcopy.or.jp）
の許諾を得てください。